ACKNOWLEDGEMENTS

We are grateful to the following for permission to reproduce copyright material:

Éditions B. Arthaud for extracts from *La Percée de l'économie française* by Lecerf; Librairie Armand Colin for extracts from *La Société française* by Georges Dupeux, an extract from *L'École, l'Église et la République* by Mona Ozouf, extracts from *La Politique en France* by F. Goguel et A. Grosser, from *Les Syndicats en France* by J. D. Reynaud, an extract from *Vienne sur le Rhône* by P. Clément, N. Xydias, and an extract from *De Dorgères à Poujade* by Jean Michel Rayer in *Les Paysans et la Politique* (Association française de Science Politique) © Fondation Nationale des Sciences Politiques; Caisse Primaire de Besançon for extracts from 'L'assurance maladie' and 'Les prestations familiales' in *Guide de l'assuré social*; Éditions du Centurion for extracts from *Sujet ou Citoyen* by Jacques Duquesnes; the proprietors of *Esprit* for extracts from 'L'erreur judiciaire' by Casamayor, 'Le coq' by J. P. Lambert, 'Une famille de communistes' by J. M. Domenach; the proprietors of *L'Express* for extracts from 'Grèves et revenus' by M. Duverger from *L'Express* 20th December, 1964, 'Les trois familles' by B. Kidel from *L'Express* 23rd May, 1963, 'Brassens repart en guerre' by D. Heyman from *L'Express* 12th–18th September, 1966, 'La République moderne' by J. J. Servan-Schreiber from *L'Express* 26th October–1st November, 1964, 'La Laïcité' by Georges Suffert from *L'Express* 5–11th July, 1965; the author for extracts from *5 lycéens parlent de leurs études* by Gilles Ferry; the proprietors of *Le Figaro* for 'Les bons comptes' by André Frossard from *Le Figaro* 12th November, 1964, 'En patrouillant dans les campagnes' by Max Olivier-Lacamp from *Le Figaro hebdomadaire* 3rd December, 1964, '15 février' by Guermantes from *Le Figaro* 15th February, 1965, 'Les jeunes et la politique' by Michel Bassi and André Campana from *Le Figaro* 10th March, 1966, 'L'autre jeunesse, celle qui travaille' by Gérard Marin from *Le Figaro* 26th November, 1964, 'Technocrates et Techniciens' by Louis Armand from *Le Figaro* 20th April, 1967; Librairie Ernest Flammarion for extracts from *Histoire religieuse de la France contemporaine* by Adrien Dansette; the proprietors of *Le Français dans le Monde* for an extract from 'L'enseignement public du premier degré en France' by Henri Canac from *Le Français dans le Monde* No. 19 September, 1963, and for extracts from an article by André Blanc from No. 17, 1963, for an extract from 'Les catholiques français' by Philippe Almeras in *Le Français dans le Monde*

ACKNOWLEDGEMENTS

No. 34, July/August, 1965, *Le Français dans le Monde* and the author for extracts from 'L'enseignement secondaire en France' by Jacques Quignard in *Le Français dans le Monde* No. 21 December, 1963; Éditions France-Empire for extracts from *Un tel . . . Maire*; Éditions Gallimard for extracts from *Contacts et Circonstances* by Paul Claudel, *Spectacles* by Jacques Prévert, and *Choses Nues* by André Maurois; Éditions Bernard Grasset for extracts from *Les petits enfants du siècle* by Christiane Rochefort, *Le monde du livre* by François Nourissier in *Écrivains d'aujourd'hui 1940–1960*; the proprietors of *The Guardian* for extracts from 'France in Dilemma' by Darsie Gillie from *The Guardian* 20th July, 1964; Librairie Hachette and the author for an extract from *Le rajeunissement de la population française* by J. Beaujeu-Garnier from *Le Français dans le Monde* May 1962; Librairie Hachette for extracts from *Instruction civique* by R. Gallice and M. Traverse, and extracts from *Guide France* by Guy Michaud; Harvard University Press for an extract from *Chanzeaux* edited by Laurence Wylie; L'Institut d'Ethnologie de l'Université de Paris for an extract from *Nouville, un village français* by R. Blanchard and L. Bernot; Magazine Littéraire for extracts from *Le dictionnaire de l'Académie Française* by André Halimi in Magazine Littéraire February, 1967; Les Éditions de Minuit for an extract from *Le journal d'un ouvrier* by Daniel Mothé; the proprietors of *Le Monde* for extracts from 'La fin d'un Schisme' by Maurice Duverger in *Le Monde* 24th September, 1965, 'Expressions populaires du Gaullisme' by Bernard Lhote in *Le Monde* 22nd September, 1965; *Le Nouvel Observateur* for extracts from 'le Gaullisme et la Démocratie' in *Le Nouvel Observateur* No. 56 8th–14th December, 1965, 'La S.F.I.O. peut-elle se transformer' by Gilles Martinet in *Le Nouvel Observateur* No. 22 15th April 1965, 'Juin l'inoubiable fête' by Gilles Martinet in *Le Nouvel Observateur* No. 82 8th–14th June, 1966, 'Quand la grève ne suffit plus' by Lucien Rioux in *Le Nouvel Observateur* No. 106 23rd–29th November 1955, 'Les Communes enchaînées' by Michel Bosquet in *Le Nouvel Observateur* No. 17 11th March, 1965; Éditions Ouvrières for extracts from *La Révolution scolaire* by Jacques Natanson and Antoine Prost, *Communes et Démocratie Tome 2* by Roger Aubin, *Terres mouvantes* by Ernest Monpied, *Les hommes des temps qui viennent* by Pierre Bléton, *La culture populaire en France* by Jacques Charpentreau and René Kaës; Longman Group Ltd., for extracts from *Crisis and Compromise* by Philip M. Williams; the author for an extract from *La femme du boulanger* by Marcel Pagnol; Presses Universitaires de France for extracts from *Pourquoi nous travaillons* by Jean Fourastié

ACKNOWLEDGEMENTS

author for an extract from *Histoire du Peuple français*, Book 3, Volume 5 by Antoine Prost; the proprietors of *Réalités* for an extract from 'Plus rien ne sera comme avant' by Robert Salmon from *Réalites* No. 269, June, 1968; Éditions du Seuil for extracts from *Versant de l'âge* by Pierre Emmanuel, from *Le monde des employés de bureau* by Michel Crozier, from *Un parti pour la gauche* by Club Jean Moulin, and from *Vade-mecum du petit homme d'État* by Pierre Gatérat; Éditions Stock for an extract from *Une lettre chargée* by G. Courteline; Times Newspapers Ltd., for 'Miracle or Mirage' by Frank Giles from *The Sunday Times* 30th December, 1962 and 'The Winner of the Goncourt Prize is a Woman' by Lesley Blanch from *The Sunday Times* 27th November, 1966; Weidenfeld & Nicolson Ltd and Hill & Wang Inc. for an extract from *A Modern French Republic* by Pierre Mendès-France, translated by Anne Carter, copyright 1962 Éditions Gallimard, English translation copyright 1963 by Weidenfeld & Nicolson Ltd.

TABLE DES MATIÈRES

TABLE DES MATIÈRES

DEUXIÈME PARTIE La vie politique

TROISIÈME PARTIE   La vie économique

INTRODUCTION

The authors were prompted to produce this book in response to the growing tendency in certain advanced language courses to replace the study of literature as the main centre of interest with the study of interrelated aspects of the life of the country, closely linked to the study of the language itself. Material for such courses was hitherto not readily available in a coordinated textbook and, in the authors' experience, had to be culled from a very wide range of sources, calling for a considerable outlay of time and effort. It is hoped, therefore, that this book will satisfy, in part at least, the growing demand for a coherent set of texts upon which a course of study might be based, while in no way suggesting that it presents a total picture of the French way of life.

The structure of the book, in three parts (*Le citoyen et la société*; *La vie politique*; *La vie économique*), reflects the three main areas of study upon which these more recently constituted courses have, in large measure, been based.

Within this broad framework, the choice of individual texts was governed by several criteria: firstly, that they should offer considerable linguistic interest that could be explored in depth; secondly, that there should be a wide range of styles and levels of language; thirdly, that there should be variety in the treatment of the subject matter, some texts being informative, others controversial and calling for discussion.

The texts are grouped in sections, each of which seeks to illustrate a central theme from different points of view, by presenting information, argument concerning important issues, samples of opinions and attitudes, and sometimes equally thought-provoking extracts from creative writing. The sections should not, however, be looked upon as watertight compartments, since there are many possibilities for making cross-references between sections, indeed, between the three parts, which should prove most stimulating.

A book of this kind may in itself form the basis of an advanced language course; but it is suggested that most may be gained by using it in the context of a course of study also involving extensive reading on some aspects of contemporary France. The bibliography suggests works known to be valuable for introducing students to some of the most important issues. The extent of supplementary reading required will, of course, be determined by the type of course and the teaching method employed. However, students should be able to consult at least a good handbook like

Panorama de la France; and it is assumed that *Harrap's Standard French and English Dictionary* (with the 1961 supplement) and the *Petit Larousse Illustré* (for its encyclopaedic section in particular) will be available as basic works of reference.

Study of the texts themselves may perhaps be approached along three main lines: in the first place, a close analysis of the content and the stylistic means employed to express the ideas should result in a deeper understanding of the issues raised in the text; secondly, a detailed analysis of the language should reveal not only the syntactic structures but also the semantic range of many words and phrases that assume a wider or more specialised significance in certain contexts; finally, one might point to the benefits of cross-cultural references arising from such analysis, for the reactions of people of different nationalities to words of apparently similar meaning in each language are often revealing of profound differences in attitude towards superficially similar ideas and concepts. The texts for translation into French, which are closely connected to the thematic content of the section in which they appear, may well serve incidentally to highlight some of these interesting differences in attitudes expressed.

More detailed suggestions for handling the material will be found in the following paragraphs.

The exercises
The exercises fall into three main categories and some explanation of their intended function may prove helpful.

At the end of each text is a group of comprehension questions (*Intelligence du texte*); at the end of each Section is a more varied group of exercises with broader aims (*Exercices généraux*). Taken collectively, these exercises have two main goals: to increase powers of comprehension and to encourage creative linguistic activity in a variety of ways. Some structural exercises, which more closely control the student's use of words, are included as examples of language work found to be valuable at this level.

Intelligence du texte
These questions are designed to test the student's comprehension of the main ideas of the text and are readily answerable on the basis of the material in the text itself.

Translation
Suggested texts for translation both into and out of French are offered. The English passages serve both as translations and also

as integral, contrastive passages linked to the thematic material of each section.

Résumé

The selected passages may be used for either written or aural précis work, the latter being particularly effective in testing both oral comprehension and written expression at the same time. Both forms of précis call for a real understanding of the text, and for concision and flexibility of style in expressing the essential features of the argument.

Analyse de texte

These are offered as suggestions of the sort of detailed analysis, of both linguistic and conceptual points, that a text may serve to stimulate. They aim to ensure the maximum comprehension of a given section of a text; the technique may be applied to any other section as desired.

Dialogue/Soyez l'interlocuteur!

The 'one-sided' conversation seeks to encourage the student to create intelligent responses within the framework of a given situation, supplying him with cues in the replies of his interlocutor. This has been found a most valuable exercise, since it permits considerable freedom in the choice of linguistic expression, while at the same time setting the student a reassuring limit to the area in which he can manœuvre. In situations where, for some students, total freedom of creative activity has an inhibiting effect, this can be a useful safeguard. Further exercises of this kind may be developed from the conversations in the texts.

Manipulative exercises

Three different examples of these more specifically linguistic exercises are suggested here. One seeks to encourage the student to explore the relationship between ideas which different conjunctions or sentence structures imply, and to practise transforming structures and merging sentences with a view to developing greater flexibility of style. (*Ire Partie, sections iii, v*.) Another seeks to increase the range of stylistic devices actively employed by the student, using to this end a text with certain key words or phrases omitted which the student has to replace in the most appropriate manner from a selection offered to him. (*IIIe Partie, section ii*). Finally, a third serves to teach the difference between common link words which are often a source of confusion. (*IIe Partie, section iii*).

Sujets de réflexion, de discussion ou d'essai

When an area of study has been completed, and the student has acquired a new range of linguistic expression, he will need to consolidate and extend his ideas and his skill more independently. The topics suggested under this heading are intended to offer the student the chance to express himself, either orally or in writing, in broader terms, unconfined by the demands of specific textual commentary and using the whole range of knowledge that he may be able to bring to bear on the subject.

P.B.
P.C.
R.L.

PREMIÈRE PARTIE

Le citoyen et la société

Quelques différences dans les conditions de vie et les mœurs

1 DES LOGEMENTS POUR LES PAUVRES

Josiane, fille aînée d'une famille nombreuse, habite dans la proche banlieue de Paris, dans une des cités ouvrières construites à la hâte après la guerre pour loger les familles «prioritaires» (les jeunes ménages, les familles nombreuses). Ces groupes énormes de logements collectifs, qu'on appelle «grands ensembles», ne sont pas tous de la même qualité; les premiers en date, surtout, ne supportent pas très bien la comparaison avec certains autres qu'on a construits plus récemment. Josiane est allée visiter Sarcelles, une ville-champignon (maintenant célèbre) dans la grande banlieue au nord de Paris. Elle a trouvé que les ensembles, et les logements individuels, étaient bien mieux aménagés que chez elle. De retour, elle est venue raconter son voyage à des amis du quartier.

— Dix mille logements, tous avec l'eau chaude et une salle de bains! c'est quelque chose! disait Ethel.

Ils discutaient de Sarcelles, j'avais raconté mon voyage.

— Oui, dit M. Lefranc.

— Oui, dit après lui Frédéric.

— Vous n'avez pas l'air enthousiastes, dit Ethel.

— Si, dit le père.

— Si, si, dit le fils. C'est très bien, quoi.

— Bien sûr que c'est très bien! dit Ethel. Il y a encore des gens qui sont entassés à six dans une chambre d'hôtel avec un réchaud à alcool pour faire la cuisine, j'en connais.

— Même toi tu as vécu comme ça, lui dit son père. Tu ne peux pas te rappeler, tu avais six mois quand on a bougé.

— Ce biberon, quelle histoire! dit la mère.

— Moi je m'en souviens, dit Frédéric. Ça donnait sur une cour dégueulasse, qui puait.

— Nous on a d'abord habité dans le XIII[1], dis-je. Il y avait des rats. Je me souviens que j'avais peur.

— Moi je suis née dans un sous-sol, dit Mme Lefranc, je crois bien que je n'ai pas vu le soleil avant l'âge de raison. Ma mère a eu quatorze enfants, il lui en reste quatre. Dans ce temps-là nourrir sa famille c'était un drôle de problème pour un homme, il fallait se battre... Je me souviens comme mon père était en fureur, dit-elle, avec un sourire. Et les grèves... le chômage... les bagarres...

— Eh bien? dit Ethel. Les gens sont tout de même plus heureux maintenant, non?

— Oui, dit Frédéric, ils sont plus heureux...

— Mais? dit Ethel à son frère.

— Je n'ai pas dit mais.

— Tu ne l'as pas dit mais je l'ai entendu, dit Ethel.

— Bon, dit Frédéric. Mais.

— Les gens ne sont pas plus heureux? insista sa sœur. Ethel ne lâchait jamais prise.

— Si, dit Frédéric, rogue.

— C'est passionnant votre discussion, dit Marc.

— Je comprends que c'est passionnant, dit le père. Vas-y.

— Vas-y frérot, dit Marc. Ksss.

— Si le bonheur consiste à accumuler des appareils ménagers et à se foutre pas mal du reste, ils sont heureux, oui! éclata Frédéric. Et pendant ce temps-là les fabricants filent leur camelote à grands coups de publicité et de crédit, et tout va pour le mieux dans le meilleur des mondes...

— Capitalistes, dit le père.

— Le confort c'est pas le bonheur! dit Frédéric, lancé.

[1] *le XIII*e Le XIIIe arrondissement de Paris, sur la rive gauche, au sud-est. Un quartier ouvrier: depuis plusieurs siècles, les quartiers de l'Est de Paris sont les plus pauvres, les plus troublés, les plus révolutionnaires.

— Qu'est-ce que c'est le bonheur? dit Ethel.

— Je sais pas, grogna Frédéric.

— Mais dis-moi, qu'on arrive à se poser ce genre de question au lieu de comment bouffer, ça ne prouve pas qu'on a tout de même un peu avancé? dit M. Lefranc.

— Peut-être, dit Frédéric. Peut-être bien, dans le fond.

— Pour découvrir que le confort ne fait pas le bonheur, il faut y avoir goûté, non? C'est une question de temps... Quand tout le monde l'aura, on finira bien par se poser la question. Ce qu'il faut c'est regarder un peu loin. Moi je ne verrai sans doute pas ça, mais vous, vous le verrez.

— Au fond, le bonheur c'est vivre dans l'avenir...

En disant ça Frédéric me fit un beau sourire.

CHRISTIANE ROCHEFORT *Les petits enfants du siècle*
Grasset, 1961 pp. 173–175

INTELLIGENCE DU TEXTE

1 Pourquoi, à Sarcelles, est-ce surtout «l'eau chaude et la salle de bains» qui ont été remarquées par Ethel?

2 Indiquez en quelques phrases les facteurs qui, d'après les personnages du dialogue, rendent leurs conditions de vie pénibles. Quels sont vos commentaires?

3 Pourquoi Frédéric se méfie-t-il de l'accumulation des appareils ménagers?

4 Comment peut-on «vivre dans l'avenir»?

5 «Le confort c'est pas le bonheur!» Avant de discuter cette opinion, essayez de définir ces deux notions: confort et bonheur.

chanson des sardinières

Tournez tournez
Petites filles
tournez autour des fabriques
bientôt vous serez dedans
tournez tournez
filles des pêcheurs
filles des paysans

Les fées qui sont venues
Autour de vos berceaux
Les fées étaient payées
par les gens du château
elles vous ont dit l'avenir
et il n'était pas beau

Vous vivrez malheureuses
et vous aurez beaucoup d'enfants
beaucoup d'enfants
qui vivront malheureux
et qui auront beaucoup d'enfants
qui vivront malheureux
et qui auront beaucoup d'enfants
beaucoup d'enfants
qui vivront malheureux
et qui auront beaucoup d'enfants
beaucoup d'enfants
beaucoup d'enfants

Tournez tournez
petites filles
tournez autour des fabriques
bientôt vous serez dedans
tournez tournez
filles des pêcheurs
filles des paysans.

JACQUES PRÉVERT *Spectacles* Gallimard, 1951

2 LES OUVRIERS DE LA PROSPÉRITÉ

*Pierre Doublot travaille dans l'industrie automobile, chez Renault.
C'est un ouvrier qualifié,[1] expert en outillage. Il appartient à cette
nouvelle société issue, en Europe, de l'expansion économique de
l'après-guerre. Comment vit-il? Avec quelles joies, quels soucis,
quels objectifs? C'est ce que Boris Kidel a essayé de savoir en
interrogeant Pierre Doublot dans sa famille:*

— Ma vie? Je travaille, je dors et je mange, me dit Pierre
Doublot. Il prononce ces paroles sans révolte, sans même aucune
trace d'amertume.

Il habite un appartement de trois pièces, dans un H.L.M.[2]

---

[1] *ouvrier qualifié* Selon leur niveau de qualification, les ouvriers sont classifiés en
plusieurs catégories: (1) manœuvre ou manœuvre spécialisé; (2) ouvrier spécialisé
(OS_1, OS_2, . . .); (3) ouvrier qualifié ou hautement qualifié (P_1, P_2, P_3 . . .,).

[2] *H.L.M.* Habitation à loyer modéré. C'est le nom officiel d'un immeuble construit
et administré par un organisme public (e.g. une municipalité), et destiné à loger des
familles prioritaires. Dans la langue courante, non seulement les locataires mais
aussi les fonctionnaires disent: «un H.L.M.».

construit sur un lopin de verdure à quelques centaines de mètres de la R.N. 3,[1] à 6 kilomètres de la porte de Pantin.[2] Une carte de visite est fixée sur la boîte aux lettres du rez-de-chaussée. «M. et Mme. Pierre Doublot et leurs enfants.» Doublot me reçoit avec naturel: c'est un homme solide, sûr de lui. Il pose une bouteille de bordeaux sur la table du salon. L'écran du récepteur de télévision reste allumé pendant toute la soirée. De temps en temps le son se superpose à notre conversation.

Depuis dix-huit ans, Doublot, qui a trente-deux ans, travaille chez Renault. Il est ajusteur-modeleur «catégorie P 3», la plus élevée qu'un ouvrier manuel puisse atteindre dans l'usine. Avec ses primes, il gagne chaque mois environ 1 250 francs. Depuis dix ans, il est propriétaire d'une auto.

— Pendant deux ans nous étions sans voiture, m'explique sa femme Simone, qu'il a rencontrée à Dijon pendant son service militaire. C'était la période durant laquelle nous avons payé nos meubles.

Les Doublot possèdent une machine à laver depuis huit ans, la télévision depuis quatre ans et un réfrigérateur depuis deux ans.

Tout a été acheté à crédit. Ce n'est que depuis trois mois, pour la première fois depuis leur mariage, en 1952, qu'ils n'ont plus de dettes.

— Nous sommes tellement soulagés, dit Simone Doublot, ça faisait lourd.

Le climat devrait s'adoucir dans cet appartement agréable et bien équipé; en fait, les Doublot demeurent prisonniers de leur morne routine. Car toute leur existence est paralysée par l'énorme distance qui sépare Bondy de l'usine de Boulogne-Billancourt.[3] Chaque jour Doublot passe deux heures et demie dans le train et le métro. (Selon la Régie Renault, la moyenne du temps passé par les ouvriers en transport est de soixante-dix minutes.)

Pierre Doublot se lève à 5 heures du matin, en même temps que sa femme qui lui prépare son petit déjeuner.

— Pierre aime un bon café, me dit-elle, mais en hiver je me recouche.

Une demi-heure plus tard, il quitte la maison pour prendre le train de 5 h 50 qui le conduit à la gare de l'Est. En se dépêchant dans les couloirs du métro, il arrive juste à temps pour commencer

[1] *R.N.3* La Route nationale 3 (direction de Reims).
[2] *La Porte de Pantin* Au nord-est de Paris, dans le XIXe arrondissement, sur les boulevards extérieurs.
[3] *Boulogne-Billancourt* Dans la proche banlieue, au sud-ouest de Paris, à 2 km. de la Porte de St.-Cloud. Doublot doit donc traverser tout Paris.

son travail à 7 heures. Le soir, il quitte l'usine à 17 h 30 pour se retrouver chez lui, à Bondy, à 19 heures.

Il ne dispose alors que de deux heures pour se détendre: vers 21 heures, il est déja si fatigué qu'il a hâte de se coucher. La télévision mise à part, il n'y a guère de distractions dans le monde de Pierre et Simone Doublot. Ils sont allés au cinéma pour la dernière fois il y a six ans, et ils ne se rendent à Paris que deux fois par an, à Noël et pendant l'été.

Ils n'ont pas envie de se promener dans les rues de Bondy le soir, par exemple pour prendre un verre dans un café.

Nous sommes allés voir les feux d'artifice un 14 juillet, raconte Simone Doublot. Et elle ajoute, comme si elle évoquait un mauvais souvenir: «Mais j'ai pris froid». Un autre jour, ils sont allés assister à l'arrivée du Tour de France au Parc des Princes. Ils mentionnent l'événement.

Ils rêvent d'un logement plus proche de l'usine. Mais c'est un espoir aussi vague que de gagner le gros lot à la loterie. Ayant cet appartement à Bondy, ils n'ont droit à aucune priorité.

— Certains de mes copains habitent encore plus loin, à Meaux, par exemple, dit Pierre Doublot.

Bondy représente déjà une étape importante dans leur vie. Les quatre premières années de leur mariage, dont trois avec un gosse, ils les ont passées dans une pièce humide du XIIᵉ arrondissement.[1] Le souvenir les écœure encore aujourd'hui. «La cuisine était à côté des waters», dit Simone.

Maintenant que Simone a cessé de travailler comme concierge dans leur H.L.M., les heures supplémentaires du samedi matin, payées à 50% de plus que le taux normal, ont pris une grande importance. Mais ce sixième jour de travail détruit le week-end. La lassitude pousse Pierre Doublot à rester couché le samedi et le dimanche après-midi.

Ils sortent parfois la voiture de leur garage, qui leur coûte 40 francs par mois, et ils emmènent leurs enfants à Clichy-sous-Bois, à 6 kilomètres de leur maison. Doublot ne semble pas particulièrement enthousiaste pour ces expéditions. Il trouve la circulation dominicale trop fatigante.

— Le réseau routier n'est plus adapté aux besoins du parc d'autos, dit-il. Il utilise surtout sa voiture pour les vacances et, de temps à autre, pour rendre visite à la famille de sa femme, en Bourgogne. En dehors des vacances, il fait seulement 3 000 kilomètres par an.

---

[1] *XIIᵉ arrondissement* À l'est de Paris. Voir le texte précédent.

Reçoit-il des amis pendant le week-end? «Non, répond Doublot, cela entraîne des frais, un billet de 100 francs passe facilement dans un dîner et ensuite j'ai besoin de deux jours pour récupérer mes heures de sommeil perdues.»

Dans cette famille, on ne trouve d'évasion véritable que pendant les vacances. Cette année ils ont loué en partie une villa à Soulac-sur-Mer, en Gironde (840 francs pour trois semaines). Il y a deux ans, ils étaient à Biarritz, mais l'année dernière Doublot a passé le plus clair de ses vacances à décorer l'appartement. Ils estiment qu'ils peuvent partir à la mer une année sur deux. Ils ne sont jamais allés à l'étranger, sauf pour aller à l'Exposition internationale de Bruxelles.

Ils sont convaincus que leur pouvoir d'achat s'est amenuisé depuis quelques années.

— Le progrès va plus vite que nos possibilités d'y participer, dit Doublot, il nous faudrait aujourd'hui 1 500 francs par mois, rien que pour maintenir notre ancien niveau de vie.

Sur son salaire de 1250 francs,[1] il donne entre 700 et 800 francs à sa femme pour les dépenses du ménage et l'habillement des enfants. Le loyer coûte 165 francs par mois. La marge pour les faux frais est assez réduite. Certes, les Doublot aiment bien manger et boire. Même pour le déjeuner d'où son mari est absent, Simone Doublot achète toujours de la viande. Elle me parle avec fierté d'une centaine de pots de confiture et de conserves de fruits qu'elle garde dans sa cuisine; son mari me conseille en connaisseur sur les crus qu'on peut trouver chez les producteurs, en Bourgogne.

Chaque jour, Pierre Doublot achète *Le Parisien Libéré*[2] et *France-Soir*; il me dit que le journal qu'il lit est sans importance pour lui. «Que ce soit *Le Parisien* ou *L'Aurore*, aucune différence», dit-il, «je tire toujours mes propres conclusions.» Pour ce qui est des perspectives professionnelles, il dit que chaque homme porte son bâton de maréchal dans sa giberne, mais il n'arrive pas à envisager concrètement un avancement. La fatigue tue toute ambition de suivre des cours du soir. Il n'envisage pas non plus

[1] *1250 francs* En 1970, un P[3] dans la région parisienne peut gagner un peu plus de 1500 francs par mois. Mais le coût de la vie a monté . . .

[2] *Le Parisien Libéré: France-Soir: L'Aurore* Quotidiens à grand tirage. Le premier, sans tendance politique appréciable, publie principalement des faits divers, des photos et des nouvelles sportives. *France-Soir* fait une large place à l'événement quotidien. Faits divers, reportages, enquêtes sont annoncés par des manchettes géantes. Ses petites annonces sont célèbres. Il soutient, en général, le gouvernement. *L'Aurore*, quotidien de droite, prend souvent le parti des petits (commerçants, artisans, employés) contre le gouvernement ou l'administration.

de changer d'employeur: il perdrait sa prime d'ancienneté de 97 francs par mois.

Le fait que Renault soit nationalisé ne suscite aucune satisfaction particulière chez Doublot et ses collègues. «L'État patron pose exactement les mêmes problèmes que tout employeur de l'industrie privée», remarque-t-il.

Pour l'avenir, il s'inquiète d'une possible récession dans l'industrie automobile. Tôt ou tard, croit-il, le marché mondial deviendra saturé.

Pendant qu'il est à l'usine, sa femme s'occupe du ménage et des enfants. Elle aime tricoter et reçoit régulièrement *Modes et Travaux*.[1] Quand je leur demande quel est leur désir le plus ardent, ils me répondent tous les deux: devenir un jour propriétaire d'une petite maison. Hélas, les renseignements qu'ils ont pu obtenir ne sont pas précisément encourageants. «Il nous faut 25 000 francs au départ», dit Doublot. Cette somme est totalement hors de leur portée.

Un joyeux air de musique s'échappe de la télévision et fait tressaillir l'éléphant de faience sur l'appareil. «Regardez-vous quelquefois *Cinq Colonnes à la Une*?»[2] Doublot répond: «Oh non! ce programme est trop tard pour des gens comme nous. Nous sommes déjà au lit à cette heure-là.»

BORIS KIDEL *Enquête*: *Les trois familles* in *L'Express*, 23 mai 1963 pp. 14–15

INTELLIGENCE DU TEXTE

1 Quels sont les détails de la vie quotidienne des Doublot qui vous paraissent éclairer et définir leur niveau de vie?

2 Quels sont les facteurs qui concourent à restreindre la vie qu'ils mènent en dehors des heures de travail?

3 D'après cet interview, quels sont, en général, les buts de ce couple? Selon quels idéaux vit-il?

4 Quelles sont les opinions politiques de Pierre Doublot?

5 Imaginez les observations que ferait Frédéric Lefranc sur la vie que mène cette famille. (Voir le texte précédent.)

[1] *Modes et Travaux* Périodique féminin, où l'on trouve des conseils sur la couture, la décoration, les soins du ménage, la puériculture, etc.

[2] *Cinq colonnes à la Une* Programme télévisé bien connu, qui faisait un tour d'horizon mensuel des événements marquants.

En 1962, la moitié des exploitants agricoles avait passé l'âge de 55 ans, et près d'un tiers d'entre eux avait plus de 60 ans.

La population agricole de 20 à 24 ans ne compte que 79 femmes pour 100 hommes, 83 paysannes pour 100 paysans entre 24 et 34 ans.

3 EN PATROUILLANT DANS LES CAMPAGNES

La mécanisation ne résout pas tous les problèmes

C'est une grosse ferme du pays de Caux, de cette Normandie du nord de la Seine où les villages, les hameaux, les lieuxdits en «tot», en «mare», en «gate», en «dale» ou en «bec» furent fondés il y a mille ans et plus par des Vikings fatigués de courir les mers.

L'habitation à laquelle est attenant l'ancien cellier, les étables, les écuries, les granges, les hangars, sont dispersés à l'aise dans une vaste cour herbue de plusieurs hectares, plantée de vieux pommiers en verger, disséminés, ceinte d'un mur de terre levée qu'on appelle le talus d'où jaillissent les troncs gris des hêtres, drus et serrés, comme une haie de haute futaie.

La fermière, c'est à dire la patronne en personne, épouse et copropriétaire d'un bien qui vaudrait, réalisé, dans les 80, 90 millions d'anciens francs, sans compter le cheptel mort et vif, pousse les bêtes avec une baguette.

— Tiens, lui dis-je, vous rentrez les vaches le soir, en cette saison?

Elle rit largement en me répondant:

— C'est le progrès. Depuis qu'on a une machine à traire, plus besoin d'aller à l'herbage avec des seaux et des bidons. Mais il faut aller chercher les vaches et les amener à l'étable. Ça fait marcher autant, mais c'est moins fatigant, parce qu'il n'y a rien à porter. Vingt vaches, ce n'est pas assez pour une belle installation de «stabulation libre»..., un tel investissement ne serait pas rentable.

— Augmentez les vaches...

— D'accord, si vous vous engagez ici comme vacher. Le vieux commis est mort, et sa femme à l'hôpital. Il n'y a plus que mon mari et moi pour traire. Même à la machine, même avec une installation à la hollandaise, trente ou quarante bêtes, ça prendrait trop de temps. Il y a autre chose à faire... Et on ne trouve personne. Déjà, par ici, les conducteurs de tracteur ne courent pas les chemins et on les paye cher. Mais les vachers... l'espèce est en voie de disparition. Alors on pousse un peu sur le bétail d'embouche, un peu sur les cochons, et on a mis en blé le grand herbage en pente, celui qui fait dix-huit hectares. Dieu merci, on ne fait plus le beurre à la ferme depuis des années. On se contente d'écrémer le lait tous les soirs. Deux fois par semaine le ramasseur vient de là-bas . . . C'est plus rationnel, et nous n'avons plus à commercialiser. Tous les mois, l'industriel vire à la banque la contre-partie de notre production.

Comme c'est étrange d'entendre les mots du «business» prononcés par une vachère en sarrau bleu, en bottes de gomme et en fichu serré sur la tête. Il est vrai que cette vachère est une dame capitaliste. Il y a vingt ans, cependant, maîtresse d'une telle propriété, elle aurait dirigé l'exploitation de la laiterie, de la porcherie et de la basse-cour, avec une armée d'ouvriers et de servantes pour faire la besogne. Aujourd'hui, directrice et personnel en une personne, elle n'a pour l'aider qu'une machine . . . qu'elle doit quand même servir.

— Pourvu, dit-elle en harnachant la troisième et la quatrième vache à la machine à traire, que le courant électrique ne soit pas coupé comme l'autre jour. Je dois encore aller chercher les enfants à l'école avec la 2 CV. La maîtresse, heureusement, les garde après l'heure. C'est une telle servitude, cette école matin et soir que j'ai presque hâte de voir les deux derniers rejoindre les deux aînés en pension au Havre. Pourtant, la pension ce n'est drôle, ni pour les enfants ni pour les parents. À la campagne, il n'y a pas moyen de faire autrement, quand on veut qu'ils fassent des études.

Je lui demande si elle est heureuse, malgré son labeur écrasant de patronne-servante.

— Oui, dans un sens, parce que notre vie si routinière est quand même remplie de décisions à prendre. Oui, parce que j'aime la terre mouillée, l'odeur des vaches et l'espèce de liberté qu'on respire avec l'air végétal. Pourtant, le lendemain des jours où ma sœur du Havre et ma belle-sœur de Rouen viennent nous voir, je me surprends à «bovaryser»,[1] en rinçant les seaux à lait, les bidons et les trayons nickelés.

— Comment cela?

— Eh bien! je pense que si nous vendions la propriété—on a des offres, et ça vaut cher—nous pourrions, avec les études que nous avons faites, mon mari et moi, et notre revenu, vivre comme

[1] *bovaryser* (De Madame Bovary, héroïne du roman célèbre de G. Flaubert.) S'adonner à des rêveries romanesques, détachées de la réalité.

tout le monde en France, et même beaucoup mieux, élever moi-même mes enfants, aller aux sports d'hiver, passer les vacances sans souci au bord de la mer, voyager aussi.

Une voiture grimpe lestement la côte en seconde. C'est le fermier qui, après avoir porté trois veaux au marchand de bestiaux de Bolbec ou de Saint-Romain, a eu la bonne idée de passer à l'école chercher les enfants.

Je l'aide à débarrasser sa camionnette des emplettes qu'il a faites en ville. Je remarque, entre autres choses, quelques bouteilles de vin, un rôti et des pains de beurre.

— Si mes grands-parents savaient que j'achète du beurre hollandais, ils se retourneraient dans leur tombe, eux qui prétendaient que l'on barattait ici le meilleur beurre du canton... S'ils savaient aussi que je vends la crème à des industriels, que je ne fais plus de cidre... que j'ai abandonné le privilège des bouilleurs de cru...[1]

— Et que leur petite-belle-fille trait les vaches et lève le fumier, ajoute la fermière, qui vient de dépouiller sa livrée servile.

Ses cheveux sont aussi nettement échafaudés que ceux d'une présentatrice de la télévision, et elle s'affaire maintenant, comme n'importe quelle maîtresse de maison citadine auprès d'un fourneau électrique, sous des «éléments» muraux[2] bleu clair.

— Grand-mère portait la coiffe, dit-elle, et maman—Hue cocotte!—faisait trotter Marquis, le poney noir attelé à la charrette anglaise vernie pour aller elle-même vendre au marché son beurre, sa crème et ses œufs. De ce passé, que reste-t-il? Les lanternes de la petite voiture qui éclairent, électrifiées, la cage de l'escalier... le moule de bois qui authentifiait sur chaque pain le meilleur beurre du canton... Je pense quelquefois aux repas du soir, quand il y avait douze ou quinze personnes autour de la table. Le maître, au haut bout, servait la soupe aux pommes de terre de ses champs et aux poireaux de son jardin, graissée à la crème de ses vaches. Alors on achetait à l'extérieur seulement le sel et le poivre, et le rôti du dimanche.

Cette évocation d'un passé fabuleux où le personnel était nombreux et peu exigeant me remet en mémoire les impressions d'horreur curieuse qu'inspiraient certaines tablées campagnardes aux enfants, dont j'étais, de la bourgeoisie des villes: les hommes

[1] *les bouilleurs de cru* Voir le texte: *M. Dorgères et les bouilleurs de cru* (*La vie politique*, section 3, texte 5).

[2] *Les «éléments» muraux* Terme récent, correspondant à «wall units» (placards muraux).

rasés une fois la semaine avaient, comme les femmes, vieilles à trente ans, les dents rongées par le cidre. Ils mangeaient la tête dans l'assiette, comme du bétail à l'abreuvoir, en aspirant bruyamment à travers leurs grosses moustaches.

La soupe avalée, les commis ouvraient leur couteau d'un coup sec, pour tartiner le quignon que le maître jetait à chacun de ce vieux beurre jaune, rance et salé que l'on conservait pour les valets et pour les bonnes. Une fois repus, ils se levaient les uns après les autres, sans dire un mot—sauf le dimanche soir, quand ils avaient bu leur paye et que la rancoeur leur sortait en mots informes d'analphabètes.

Puis ils allaient dormir tout habillés, écrasés de fatigue jusqu'au lendemain 3 heures et demie ou 4 heures du matin, dans leur coin de grenier, ou près des chevaux, dans ces habitacles de bois rugueux qui faisaient partie des écuries, comme les auges, les mangeoires et le coffre à avoine. Était-ce le bon temps? Ses survivants le regrettent-ils?

Ce soir, dans la cuisine devenue «living room», depuis qu'un caissonnage savant a fait disparaître sous un plafond d'H.L.M.[1] la vieille poutraison noircie, nous sommes assis, le maître et moi, attendant le dîner en buvant du *scotch*, comme n'importe où, avec de l'eau gazeuse et des glaçons.

— Nous sommes parmi les heureux, dit-il, avec cette propriété qui remplit presque les conditions de rendement optima de la région. Aucun problème d'argent, ce qui est assez exceptionnel de nos jours, dans l'agriculture, peut-être parce que j'ai passé quarante ans, que je suis prudent, que je n'aime pas plus les dettes que l'argent dehors.

— Mais nous vivons comme des esclaves.

— Pourtant nous sommes des gens riches, si l'on compte la valeur du capital représenté par la propriété, plus tout ce que nous avons investi dedans et que nous investissons tous les jours... La vie d'un *exploitant* comme on dit de nos jours, de préférence à paysan qui est pourtant un beau mot, est trop en marge de celle de la moyenne de la nation, trop injuste pour les femmes... Et nos femmes ne veulent pas rester. Elles se demandent pourquoi leurs parents leur font faire des études secondaires, et même, comme la mienne, supérieures, pour que leur mari les *utilisent*—le mot n'est pas trop fort—à «remuer les vaches» et à les traire, ce qui, même à la machine, n'est pa une occupation pour bachelière, encore moins pour licenciée ès lettres.

— Nous avons un voisin, un peu parent, qui nous offre

[1] *H.L.M.* Voir note 2 du texte précédent.

d'affermer ses trente-cinq hectares, parce qu'il a trente ans, que
sa mère est morte, et qu'il ne trouve pas, de Dieppe au Mont
Saint-Michel, une jeune fille qui ait la vocation d'entrer en agriculture comme d'autres en religion.

— Et nous ne pouvons pas accepter, parce qu'il nous faudrait
pour cela deux ouvriers agricoles, au lieu d'un seul. Où trouver
le second, quand le premier est introuvable ?

On pense souvent, en ville, que la mécanisation résout les
problèmes de main-d'œuvre à la campagne. Elle en «éponge»
certains, mais pas tous.

D'autant plus que l'agriculture d'aujourd'hui n'a pas besoin de
ces ilotes à demi humains que lui fournissait l'Assistance publique,
et qui dormaient avec les bêtes, mais d'assistants qualifiés qu'elle
rémunère bien et qu'elle loge décemment.

Les exploitants trouvent, temporairement, de pauvres types
rejetés par l'industrie, parce qu'ils ne sont même pas capables de
balayer une cour d'usine. Qu'ont-ils à en faire, eux qui sont à la
pointe de l'utilisation technique de la biologie et de la mécanique ?

MAX OLIVIER-LACAMP *En patrouillant dans nos campagnes*
in *Le Figaro*, 3 decembre 1964

INTELLIGENCE DU TEXTE

1 Les suffixes cités au premier paragraphe vous sont-ils familiers ?
  Pourquoi ?
2 D'après les indications données dans le texte, comparez le nombre
  et la variété des produits «d'autrefois» avec ceux d'aujourd'hui.
3 Quels problèmes la mécanisation peut-elle résoudre ? Quels sont ceux
  qu'elle ne résout pas ?
4 À quoi, dans sa conversation, reconnaît-on que la fermière avait fait
  des études supérieures ?
5 Pourquoi le fermier pense-t-il que, pour qu'une jeune fille accepte
  de se marier avec un exploitant, il lui faut «une vocation d'entrer en
  agriculture comme d'autres en religion»?
6 En quoi la vie a-t-elle changé, pour les exploitants et les ouvriers
  agricoles, depuis l'époque des grands-parents de ce couple ?

La Montagne

Ils quittent un à un le pays
Pour s'en aller gagner leur vie,
Loin de la terre où ils sont nés.
Depuis longtemps ils en rêvaient
De la ville et de ses secrets,
Du formica et du ciné.

Les vieux, ce n'était pas original,
Quand ils s'essuyaient, machinals,
D'un revers de manche les lèvres;
Mais ils savaient tous, à propos,
Tuer la caille ou le perdreau
Et manger la tomme de chèvre.

Refrain: Pourtant que la montagne est belle;
Comment peut-on s'imaginer
En voyant un vol d'hirondelles
Que l'automne vient d'arriver.

Avec leurs mains dessus leurs têtes,
Ils avaient monté des murettes,
Jusqu'au sommet de la colline.
Qu'importe les jours, les années,
Ils avaient tous l'âme bien née,
Noueuse comme un pied de vigne.

Les vignes, elles courent dans la forêt;
Le vin ne sera plus tiré,
C'était une horrible piquette;
Mais il faisait des centenaires
A ne plus que savoir en faire,
S'il ne vous tournait pas la tête.

Refrain: Pourtant que la montagne...

Deux chèvres et puis quelques moutons,
Une année bonne et l'autre non,
Et sans vacances et sans sorties
Les filles veulent aller au bal,
Il n'y a rien de plus normal
Que de vouloir vivre sa vie.

Leurs vies: ils seront flics ou fonctionnaires,
De quoi attendre sans s'en faire,
Que l'heure de la retraite sonne.
Il faut savoir ce que l'on aime
Et rentrer dans son H.L.M.
Manger du poulet aux hormones.

Refrain: Pourtant que la montagne...

JEAN FERRAT

4 BOURGEOIS D'AUTREFOIS...

Même si la bourgeoisie est aujourd'hui démembrée, son esprit qui a mis plus d'un siècle à prendre sa dernière forme, nourrit encore trop fortement nos réactions, fût-ce en suscitant la contradiction, pour qu'on puisse en négliger l'analyse.

Le bourgeois ne se définit plus par sa profession. Qu'il dirige une petite entreprise, une maison de commerce, qu'il vive de quelques fermages et des loyers d'immeubles de rapport—cela existe encore—ou qu'il soit magistrat, avoué, agent d'assurances, ce qui compte, c'est moins le métier qu'il exerce que la tradition familiale à laquelle il se rattache. Certes, il arrive qu'elle se confonde avec une profession: brasseurs de père en fils, ou lignée d'hommes de loi qui, dans leur trame de notaires, de juges et d'avocats, ont accroché un professeur de droit ou un sénateur de la gauche républicaine.[1] Mais cette ascendance n'a rien de rigide: bien que vieux citadin, le bourgeois compte souvent parmi ses ancêtres des cultivateurs ou des marins; et lequel ne trouve pas aussi, dans ses archives familiales, la trace d'un conventionnel régicide,[2] d'un général d'Empire ou d'un découvreur d'îles, sans parler d'un grand-oncle artiste et d'un petit cousin parti sans laisser d'adresse. Car le bourgeois préfère une tache sur son arbre généalogique plutôt qu'un blanc. Est-ce pour avoir succédé à une monarchie héréditaire, le bourgeois se sent aujourd'hui un *héritier*.

Dans le passé, il avait eu des maîtres qu'il pouvait imiter: le clerc, le gentilhomme, le Roi, ou le philosophe lui avait servi de modèles. C'est sur lui maintenant qu'on va se guider: quel exemple va-t-il donner? Il était un temps où l'on pouvait reconnaître le bourgeois à sa tenue. L'ouvrier endimanché et le policier s'habillaient en «bourgeois». L'uniforme bourgeois, avec son gilet, son col dur, ses manchettes et son chapeau s'imposait comme le signe d'une promotion; certains directeurs de banque exigeaient encore de leurs employés, vers 1920, le port du chapeau melon. Il ne s'agissait pas là d'un luxe affecté dissimulant une réelle

[1] *la gauche républicaine* Groupe parlementaire républicain de l'Assemblée de 1875 qui ne pouvait en rien «inquiéter le plus timoré des conservateurs» (J. Madaule). Le terme de «gauche» ne doit pas surprendre car, la ligne de partage entre la droite et la gauche s'étant déplacée, bien des formations «de gauche» ont glissé vers la droite, sans perdre toutefois leur appellation initiale.

[2] *un conventionnel régicide* Membre de la *Convention nationale* (1792–95), assemblée révolutionnaire qui proclama la République et condamna Louis XVI. À rapprocher avec la question que se pose le héros de P. Gatérat: *Vade-mecum du petit homme d'État* (*La vie politique*, section 2, texte 2,): «aurais-je voté la mort de Louis XVI»?

pauvreté, mais d'une manifestation d'appartenance à un ordre commun. (De la même manière, lorsque en 1910 les garçons de café firent grève pour conquérir le droit à la moustache, et l'obtinrent, les gens du monde, pour maintenir leurs distances, se firent glabres.) Le bourgeois ne veut pas qu'on le dépasse et souhaite que sa propre condition paraisse comme le couronnement d'une lente ascension.

Au fur et à mesure que la bourgeoisie se durcit dans son état et qu'elle n'imagine pas pouvoir en changer, elle cherche davantage à passer inaperçue. Craignant de susciter des envieux, elle fait en sorte qu'en son sein le pauvre puisse ressembler au riche. Loin de s'afficher, le bourgeois s'efface. Du reste, il ne se sent pas en mesure d'être le maître à penser et l'arbitre des élégances. L'art de la conversation et les plaisirs de la vie de société perdent de leur importance. À défaut de briller, le bourgeois affecte le sérieux et, puisqu'il ne peut se distinguer, l'uniformité devient de bon ton.

De sa lointaine origine paysanne, il a conservé la crainte des mauvais jours, mais il n'a plus ce fond solide d'optimisme naturel et de confiance en ses propres forces que possède toujours le vrai paysan ou l'artisan. Besogneux par instinct, méticuleux par crainte, le bourgeois a cherché un môle auquel il puisse accrocher sa vie et ses espérances: ce môle, c'est *l'épargne*. Elle a fait sa force autrefois par l'indépendance qu'elle lui garantissait, la source d'autorité qu'elle lui donnait; elle a été le fondement de sa tradition familiale et l'a sauvé en même temps de l'individualisme. C'est elle qui l'a fait ce qu'il est; sans elle, il craint de disparaître.

Mais le bourgeois du XXe siècle n'épargne pas seulement par prudence; il le fait aussi par souci de justification. Ce que ses ancêtres s'étaient imposé pour obtenir par l'argent la puissance, il le répète moins pour satisfaire à son ambition que pour obéir à une sorte d'obligation morale. Gagnant plus que les autres, ne voulant pas se faire remarquer en dépensant davantage, il lui faut bien épargner! Certes, il existe des échappatoires; tel industriel qui a les moyens de renouveler fréquemment sa voiture, en change tous les ans, mais la prend toujours du même modèle et de la même couleur; sans que personne puisse le remarquer, il a toujours une voiture neuve. (Aux États-Unis, pour inciter leur clientèle à changer de voiture, les grands fabricants modifient chaque année quelques détails extérieurs de leurs nouvelles séries. En France, ce n'est pas seulement par routine que Citroën a conservé vingt ans un même modèle, tout en lui faisant subir des améliorations techniques invisibles; c'était avec l'approbation tacite de sa clientèle bourgeoise.) La pratique d'une telle modestie dans la dépense est rarement possible; il est, en général, plus facile de mettre de l'argent «de côté», formule évocatrice de l'ombre qui protège ce louable exercice.

Cependant cette vertu, que le bourgeois se contraint encore à pratiquer par orgueil, devient pour ses enfants un devoir privé d'âme et paré de tous les traits de la médiocrité. Dans une société où les revenus sont nivelés, économiser ne va sans quelques sacrifices. Le bourgeois ne retranche—prétend-il—que le superflu et l'inutile; il n'hésite pas à faire une dépense «payante»; il consent aux cadeaux, aux invitations, en en établissant le décompte exact, car il entend qu'on lui «rende». Son intérieur n'est pas sans luxe, sinon confortable; toute sa vie il a hésité entre le meuble d'époque, placement or, mais fragile, la «copie» qui suffit pour garder son rang, et les meubles sans style provenant d'héritages successifs, qu'il entasse dans sa maison, à défaut de les vendre avec profit. De toute façon, le salon a des housses et les plus belles pièces du service de Chine et de la collection de timbres sont dans un coffre.

Il n'est cependant pas avare, car l'épargne doit se faire respecter et la solennité de son culte demande quelques dépenses. Pour satisfaire à l'épargne, tout en maintenant un train de maison honorable, il faut une certaine aisance. Le drame de la bourgeoisie moderne est là.

P. BLÉTON *Les Hommes des temps qui viennent* Édns Ouvrières, 1956 pp. 190–194

INTELLIGENCE DU TEXTE

1 Au deuxième paragraphe, dans l'analyse de la tradition bourgeoise, évaluez l'importance relative de l'hérédité et de la profession.

2 Pourquoi est-ce maintenant le bourgeois lui-même qui va servir de modèle à la société?

3 Quels sont les éléments de la tenue vestimentaire bourgeoise qui paraissent à l'auteur significatifs d'un état d'esprit?

4 D'après cette analyse, quelles sont, pour les bourgeois, les plus grandes vertus?

5 Comment l'épargne est-elle devenue, pour le bourgeois d'autrefois, une vertu?

6 Quels sont les signes qui annoncent le renversement des valeurs bourgeoises dans la société contemporaine?

5 UN NOUVEAU VENU: LE CADRE

Autour de la table de bridge où l'on se retrouve quand on est de la même société, il y a désormais un joueur nouveau qui va prendre part à la conversation avec un état d'esprit quelque peu différent de ses partenaires. C'est le *cadre*[1] de l'administration, de l'industrie ou du commerce, qu'il appartienne au secteur public, semi-public ou privé. Jusqu'au début du XXe siècle, il n'avait pas d'existence sociale.

Produit de l'éducation technique moderne, lancé dans la course à l'avancement, la psychologie du cadre est mystérieusement apparentée à celle de Paris. Paris, centre des grandes écoles et des concours, siège des conseils d'administration et de tous les pouvoirs, petit univers où les familles et les traditions se dissolvent et où chacun se bat seul. La province imposait son horizon limité, son rythme de vie, ses tabous. Tout y allait son pas et n'arrivait qu'en son temps. Paris a changé tout cela, et il n'est pas besoin d'y résider pour que le cinéma, la radio, la littérature qui en débordent ne le rendent présent dans toute la France.

Au grand scandale du bourgeois survivant, le cadre veut profiter de la vie, tout de suite, et il comprend que les autres aient la même envie. Cela ne l'empêche pas, par ambition, d'écraser avec sans-gêne quelques concurrents dans la course à l'avancement. Fort égoïste sur ce plan, il saura être généreux sur d'autres. L'attachement aux biens matériels qui s'exprimait chez le bourgeois par le désir de la conservation, se manifeste chez lui par le plaisir de la consommation. À ne plus se soucier d'économiser et à ne guère songer calculer le cadre gagne un air de liberté.

Il n'a pas peur, lui, des signes extérieurs de richesse. Même tirant le diable par la queue, il fait quelquefois nouveau riche, sans le vouloir. Il a, ou il espère avoir, une voiture; il ne songe guère à payer une bonne à sa femme, mais il lui offrira un confort ménager que leurs parents n'ont jamais connu et auquel, en tout état de cause, ils n'auraient songé qu'après l'achat de la chambre à coucher, de la salle à manger et du salon. Car le cadre a accepté

---

[1] *cadre* «Salarié possédant de larges connaissances techniques, juridiques, administratives, commerciales ou financières, chargé de préparer les décisions de la direction des entreprises et d'en diriger l'exécution. (*La direction* porte la responsabilité générale de la conduite de l'entreprise qu'elle assume à son profit.) En France, les cadres se recrutent de trois manières différentes: les cadres supérieurs sortent en général des grandes écoles ou des facultés; les cadres moyens ont été formés par des écoles techniques ou commerciales; les cadres 'sortis du rang' ou autodidactes tendent à occuper des postes subalternes par rapport à ceux qui sont sortis des écoles.» (T. SAUVET *Dictionnaire économique et social* Édns Ouvrières, 1962; adapté.)

tous les signes de son époque; il a adopté le confort technique et, pour le reste, il se moque des apparences. Les circonstances veulent qu'il lui faille quelquefois acheter sa maison ou son appartement; pour cela, il voit large et se saigne aux quatre veines. Cependant, il a la bougeotte; comment fera-t-il pour rester au même endroit?

Ce désir d'évasion, il le satisfait du moins dans les voyages. Aujourd'hui, tous les Français partent en vacances, mais lui plus particulièrement aime à se déplacer, grâce à la voiture, quelquefois sous la tente. Il franchit aisément les frontières, curieux des pays étrangers, plus encore peut-être de leurs habitants que de leurs vieilles pierres. Ce goût du contact humain, on le retrouve dans sa vie quotidienne. Les manifestations mondaines d'autrefois, les après-midi où Madame reçoit, n'existent plus guère. Les relations sont sans doute moins nombreuses, mais plus profondes; ce ne sont plus des réunions d'hommes ou de femmes, séparés artificiellement, ce sont des ménages qui se connaissent et se fréquentent sans cérémonies. Car la femme du cadre a désormais une présence qu'on ne prêtait guère à nos grand-mères bourgeoises. Jeunes gens et jeunes filles se fréquentent librement sur les bancs des facultés, sur les stades et durant les vacances. Ils se marient jeunes et d'âge égal. La famille et la dot n'entrent plus guère en ligne de compte; la communauté de goûts a désormais plus d'importance que celle des origines ou des intérêts. Diplômée ou non, la femme du cadre a eu bien souvent un emploi avant de se marier ou au début de son mariage; elle aussi elle est un technicien du professorat, du laboratoire ou du secrétariat, et si elle abandonne son métier, c'est pour prendre en charge son foyer mécanisé. Dans son petit État domestique son mari lui est soumis et reconnaît sa supériorité. Égalité du mari et de la femme, compréhension réciproque, association dans la direction du foyer et au service d'une même ambition; le ménage du cadre manifeste le même désir d'efficacité et d'authenticité.

L'expérience des machines et des hommes a donné au cadre le sens des valeurs. Il sait ce qu'il vaut, et que son pouvoir sur quarante employés ou trois cents ouvriers, que sa réputation dans son bureau d'études ne sont pas dus à sa fortune. Aussi, il ne croit pas nuire à son prestige en retroussant ses manches pour aider sa femme à faire la vaisselle, et pour recevoir des amis dans cette tenue. Au reste, il offre ce qu'il a. Il reçoit facilement, son service de table n'est ni luxueux ni fêlé, c'est celui dont il se sert tous les jours. Il n'a pas de cave, et il va chercher aisément une bonne bouteille de vin sans en proportionner le millésime à l'importance de ses convives, mais seulement à son envie. Sans honte et sans regret, il dépense ce qu'il gagne, et il déclare, à qui veut le lui demander, le chiffre de son traitement. Il cotise à une Caisse de retraite[1] et il a, peut-être, une assurance sur la vie. Peut-être encore, s'il bénéficie d'une gratification exceptionnelle, achète-t-il quelques pièces d'or à moins qu'il revienne chez lui avec une collection de disques ou une vieille porcelaine qui lui a plu.

Il ne pense guère tirer un revenu d'un capital qu'il constituerait; le seul capital auquel il songe, c'est la mise de fonds nécessaire pour la construction *à crédit* d'une maison, au cas où il serait trop mal logé. S'il s'est mis à la Bourse, ces dernières années, c'est comme à un jeu plutôt que comme un placement: je veux un gain en capital, a-t-il dit à son agent de change, et surtout pas de supplément de revenu. Car le cadre sait qu'il est le grand fournisseur de la «surtaxe progressive».[2] Il est bon prince et paye; il en tire même quelque vanité: c'est lui l'élément travailleur, honnête et intelligent de la Nation! L'auteur de ces lignes qui se fait gloire d'être lui aussi un cadre, estime que cette opinion n'est pas dénuée de fondement...

Le bourgeois trouve que le cadre gagne beaucoup et ne comprend pas qu'il puisse dépenser davantage encore. En réalité, l'épouse du cadre se tient fort au courant de la situation financière du ménage; elle a refait elle-même les peintures de l'appartement pour pouvoir s'offrir un manteau de fourrure. Sa mère aurait trouvé qu'un manteau de lapin était encore bien suffisant à son âge, que les peintures n'étaient pas si sales, et qu'il conviendrait de songer d'abord à l'avenir des enfants. Mes enfants, pense le cadre, auront toute l'éducation nécessaire; pour le reste, ils se débrouilleront! Le cadre emploie souvent un mot plus expressif car il aime employer un vocabulaire assez vert. Même et surtout s'il est né dans la meilleure famille, c'est la preuve qu'il ne lui était pas nécessaire d'être «né» pour faire sa situation.

Egoïste et généreux, bon époux et bon père de famille, mais fort peu casanier, insouciant et positif, sans préjugé, sauf celui de la réussite, curieux souvent et paresseux quelquefois, l'état d'esprit du cadre ne se présente pas comme un système tout fait et bien ordonné. Sa position dans la société contemporaine n'est pas suffisamment assise, lui-même ne voit pas encore avec assez de

[1] *Caisse de retraite* Caisse privée, qui permet aux cadres (que ne couvre pas de manière satisfaisante le régime de retraite de la Sécurité Sociale) de bénéficier, tout de même, d'une pension de retraite.

[2] *la surtaxe progressive* C'est l'ancien terme désignant l'I. R. P. P. Il subsiste encore dans le langage courant. Voir texte 1 de la section suivante.

précision quel est son rôle et quelles sont ses responsabilités, pour qu'on puisse trancher dans ces contradictions. Une nouvelle conception du monde est en train de se forger; par mille indices, on devine que le cadre sera le premier à y adhérer. À travers notre littérature, notre organisation politique, nos idéologies et nos idéaux, se précisent quelles seront les grandes lignes d'une psychologie encore en formation.

PIERRE BLÉTON *Les hommes des temps qui viennent* Édns Ouvrières, 1956 pp. 199–203

INTELLIGENCE DU TEXTE

1 Quelle importance doit-on accorder à Paris lorsque l'on tente de définir la mentalité du cadre? Comment les progrès techniques contribuent-ils à la prédominance de la capitale?

2 Quelle phrase vous paraît faire le mieux ressortir le contraste entre l'esprit bourgeois et l'esprit du cadre?

3 Expliquez comment les cérémonies en sont venues à perdre de l'importance pour le cadre.

4 Comment les relations entre maris et femmes ont-elles changé?

5 Pourquoi le cadre veut-il prouver «qu'il ne lui était pas nécessaire d'être 'né' pour faire sa situation»?

6 Dans son essai, l'auteur dépeint-il un type de personnalité, une attitude à l'égard de la vie, un type de profession, ou une «classe» (plus ou moins définie) de la société?

6 LES JEUNES

Nos grands-parents n'ont jamais été «jeunes». Ce n'est pas de la provocation. Pas même une boutade. Simplement la constatation qu'il y a soixante ans—disons en gros avant la guerre de 1914—la jeunesse, au sens où nous l'entendons maintenant, n'existait pas, en tant que telle.

Il y avait des jeunes—des jeunes qui parfois marquaient leur époque: les romantiques, les «sacrifiés» de 1914, etc. Il n'y avait pas les jeunes. On était enfant, puis adolescent. Et le modèle restait l'adulte.

Aujourd'hui, la situation est presque inversée. C'est l'aboutissement d'une évolution qui a commencé après le premier conflit mondial, mais n'a d'abord touché que les milieux aisés et de droite . . . ces deux notions pouvant d'ailleurs se recouper souvent.

À présent, les jeunes constituent une force économique. L'ère de l'argent de poche a succédé à l'époque des tirelires. Les industriels, les commerçants n'ont pas été les derniers à s'en apercevoir. On ouvre des magasins pour jeunes, les hebdomadaires et revues pour jeunes battent tous les records: *Salut les copains* tire plus d'un million d'exemplaires.

Telle grande école par correspondance, à côté de son très sérieux enseignement des mathématiques et des lettres offre maintenant . . . des cours de guitare.

Car ces Français modernes ont de l'argent. Les jeunes de sept à vingt-quatre ans—qui représentent aujourd'hui 30% de la population française—dépensent chaque année plus de 500 millions de nouveaux francs, c'est-à-dire 50 milliards d'anciens francs. Les porte-monnaies des moins de quinze ans contiennent plus de 50 millions de francs nouveaux, c'est-à-dire 5 milliards d'anciens francs. Près d'un quart des jeunes disposent de ressources qui varient de 100 à 300 F par mois.

Ils représentent une énorme clientèle qui achète appareils photo, radios, électrophones, disques, etc. De façon très réaliste, les responsables de «Publicis»[1] écrivaient dans un rapport récent: «Le jeune devient pour le publicitaire un interlocuteur privilégié, non seulement comme consommateur, mais dans la mesure où il oriente une large gamme d'achats familiaux.»

La publicité s'adresse directement aux jeunes, les journaux en parlent à longueur de colonnes. Voit-on bien du reste que ce fait même contribue à faire naître des attitudes proprement «jeunes»? C'est là une conséquence psychologique et sociologique évidente.

La jeunesse pourtant n'est pas constituée seulement de consommateurs. Sur le plan social, elle cherche à s'organiser—à part. Phénomène des bandes, des blousons noirs . . .

Et aussi apparition, multiplication de groupements à caractère professionnel destinés à permettre l'expression de besoins, d'aspirations spécifiques: il y a les jeunes cadres, les jeunes patrons, la jeune chambre économique. Il y a même les jeunes avocats, les jeunes chirurgiens-dentistes, etc. On sait l'importance du Centre national des jeunes agriculteurs . . . Cette évolution ne s'effectue pas sans heurts: des étudiants catholiques ou des étudiants communistes entrent en lutte avec leur hiérarchie.

Et nous voici déjà sur le terrain politique. Les pouvoirs publics prennent eux aussi conscience du phénomène. On vient de créer un ministère de la jeunesse. On se sert du levier «jeunes», parfois,

---

[1] *Publicis* Grande agence publicitaire, qui édite un journal mensuel: *Publicis Informations*, destiné aux commerçants et aux industriels.

d'ailleurs pour amener à composition une organisation un peu trop turbulente. Un homme politique, un candidat à la présidence de la République, n'ont que le mot «jeunes» à la bouche.

Alors naît le problème: n'est-on pas en train d'assister sur le plan politique à la création d'une génération distincte? Ces jeunes que l'on flatte, que l'on attire, à qui l'on s'adresse en groupe et non pas individuellement, ne constituent-ils pas déjà une catégorie particulière «comme la classe ouvrière ou les exploitants agricoles, avec ses intérêts propres, ses objectifs, sa stratégie»?

LES PRÉVISIONS «JEUNESSE» JUSQU'EN 1978

population totale de la France	année	les «18–30 ans»	
47 573 400	1963	7 157 400	15,04%
49 019 230	1966	7 868 700	16,05%
49 836 329	1970	8 817 700	17,30%
52 962 000	1978	9 849 000	18,50%

Une enquête de MICHEL BASSI et ANDRÉ CAMPANA, avec la participation de JACQUES BUSNEL et JEAN-MARIE TASSET *Les jeunes et la politique* in *Le Figaro*, 10 mars 1966

INTELLIGENCE DU TEXTE

1 Pourquoi, selon l'auteur, n'y avait-il pas de «jeunes» à l'époque de nos grands-parents?
2 Quel facteur a le plus contribué à faire des jeunes une classe sociale distincte?
3 Sans compter leurs achats personnels, quelle influence les jeunes exercent-ils sur le marché des biens de consommation?
4 Sur le plan politique, quelle est la nature des activités des jeunes?
5 Quelles sont les réactions des pouvoirs publics, et des hommes politiques, devant cette «nouvelle vague»? Comment expliquez-vous ces réactions?

7 TEXTE POUR LA TRADUCTION

The standard of living in a village in Anjou
More mobile, more widely travelled, better read than their parents, the younger members of Chanzeaux's farm community have become sharply aware of the disparity between their standard of living and that of the city dweller. Like the new generation of farmers throughout

France, they aspire to a greater share in the fruits of the postwar economic expansion.

This aspiration expresses itself first in profound dissatisfaction with the present limitations on housing and educational opportunities. The housing problem is acute. Some families of six or seven live in two or three rooms, and many young couples are unable to find space at all. The situation arouses great indignation in the commune. Sixty-five per cent of Chanzeaux's houses were built before 1871; only 4 per cent after 1932. Houses are very small, rarely exceeding three or four rooms; and often they are inhabited by families spanning three generations. There are severe limitations on educational opportunity, caused primarily by the difficulty of providing economically for a child's extended schooling. Most young couples had to leave school themselves at the age of fourteen, and are apprehensive about the future of their children; many are determined to see to it that their children will at least be able to complete a secondary school education.

Aspiration towards a higher standard of living is expressed to an even greater extent in the eagerness with which Chanzeaux's younger families seek to acquire the consumer goods and enjoy the leisure time typical of city life. Cars have been a standard item on Chanzeaux farms for the past decade, but in the last five years vintage models have been replaced by newer, shinier ones. The last five years have also seen the proliferation of washing machines from a handful, owned mostly as luxury items by bourg dwellers, to enough to supply over half the farms in Chanzeaux. The first television set appeared five years ago. At present there are sixty sets in the commune, forty on farms.

The younger farmers show a new interest in and desire for leisure time. Claude Chaillou, who works at least twelve hours a day, is a strong partisan of leisure: 'In my father's time it was work, work, nothing but work. You need a little rest, a little fun.' In recent years the Chaillous and a few other young, prospering couples have begun to take vacations of unprecedented length—a week or more. Many others would like to follow suit but feel that such vacations would be much too costly. They point with envy to the paid vacations enjoyed by factory workers.

LAURENCE WYLIE ed. *Chanzeaux* Harvard U.P., 1966 pp. 100–105

EXERCICES GÉNÉRAUX

Version
Traduisez en anglais le texte 1 (*Des logements pour les pauvres*).

Résumé: Bourgeois d'autrefois . . .
Un portrait littéraire ne se prête pas facilement à l'exercice du résumé. Pourtant, en choisissant certains comportements typiques du bourgeois, l'auteur nous rend sensibles les caractéristiques essentielles de la

personnalité de celui-ci et de son rôle dans la société. Résumez ces caractéristiques en un ou deux paragraphes.

Analyse de texte: Un nouveau venu: le cadre

«L'expérience des machines et des hommes . . . cette opinion n'est pas dénuée de fondement.»

1 Donnez la définition des mots: bureau d'études; traitement; gratification; aisément.

2 «le sens des valeurs». Quelle est la nature de ces valeurs?

3 À quoi sont dus la réputation du cadre, et son pouvoir sur les hommes?

4 Quel rapport logique la conjonction «aussi» crée-t-elle entre la deuxième et la troisième phrase? Cette association d'idées est-elle justifiée?

5 Dans quelle tenue le cadre reçoit-il ses amis?

6 Expliquez aussi complètement que possible: «sans en proportionner le millésime à l'importance de ses convives».

7 Quelle est l'importance, pour l'auteur, de l'observation «sans honte et sans regret»?

8 Quelle est l'importance du terme «peut-être», dans les deux dernières phrases du premier paragraphe de l'extrait?

9 Dans la dernière phrase du même paragraphe, quelle est la fonction de la conjonction « à moins que»? Pourquoi le verbe *plaire* se trouve-t-il à l'indicatif?

10 «un capital qu'il constituerait; je veux un gain en çapital»: quelle est l'attitude du cadre envers la constitution d'un capital? Que signifie ici le conditionnel?

11 Pourquoi le cadre ne veut-il pas de supplément de revenu?

12 Expliquez la manière dont les trois qualités indiquées par les adjectifs *travailleur, honnête, intelligent* sont liées, dans l'esprit du cadre, au paiement des impôts.

Sujets de réflexion, de discussion ou d'essai

1 Ouvriers et travailleurs agricoles. L'exploitant déclare: «Mais nous vivons comme des esclaves»; Boris Kidel fait remarquer que «Les Doublot demeurent prisonniers de leur morne routine.» Comparez la vie des Doublot avec celle du couple normand; laquelle vous paraît la plus contraignante, la moins satisfaisante? Pourquoi?

2 L'organisation de la société: la marche vers l'avenir. Quelles réflexions vous inspire la contradiction apparente entre le fait que Doublot travaille dans une usine automobile, mais qu'il ne sort sa voiture qu'à regret?

3 Quels sont, d'après vous, les aspects particulièrement français de la vie des personnages évoqués dans les textes de cette série? Quelles sont les caractéristiques que l'on trouverait dans n'importe quelle société industrielle contemporaine?

4 Quelles sont les différences essentielles entre les groupements de

jeunes, et ceux de toute autre catégorie sociale (par exemple, exploitants, ouvriers)? Les jeunes peuvent-ils en réalité agir d'une manière spécifique sur la société?

5 Quelles réflexions vous inspirent ces mots de l'historien Pierre Gaxotte?: «Qu'est-ce donc la civilisation, sinon l'état social dans lequel l'individu qui vient au monde trouve incomparablement plus qu'il n'apporte? En d'autres termes, la civilisation suppose un capital et un capital transmis. Une société sans épargne serait accablée par les besoins journaliers. Les arts, les idées, la morale, la liberté seraient en grand danger d'y périr.»

Le citoyen devant l'État

1 LES IMPÔTS

[a] I. R. P. P.

L'IMPÔT SUR LE REVENU DES PERSONNES PHYSIQUES I. R. P. P.

Le système français d'impôts sur le revenu actuellement en vigueur comprend d'une part un impôt sur les bénéfices des sociétés, d'autre part un impôt unique sur le revenu des personnes physiques. Jusqu'à la loi du 28 décembre 1959, l'impôt sur le revenu des personnes physiques se composait de deux éléments: 1. *La taxe proportionnelle*, qui frappait les revenus nets de toutes catégories à l'exception des

traitements, salaires[1] et retraites soumis au versement forfaitaire;[2]
2. *La surtaxe progressive*, qui frappait globalement, à un taux progressif, l'ensemble des revenus, y compris les traitements, salaires et retraites.

La **loi du 28 décembre 1959** a supprimé la taxe proportionelle et la surtaxe progressive et les a remplacées par un impôt unique sur le revenu des personnes physiques (I. R. P. P.), soumis à peu près aux mêmes règles que l'ancienne surtaxe progressive. Cet impôt entre actuellement pour près de 17% dans le total des recettes fiscales de l'État. Il se caractérise par sa progressivité et par l'importance qu'il accorde à la situation de famille du contribuable. Cette *situation de famille* est prise en considération grâce au système du quotient familial. Celui-ci consiste à diviser le revenu imposable en un certain nombre de parts: I pour le célibataire sans enfant à charge, 2 pour un ménage sans enfants, 2,5 pour un ménage ayant un enfant, 3 pour un ménage ayant deux enfants, et ainsi de suite en augmentant d'une demi-part par enfant. *La progressivité* est obtenue grâce au barème suivant, applicable à chaque «part» entière.

Revenu de			Revenu de	
0 à	2 400 F	5%	10 850 à 17 500 F	35%
2 400 à	4 400 F	15%	17 500 à 35 000 F	45%
4 400 à	7 350 F	20%	35 000 à 70 000 F	55%
7 350 à	10 850 F	25%	au-dessus de 70 000 F	65%

La somme due par le contribuable est égale au *produit* de l'impôt calculé sur une part, *par* le nombre de parts. Les salariés bénéficient d'un certain nombre de déductions. Voici à titre d'exemple l'I. R. P. P. payé par diverses catégories de salariés.

Salaire brut annuel	Célibataire	Ménage sans enfants	Ménage 4 enfants
10 000 F	620	130	
30 000 F	4 980	2 660	I 400
50 000 F	10 840	7 070	3 890
100 000 F	30 490	22 760	14 860

JEAN RIVOLI *Vive l'impôt!* Édns du Seuil, 1965 p. 58

[b] Une part, une part et demie, deux parts . . .

«Nous avons l'honneur de vous informer qu'en application des

---

[1] *le traitement* S'applique surtout à la rémunération (mensuelle ou annuelle) d'un fonctionnaire ou d'un officier supérieur.
salaire S'emploie lorsqu'il s'agit d'une rémunération constituant le paiement du travail fourni par un employé et surtout d'un ouvrier. c.f. *la paye*, qui ne se dit que du salaire d'un ouvrier.

[2] *versement forfaitaire* Paiement déterminé à l'avance, et payé a intervalles fixes.

articles 240 et 241 du Code général des Impôts, nous sommes tenus d'indiquer avant le 31 janvier à M. le Contrôleur des Contributions directes le montant des sommes que nous vous avons versées, du 1er janvier au 31 décembre de chaque année. Nous vous adressons ci-joint le relevé des versements. . .»

Bientôt, les journaux vont publier de grandes pages: «Comment faire votre déclaration.» Et puis ils publieront un énorme tableau à colonnes: «Ce que vous aurez à payer, pour une part, une part et demie, deux parts, trois parts. . .» Et puis viendront les feuilles blanches, jaunes, roses, vertes, bleues (les couleurs changent de temps en temps). Et puis il faudra remplir les feuilles. Et puis il faudra payer un tiers, un autre tiers, le solde. Et puis il faudra recommencer. Cette mécanique est très bien montée. Le citoyen étant docile et n'appliquant plus l'adjectif 'révolutionnaire' qu'aux réfrigérateurs, aux soutiens-gorge et aux bikinis, elle fonctionne à peu près sans à-coup.

PIERRE GAXOTTE in *Le Figaro hebdomadaire*, 2 février 1967

[c] 15 février . . .

En somme, vous êtes comme Sennep,[1] vous détestez payer l'impôt . . . — Mon cher Pierre, répliquai-je, voulez-vous me citer quelqu'un à qui ce soit agréable ? Vous me rappelez l'interrogation du fameux questionnaire adressé à Marcel Proust et dont la dernière phrase était: «comment aimeriez-vous mourir ?» Comme si l'on aimait mourir. . . Tout au plus eût-on pu lui demander: «Comment souhaiteriez-vous mourir. . .?»

Cette conversation était celle que nous avions, Pierre Brisson[2] et moi, dans son bureau, un jour de février, il y a quelques années, où je lui apportais une chronique intitulée *Monsieur Tiers*. Et P.B. de me rétorquer en souriant:

— Avouez que vous avez hérité quelque peu de l'esprit de votre père et que vous êtes un individualiste incorrigible. . .

— Tempéré de sourire et d'impassibilité à mes heures. Mais accordez-moi, à votre tour, que l'impôt en France est inique.

— Vous seriez encore plus taxé et contrôlé en Amérique. . .

— Pardon, lui fis-je, ce n'est pas le principe de l'impôt qui m'irrite, bien que les États augmentent sans cesse leur inquisition et leurs dépenses, mais la façon dont l'impôt est réparti qui me semble injuste.

[1] *Sennep* Caricaturiste du *Figaro*.

[2] *Pierre Brisson* Directeur du *Figaro*, mort en 1964.

Et je fis un petit discours à mon ami, toujours souriant derrière son bureau:

— Croyez-vous qu'il soit juste que les salariés paient soixante-cinq pour cent de la surtaxe progressive et les sociétés cinquante pour cent de leurs bénéfices quand les agriculteurs, dont je ne nie certes pas les mérites ni les difficultés, en payent seulement un peu plus de un pour cent... Qu'il soit «démocratique» de lancer un emprunt dont les revenus annuels seront nécessairement payés par les imposés, mais dont les souscripteurs seront exemptés de la surtaxe progressive; qu'il soit juste que les impôts indirects, plus élevés que dans aucun pays du monde, frappent si lourdement le commerce et les produits de première nécessité, ce qui constitue un nouvel impôt sur les gens les moins pourvus... Quand Untel (et je lui citais un ami commun dont le nom brille dans l'histoire des fortunes, comme doit briller, dans son écurie, le fameux étalon d'or)[1] achète une côtelette, il paye sur cette côtelette le même impôt que vous et moi; et lorsqu'il nous offre à déjeuner, c'est sa banque qui règle l'addition. Tandis que c'est moi (avec plaisir d'ailleurs) quand je le lui rends... Si, au 1er janvier, les salariés touchent une «gratification», elle est considérée comme un salaire qui augmentera leur impôt; mais quand les porteurs d'actions reçoivent une action gratuite, cette action ne paye pas d'impôt. Et le ministère des Finances, qui trouve que les choses sont fort bien ainsi, n'a pas sensiblement modifié l'assiette de l'impôt depuis que la vie et les salaires ont augmenté (la vie plus que les salaires). Cependant, tous comptes faits, croyez-moi, je ne trouve pas que la vie soit désagréable en France. Je trouve même que c'est être millionnaire que d'y être né et je me sens un homme heureux d'y vivre.

Et nous parlâmes d'autre chose. Si Pierre Brisson était encore là et que je puisse tantôt lui porter cette chronique, il sourirait et me dirait, de nouveau, j'en suis sûr:

— En somme, vous êtes comme Sennep, vous détestez payer l'impôt!

Et je lui répondrais:

— Mais certainement, je n'aime pas le 15 février. Or le croyez-vous, les Allocations familiales, qui ont «du culot» (comme disait Courteline),[2] s'obstinent toujours à me faire payer deux fois le même impôt, en tant qu'écrivain, en tant que salarié, comme si ce n'était pas toujours mon métier d'écrire! Deux fois le même

---

[1] *étalon d'or* Jeu de mots, créé par la double signification du mot *étalon*.

[2] *Courteline* Auteur de contes et de comédies satiriques. Voir: *La Lettre chargée* (*La vie politique*, section 4, texte 6).

DÉCLARATION
simplifiée
DES REVENUS DE L'ANNÉE
1969

Cette déclaration doit être souscrite dans les délais prévus par la loi par les contribuables qui bénéficient uniquement de trait salaires, pensions ou rentes viagères, même s'ils sont propriétaires de leur habitation principale ou secondaire dont ils ne aucun profit principal ou accessoire (droit d'affichage par exemple) ou si les revenus mobiliers perçus ont supporté le prélèvement

NOM *(en capitales)* ....

Date et lieu de naissance ....

Nationalité..

ADRESSE au 1er janvier 1970 :

Commune .... Dépt....................

Rue .... N°....................

Bâtiment.......... Escalier.......... Étage..........N° de téléphone ....

Prénoms ....

N° de la carte d'identité *(pour les étrangers)*....................

N° d'immatriculation à la Sécurité sociale :

ADRESSE au 1-1-1969 *(en cas de changement en cours d*

Commune :.. Dépt....

Rue .... N°

VOUS ÊTES *(mettez une croix dans la case correspondant à votre situation)*

célibataire ☐

marié ☐ date et lieu du mariage ....nom et prénom de votre femme....................

veuf ☐ date et lieu du décès de votre conjoint..

divorcé ☐ date et lieu du divorce..

titulaire { d'une pension d'invalidité (degré d'invalidité reconnu........%) (guerre ou accident du travail)....................
{ d'une pension de veuve (lois des 31-3 et 24-6-1919) ou d'une pension civile exceptionnelle si vous avez opté pour cette der
{ de la carte d'invalidité prévue par le Code de la famille et de l'aide sociale ....

Avez-vous des enfants ? ☐ enfants adoptifs à votre charge depuis l'âge de 10 ans....................

Si *tous vos enfants* sont décédés, l'un d'eux a-t-il vécu jusqu'à l'âge de 16 ans ou est-il décédé par suite de faits de guerre ?....

VOS ENFANTS A CHARGE (Nom, prénoms, date et lieu de naissance)	AUTRES PERSONNES A CHARGE (Nom, p
....	....
....	....
....	....
....	....
....	....

VOTRE TRAIN DE VIE EN 1969

	Période d'occupation en 1969.	Adresse complète.	Montant du loyer payé en 1969.	dont vous êtes propriétaire	dont vous avez la jouissance gratuite.	non s la limi lo
Habitation principale	du........au........	....	....	☐	☐	
	du........au........	....	....	☐	☐	
Résidence secondaire *(en France et hors de France)*	du........au........	....	....	☐	☐	
	du........au........	....	....	☐	☐	

Mettez une croix ci-dessous pour les im

Nombre de domestiques, précepteurs, préceptrices, gouvernantes à votre service : Hommes........... ; Femmes...........

VOITURES AUTOMOBILES Marque { 1....................... Type { 1...................Puissance { 1...................Date de première { 1....
{ 2....................... { 2...................fiscale { 2...................mise en circulation { 2...

DISPOSEZ-VOUS DES AUTRES ÉLÉMENTS désignés ci-après (si oui, mettez une croix dans la case correspondante) :
Plus d'une résidence secondaire ☐ ‖ Yachts et bateaux de plaisance ☐ ‖ Avions de tourisme
Plus de deux voitures automobiles ☐ ‖ Chevaux de course ☐ ‖ Prise en location de droits de chas

CERFA N

impôt![1] Si ce n'est pas là un abus de pouvoir, comment faut-il l'appeler? D'un nom qui conduit généralement les citoyens en correctionnelle. . .[2]

Aucun gouvernement n'a accompli dans notre pays de réforme fiscale. Point même le tout-puissant gouvernement qui est le nôtre. Pourtant, j'écris cette page sans humeur; je l'écris parce que nous sommes le 15 février. Je sais trop bien que le seul drame profond de la vie n'est pas celui de l'argent, il est celui du temps qui passe, nous dépouillant bien plus encore que les États. Mais il a ses saisons heureuses; et quand février me réclame son tiers impératif, je comprends que le printemps n'est plus loin et, pendant quelques instants, j'aime l'avenir.

GUERMANTES in *Le Figaro*, 15 février 1965

INTELLIGENCE DU TEXTE

1 Pourquoi la comptabilité du *Figaro* a-t-elle communiqué avec M. Pierre Gaxotte au mois de janvier 1967?

2 Quelle est la différence entre les «parts» et les «tiers» dont parle Pierre Gaxotte?

3 Expliquez pourquoi la question: «Comment aimeriez-vous mourir?» se prête à une double interprétation. En substituant «souhaiter» à «aimer», quel effet produit-on?

4 «Ce n'est pas le principe de l'impôt qui m'irrite . . .» Quel est ce principe?

5 Étudiez chacun des exemples de la répartition des impôts que Guermantes considère comme injustes. En quoi consiste exactement l'injustice?

6 Expliquez comment les impôts indirects peuvent frapper lourdement «des gens les moins pourvus.»

2 LA SÉCURITÉ SOCIALE

Sous sa forme actuelle, la Sécurité Sociale a été créée en 1945 et en 1946. Aujourd'hui, le régime général s'étend à l'ensemble des salariés, et regroupe toutes les mesures d'assurance dont bénéficient les travailleurs: assurances contre les accidents du

---

[1] *Deux fois le même impôt* En tant qu'écrivain, il est considéré aussi comme *l'em-. ployeur*. Voir le texte suivant.

[2] *en correctionnelle* Terme familier désignant le tribunal correctionnel, qui juge les délits mineurs et les punit de peines correctionnelles.

travail, contre la maladie, contre la vieillesse et la mort, allocations familiales et de logement.

Toutes ces mesures, sans doute encore incomplètes, nécessitent cependant des crédits énormes, provenant d'une part des cotisations obligatoires des bénéficiaires, c'est-à-dire des *assujettis* à la Sécurité Sociale et, d'autre part, des versements également obligatoires des employeurs. La cotisation de chaque travailleur («la part ouvrière») représente 6,50% de son salaire, le versement de l'employeur («la part patronale») 17% de ce même salaire; la part ouvrière est retenue par l'employeur qui la verse avec la sienne à la Caisse chargée du recouvrement. Quant aux fonds des allocations familiales, ils sont constitués par les seules cotisations des employeurs, et représentent 11,50% du salaire du travailleur.[1]

Comment l'assuré se renseigne-t-il sur les indemnités et les allocations auxquelles il a droit? À la *Caisse Primaire* de la ville où il demeure, il peut obtenir, gratuitement, un *Guide de l'Assuré social,* livret d'une cinquantaine de pages qui lui fournit toutes les précisions nécessaires. Nous en avons choisi deux extraits: le premier fait partie d'un chapitre sur les assurances-maladie, le second d'un chapitre sur les allocations familiales. Voici donc la manière dont un grand organisme national adresse la parole à l'individu:

L'Assurance Maladie

Pour percevoir les indemnités journalières:
Adresser à votre Caisse:
- — dans les deux jours qui suivent l'arrêt du travail l'imprimé *Avis d'arrêt de travail* qui doit être signé par votre médecin. L'omission de cette formalité qui empêche le contrôle de la Caisse peut entraîner la réduction ou la suppression des indemnités journalières.
- — une attestation de votre employeur qui justifiera votre période d'interruption;
- — les derniers bulletins de salaire correspondant au mois précédant l'arrêt du travail;
- — vos feuilles de maladie correctement remplies.

Nombre de jours indemnisables

Les trois premiers jours de l'arrêt ne sont pas indemnisés.
L'indemnité est due pour chaque jour ouvrable ou non, c'est

---

[1] 11,50% *du salaire* . . . Taux des cotisations et des allocations en 1970.

dire que, si la reprise du travail est fixée au lundi, l'indemnité est due pour le samedi et le dimanche qui le précèdent.

Si votre médecin vous prescrit un repos à la campagne, ne partez pas sans demander l'autorisation à votre Caisse.

Montant de l'indemnité

Le montant de l'indemnité est égal à la moitié du salaire soumis à cotisation.

Si l'assuré a au moins 3 enfants à charge, le montant est porté aux deux tiers du salaire soumis à cotisation, à partir du 31e jour d'arrêt du travail.

Si l'assuré est hospitalisé, l'indemnité est due en totalité s'il a 2 enfants à charge ou plus.

Elle est par contre réduite de:
— 1/5 si l'assuré a un enfant ou ascendant à charge;
— 2/5 si l'assuré est marié, sans enfant ni ascendant à charge;
— 3/5 dans tous les autres cas.

Maximum

Le montant de l'indemnité journalière ne peut être supérieur à 22,66 francs. Ce maximum est porté à 30,22 francs pour les assurés ayant au moins 3 enfants à charge, après 30 jours consécutifs d'arrêt de travail.

Pourcentage des dépenses remboursées par la Caisse

Le remboursement des dépenses n'est pas complet, l'assuré supporte dans certains cas, une participation appelée «ticket modérateur».

Dépenses pharmaceutiques

Le remboursement est de 90% pour les médicaments spécialisés irremplaçables et figurant comme tels sur une liste établie par arrêté. Ces médicaments sont signalés par une vignette comportant un rectangle barré par deux diagonales:

Les autres spécialités sont remboursées à 70%.

Les préparations faites par le pharmacien lui-même sur indication du médecin (prescriptions dites «magistrales») sont remboursées à 80%.

Soins médicaux, appareils, lunettes

Le remboursement est en principe de 70% du tarif applicable par la caisse.

Les Prestations Familiales

Vous aurez droit aux *Allocations Familiales*
   À condition:
— d'avoir au moins deux enfants;
— d'avoir travaillé au moins 18 jours ou 120 heures dans le mois.

Les allocations familiales sont dues jusqu'à ce que les enfants atteignent l'âge de 16 ans, ou 18 ans s'ils sont placés en apprentissage, ou 20 ans s'ils poursuivent leurs études ou ne peuvent travailler par suite d'infirmités.

Les allocations familiales continuent à être versées en cas de maladie pendant la période où vous avez droit à l'assurance maladie ou encore en cas d'accident du travail jusqu'à la guérison des blessures ou leur consolidation.

Pendant les six semaines de repos qui précèdent l'accouchement et les huit semaines après l'accouchement, la mère salariée continue également à percevoir des allocations familiales.

Le montant des allocations familiales est calculé en pourcentage d'un salaire de base qui est révisé périodiquement et varie selon le nombre et l'âge des enfants et la région où réside l'allocataire. En 1970 ce salaire de base s'élevait à 377,50 francs dans la région parisienne. Pour le 2e enfant, l'allocation mensuelle est de 22% du salaire de base si l'enfant a moins de 10 ans, 31% de 10 à 15 ans, et 38% au dessus de 15 ans. Pour le 3e enfant (et les suivants, sans limitation) l'allocation est de 33% jusqu'à 10 ans, 42% entre 10 et 15 ans, et 49% au dessus de 15 ans.

Vous pouvez aussi bénéficier de l'*Allocation de Salaire Unique* si vous avez au moins un enfant à charge et si, marié ou vivant seul, vous n'avez qu'un seul salaire pour vivre.

Le montant de l'allocation varie avec le nombre des enfants. En 1970 il s'élevait à Paris à 38,90 francs pour un enfant, à 77,80 francs pour 2 enfants, 97,25 francs pour 3 enfants, etc.

Si vous attendez un enfant vous pouvez avoir droit aux *Allocations Prénatales*
   si vous avez fait la déclaration de la grossesse dans les trois premiers mois; et si vous passez les trois examens médicaux qui sont déjà exigés pour bénéficier de l'assurance maternité (3e mois, 6e mois, et 8e mois de la grossesse.)

Les feuillets du carnet de maternité qui correspondent à ces différents examens doivent être envoyés à la Caisse d'Allocations Familiales dans les 15 jours qui suivent les examens.

CAISSE PRIMAIRE DE BESANÇON 25 B
18, rue de la Préfecture

FEUILLE de MALADIE

Valable 15 jours

À faire parvenir à la Caisse, obligatoirement dans le mois qui suit le point de départ de sa validité.

ASSURÉ

NOM et prénoms : ....

....

Pour les femmes Mariées, Veuves ou Divorcées, indiquer toujours le nom de jeune fille suivi de femme X, Veuve X, Divorcée X.

Numéro Matricule | | | | | | | | | | |

Adresse complète : ....

Etes-vous actuellement salarié ?................ Profession : ....

Nom et adresse de l'employeur actuel : ....

.... Période de travail chez cet

employeur : du........................ au........................

Nombre d'enfants à charge de l'assuré :........ ....

QUI EST MALADE ?

| l'assuré | le conjoint | l'enfant | autres bénéficiaires |

Nom et prénoms : ....

Date de naissance :........................ Profession actuelle ....

S'il s'agit d'un autre bénéficiaire, indiquer le degré de parenté :........

LE MALADE est il soigné en tant que { pensionné de guerre ? / victime d'un accident du travail ? / d'un accident causé par un tiers ? } Rayer les mentions inutiles

Je désire être réglé :
— par mandat spécial « Sécurité Sociale » (I)
— par virement au compte bancaire.

Intitulé ....

Banque .... agence .... n°......

(1) Ce mandat peut être imputé par vos soins à votre compte courant postal

J'atteste sur l'honneur l'exactitude des renseignements ci-dessus

(Signature de l'assuré)

IMPORTANT. — *Article L 409 du Code de la sécurité sociale.* Est passible d'une amende de 360 F. à 7.200 F. quiconque se rend coupable de fraude ou de fausse déclaration pour obtenir, faire obtenir, ou tenter de faire obtenir des prestations qui ne sont pas dues, sans préjudice des peines résultant de l'application d'autres lois s'il y échet.
Article 150 du Code pénal. Tout individu qui aura commis un faux en écriture privée sera puni de réclusion.

▶ **CE QUE VOUS NE DEVEZ PAS FAIRE**

Sans avoir sollicité et obtenu l'autorisation du Service de contrôle médical de la caisse :

● **QUITTER** votre domicile habituel,

● **SORTIR** en dehors des heures autorisées.

● **COMMENCER** des soins — actes en série, massages, etc... — soumis à « entente préalable ».

● **ACHETER** des articles de prothèse, d'orthopédie, d'optique (verres teintés ou verres de contact).

Les allocations prénatales sont payées en trois fractions. Vous recevrez de la Caisse d'Allocations Familiales les deux premières mensualités après le premier examen, quatre mensualités après le second examen et le solde après le troisième examen.

Quand l'enfant est né vous pouvez recevoir une *Allocation de Maternité*

Il s'agit d'une somme unique qui est versée en deux parties, la première juste après la naissance et la seconde 6 mois après la naissance à condition que l'enfant soit encore vivant.

Pour le premier enfant, l'allocation n'est due que si la mère a moins de 25 ans ou si l'enfant naît dans les deux ans du mariage si la mère a plus de 25 ans.

Pour les enfants suivants l'allocation n'est versée que s'ils naissent dans les trois ans qui suivent chaque maternité.

L'allocation de maternité est égale à 2 fois le montant du salaire de base des allocations familiales.

La naissance de l'enfant donne droit au père à un *congé de naissance* de trois jours. Votre employeur vous doit votre salaire pour ces trois jours mais il sera remboursé par la Caisse d'Allocations Familiales.

Vous pouvez aussi avoir droit à *L'Allocation de Logement*
— si vous percevez des allocations familiales, et
— si vous payez pour votre logement un loyer ou des remboursements de prêts représentant un certain pourcentage de votre salaire, et

— si votre logement présente un minimum de conditions réglementaires (eau potable, W.C., nombre de pièces en rapport avec l'importance de votre famille, etc.).

Le montant de l'allocation de logement varie avec le montant du loyer que vous payez, le montant de votre salaire et le nombre de vos enfants.

Si vous déménagéz:

Pour entrer dans un logement plus adapté aux besoins de votre famille, vous pouvez percevoir de votre Caisse d'Allocations Familiales, sous certaines conditions, une *Prime de Déménagement*.

INTELLIGENCE DU TEXTE

1 Étudiez la liste des mesures d'assurance. S'agit-il uniquement d'assurances contre des risques?

2 Pour quelle raison les trois premiers jours d'un arrêt de travail ne sont-ils pas indemnisés?

3 Par quels moyens le système décourage-t-il l'usage abusif de traitements ou de médicaments par les assurés sociaux?

4 Quelle est la raison, pensez-vous, des conditions apportées au paiement de l'allocation de maternité?

5 Étudiez les dispositions du régime des prestations familiales; quelles en sont les intentions d'ensemble?

3 LA NOTION DE L'AUTORITÉ CHEZ LES NOUVILLOIS

On a coutume de dire à Nouville, en parlant d'une personnalité de la commune: «c'est quelqu'un». Ces quelqu'un, ce sont des «Messieurs», au vocatif et au descriptif (Monsieur plus le nom). Ils sont quelqu'un parce qu'ils parlent bien, qu'ils ont de l'instruction, de l'argent, «ils ont vu du pays.» Il faut remarquer que les personnes ainsi nommées sont peu nombreuses dans la commune, et représentent souvent l'autorité. Ce sont le maire, le curé, l'instituteur, les maîtres de verrerie. Ils représentent chacun des systèmes de valeurs différentes, avec lesquels soit par tradition, soit par nécessité, on a des rapports d'inférieurs à supérieurs.

Vivant de leur travail, les Nouvillois, qu'ils soient fermiers, fonctionnaires, commerçants ou ouvriers, savent que, seul, le temps consacré à ce travail, leur rapportera. Ils savent exactement ce qui peut être normalement acquis par la vente, par le travail, la production, et anormalement acquis par le vol ou le crime, par exemple. Ce qui est anormalement acquis risque de vous «mettre les gendarmes aux fesses.»

Devant le «normalement acquis», les points de vue diffèrent selon que l'on est son maître (possédant) ou que l'on a un maître (non-possédant).

Or ce maître, disons le «patron» ou «Monsieur Jailloux», c'est ainsi qu'on l'appelle, suffit à exercer l'autorité. Il commande au travail de l'usine, embauche ou congédie, augmente ou «met à pied». Le reste—les activités répréhensibles—relève des gendarmes. De cette première séparation grossière du bien et du mal, tous ont une idée et tous craignent—littéralement—le gendarme.

L'autorité, qui exerce directement le commandement est donc, selon les cas: soi-même, chez les ruraux; le patron, chez les verriers.

Le maire, le curé ne sont ni au-dessus, ni au-dessous, mais à côté, et le fait qu'ils ne peuvent intervenir dans la vie de chacun (signalons pour mémoire que le curé peut intervenir parfois en faveur d'un ouvrier) fait qu'on les place en dehors du système commandant-commandé.

La communauté déborde de son cadre géographique. Si le *loin* commence immédiatement au delà des environs, il y a, soit *au-dessus* du patron (pour les ouvriers), soit *au-dessus* du fermier une autre forme d'autorité: l'État, le Gouvernement ou l'Administration, termes toujours vagues pour les Nouvillois; nous pensons qu'ils disent plus volontiers «le Gouvernement».

Certes, si le fermier a une plus grande liberté d'action il n'en reste pas moins soumis aux lois et à l'autorité qui les représente. Mais cette autorité n'est pas concrétisée par des hommes avec lesquels on est directement en contact. Aussi bien pour l'ouvrier que pour le rural: le député, le préfet, le sous-préfet et toutes les personnalités politiques ou administratives sont des «Messieurs» que l'on ne connaît que par les journaux. Ils ne viennent pas à Nouville. S'il n'y a pas un intérêt marqué et un déplacement de ces personnalités vers le Nouvillois, ce dernier non plus, quand la possibilité lui en sera offerte, n'ira pas vers elles. Un ancien député retiré au village voisin n'est que très rarement sollicité par la population des environs, ne serait-ce que pour des renseignements et des conseils.

De la même façon qu'ils jugent le *loin* sans l'avoir vu, les Nouvillois jugent le gouvernement sans l'avoir vu et sans le connaître. Ils ne se le représentent pas sous une forme quelconque: c'est le domaine mal défini des «haut placés». Il est si peu représenté, si peu connu que l'on ne sait de quel terme le désigner mais l'on n'hésite pas, pour autant, à le critiquer.

«Moi, j'aime écouter les chansonniers parce qu'ils critiquent le Gouvernement.»

Pour les ruraux, comme «il» (le Gouvernement) est loin et que les rapports qu'ils peuvent avoir avec lui, par l'intermédiaire des papiers qu'ils envoient, s'échelonnent sur un certain temps, il est facile de fausser les statistiques agricoles comme les déclarations d'impôts. On le sait composé d'hommes qui, avant tout, «passent à la paye»;[1] si les sympathies vont à un parti déterminé, les membres des autres partis ne valent rien. Les dépenses de l'État— se chiffrant par milliards—n'éveillent pas dans l'esprit des habitants le sens de la mesure mais donnent à penser: «quel bien cela

---

[1] *passent à la paye* Se dit des ouvriers qui se présentent à la comptabilité pour toucher leur paye. Ici cela signifie que les députés sont grassement payés et mûs uniquement par leur intérêt personnel.

ferait si l'État en donnait seulement un peu! Il donne des allocations, entretient des fonctionnaires, mais qui paie en définitive?
Nous.» Cette phrase, qui fait la demande et la réponse, est dans
la bouche de tous les Nouvillois: *nous* qui payons: «le gouvernement, c'est la pagaïe qui sert à emplir les poches des profiteurs.»
Jamais l'entretien des routes, la reconstruction, les dépenses faites
dans l'intérêt collectif ne sont prises en considération.

Pour l'ouvrier «ils ne font rien» et, pour le patron, travailler
c'est «payer des impôts à l'État qui nous a laissé coloniser par
l'Amérique.» Pour les ruraux il est «incapable de réagir devant le
communisme.»

Au point de vue politique, on trouve, en somme, une situation
identique à celle qui existe en face du curé ou de la religion. Si
deux ou trois familles sont farouchement à gauche et deux ou
trois farouchement à droite, l'ensemble est républicain parce
qu'il n'est pas partisan d'un roi, qu'il est adversaire de la dictature
et que la disparition du gouvernement de Vichy l'a laissé sans
regret.

Les autres: sous-préfet, préfet, Président de la République, ne
sont connus que par les journaux; ce sont les autorités puissantes
et ce ne sont encore que les façades visibles du gouvernement
invisible. On va jusqu'à les traiter de «paravents» ou de «pantins»
dont on tire les ficelles.

Quand les souvenirs des clichés du journal représentant la
locomotive pavoisée de drapeaux (visite du Président de la
République à Rouen) ou le ruban tricolore que vont couper des
ciseaux (inauguration d'un pont) se sont évanouis dans l'esprit
des Nouvillois, les autorités redeviennent «le gouvernement». Le
seul souvenir qui en reste est celui de *haut placés*.

C'est pourquoi vis-à-vis de ce gouvernement, de ceux «qui
nous embêtent,» les sentiments seront ambivalents.

1. Les Nouvillois les critiquent, comme nous l'avons dit plus
haut; nous n'y reviendrons donc pas.

2. Ce Gouvernement pouvant prendre des décisions importantes:
déclarer la guerre, par exemple, et participant à des réunions avec
d'autres gouvernements, bien qu'on reconnaisse qu'il n'a pas la
première place, qu'on dise même qu'il est «à la remorque», ou
«qu'on est à la remorque» (ce dernier pronom employé sous
l'influence du sentiment du danger) est jugé puissant et redoutable.

LUCIEN BERNOT ET RENÉ BLANCARD *Nouville, un village
français* Institut d'Ethnologie (Paris), 1953 pp. 285–288

INTELLIGENCE DU TEXTE

1 Analysez comment, et pourquoi, les auteurs distinguent entre les *ruraux* et les *ouvriers*.

2 Expliquez ce que signifie pour un Nouvillois l'appellation «un Monsieur».

3 Comment se fait-il, dans le systeme commandant-commandé, que le maire et le curé «ne sont ni au-dessus, ni au-dessous, mais à côté?»

4 Pourquoi, dans l'idée que se font les Nouvillois du gouvernement, celui-ci reste-t-il presque par définition *invisible*?

5 Quel est le rôle joué par les *haut placés* tels que le préfet ou le Président de la République?

6 Y a-t-il une contradiction entre la tendance à critiquer le gouvernement, et la tendance à le craindre?

4 QU'EST-CE QUE LE REMEMBREMENT?

AGRICULTEURS!
Utilisez-vous la pelle de votre petit-fils pour labourer
votre champ?
et les ciseaux à broder de votre femme pour couper
votre foin?
En faisant, sans vous en douter, des erreurs de même ordre,
VOUS PERDEZ DE L'ARGENT ALORS QUE VOUS DEVRIEZ
EN GAGNER.
VOUS PERDEZ du temps, des semences, des récoltes,
DONC DE L'ARGENT
Parce que vous cultivez de trop petites parcelles émiettées aux
quatre coins de la commune.
VOUS SAUTEZ fébrilement de l'une à autre;
VOUS GASPILLEZ les bienfaits des machines, des engrais—
vous vous créez du travail inutile parce que
VOTRE TERRE PARCELÉE EST UN MAUVAIS OUTIL.

(d'après un dépliant publicitaire destiné aux exploitants agricoles)

Malgré l'exode rural, qui se poursuit à un rythme de plus en plus rapide en France aujourd'hui, il reste encore beaucoup de paysans dans la population active. Les trois quarts de ces paysans ne disposent que de surfaces exiguës; jusqu'à 56% des exploitants ont moins de 10 hectares, et n'ont par conséquent qu'un revenu dérisoire. Les conditions de travail difficiles qui résultent d'une faible superficie sont encore aggravées par le *parcellement* excessif des exploitations, c'est-à-dire la division en *parcelles de culture* d'une propriété ou exploitation. Les parcelles d'un même exploitant se trouvent souvent éloignées les unes des autres. De nombreuses exploitations sont de cette façon véritablement pulvérisées.

Le *Remembrement*, qui fait partie de la politique agricole gouvernementale, a pour but de faciliter la culture efficace, par la suppression des haies et talus inutiles; par l'amélioration du réseau des chemins; et surtout, par le rassemblement des parcelles appartenant à un même propriétaire et par leur rapprochement du centre d'exploitation. Les nouvelles parcelles, moins nombreuses, pourvues d'accès plus faciles, sont mieux adaptées à l'usage de la traction mécanique.

Chaque propriétaire doit retrouver une superficie de terrain équivalente en «valeur de productivité» à celle qu'il possédait avant, c'est-à-dire que l'on tient compte des différences dans la fertilité naturelle des sols.

Les principales opérations de remembrement se déroulent de la façon suivante:

Les exploitants peuvent demander le remembrement au Préfet, mais il s'agit souvent d'une initiative prise par le Service du *Génie Rural*. Le Préfet constitue une Commission communale, comprenant quatre représentants de l'Administration et quatre représentants des intérêts locaux, dont le maire. Cette Commission désigne le *géomètre* (chargé des travaux techniques), et procède à l'identification des propriétés et au classement des sols suivant leur valeur de productivité. Le géomètre établit ensuite le projet de nouveau lotissement et celui des nouveaux chemins nécessaires. Ce projet est affiché dans la commune, dans une salle publique; une enquête s'ouvre, au cours de laquelle tous les propriétaires intéressés peuvent examiner à loisir les lots que l'on projette de leur attribuer. Ils peuvent alors formuler leurs réclamations, et la Commission communale décide des modifications qui se révèlent nécessaires. Ensuite le projet modifié est soumis à la Commission départementale de remembrement (composée de chefs de service de l'Administration et de représentants des exploitants et des syndicats agricoles), qui doit rendre le remembrement définitif. Le Préfet ordonne par arrêté l'affichage du plan, qui permet la prise de possession des nouvelles parcelles.

Mais comment les paysans réagissent-ils devant les changements profonds qu'apporte une telle opération? Apprécient-ils le

Avant

RIOLS

Situation de 4 propriétaires

Propriétaire		M.C.	Mme A.	M.M.	M.S.
Superficie remembrée en ha.		49.26.99	27.48.05	33.09.59	14.12.04
Avant	Nombre de parcelles	109	55	61	35
	Surface moyenne	45 a 20	49 a 97	54 a 25	40 a 34
	Nombre d'îlots	39	17	21	10
	Surface moyenne	1 ha 26 a 33	1 ha 61 a 65	1 ha 57 a 59	1 ha 44 a 20
	Îlots enclavés	8	5	2	2
Après	Nombre d'îlots	13	4	7	5
	Surface moyenne	4 ha 04 a 40	7 ha 02 a 20	4 ha 93 a 64	2 ha 53 a 04
	Îlots enclavés	0	0	0	0
Réduction obtenue sur les îlots de propriété		67%	76%	67%	50%

▨ Zones exclues du Remembrement

Remembrement à Taix (Tarn)

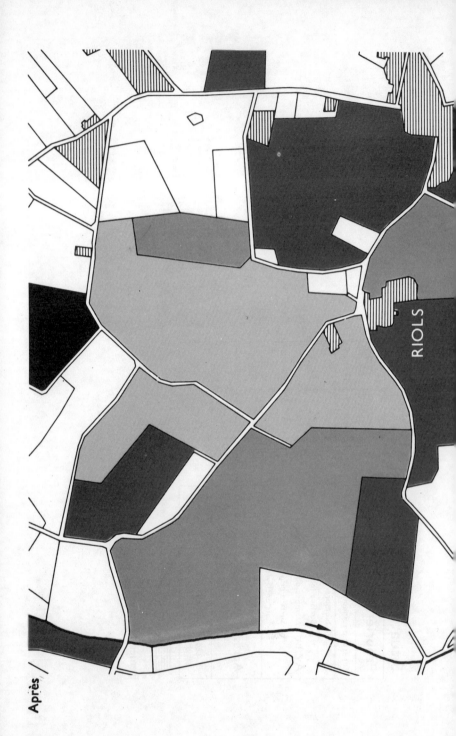

Après

RIOLS

Situation de 4 propriétaires

Propriétaire		M.C.	Mme A.	M.M.	M.S.
Superficie remembrée en ha.		49.26.99	27.48.05	33.09.59	14.12.04
Avant	Nombre de parcelles	109	55	61	35
	Surface moyenne	45ª 20	49ª 97	54ª 25	40ª 34
	Nombre d'ilots	39	17	21	10
	Surface moyenne	1ʰᵃ 26ª 33	1ʰᵃ 61ª 65	1ʰᵃ 57ª 59	1ʰᵃ 44ª 20
	Îlots enclavés	8	5	2	2
Après	Nombre d'ilots	13	4	7	5
	Surface moyenne	4ʰᵃ 04ª 40	7ʰᵃ 02ª 20	4ʰᵃ 93ª 64	2ʰᵃ 53ª 04
	Îlots enclavés	0	0	0	0
Réduction obtenue sur les îlots de propriété		67%	76%	67%	50%

▨ Zones exclues du Remembrement

Remembrement à Taix (Tarn)

Résultats d'ensemble

	Avant	Après
Nombre de parcelles cadastrales	1080	239
Nombre d'îlots de propriété	420	210
Nombre d'enclaves	52	0
Superficie moyenne d'une parcelle	50ª 00	2ʰᵃ 40ª 00
Superficie moyenne d'un îlot de propriété	1ʰᵃ 20ª 00	2ʰᵃ 40ª 00
Nombre moyen de parcelles par propriétaire	13	2,6
Nombre moyen d'îlots par propriétaire	5	2,6
Longueur de chemins créés		4450m.

travail minutieux du géomètre? Ou bien ce dernier représente-t-il à leurs yeux une Administration, un «Génie Rural», indifférents et incompréhensifs?

Ernest Monpied, maire d'une commune rurale, raconte dans son livre *Terres Mouvantes* tout ce que fut le remembrement dans sa commune. Ce sont les conflits d'intérêts, les problèmes psychologiques et humains, qu'il met surtout en évidence. Dans l'extrait qui suit, il raconte ce qui se passa lorsque, pour la première fois, les exploitants purent voir le projet de nouveau lotissement établi par le géomètre.

Vous me prenez mon meilleur terrain!

À neuf heures sonnantes, le 1er août, M. Gonvin, le géomètre, ouvrit la porte de la salle d'affichage, ... Presque aussitôt entrèrent coup sur coup plusieurs exploitants, suivis de femmes. Tous ces gens nous saluèrent rapidement et s'égaillèrent devant les diverses tables.

Le François[1] retroussa ses longues moustaches:

— Vous m'avez enlevé ma terre de Couailles?[2] Où est-elle?

Gonvin haussa les épaules, puis pointa son index vers un des plans:

— Je ne peux pas vous dire, mais je vous ai fait un grand champ aux Pâtureaux! Regardez, sur la feuille, là.

— Pas besoin de regarder!

Et François prenant les autres présents à témoin:

— C'est la seule terre où je pouvais mettre du blé cette année!

À mi-voix, le Louis soupira à notre adresse:

— Sacré François, va! il y a trois ans que sa terre est en jachère! M. Gonvin, poursuivit-il en élevant le ton, pour qui donc ce grand champ-là? Vous me prenez mon meilleur terrain.

La réponse de Gonvin se perdit dans les lamentations de la mère Dupuis:

— Oh! là, qu'est-ce que vous avez fait! Vous nous avez donné toutes ces «garettes» de la Plantade: on est perdus!

Elle se frottait les yeux avec son mouchoir. Gonvin tenta une explication:

— Ça vous arrange bien, ça vous revenait.

La mère Dupuis ne l'entendait pas ainsi:

---

[1] *le François, le Louis,* etc. Dans le langage familier, l'article défini précède le nom propre.

[2] *Couailles, Pâtureaux, la Plantade,* etc. Noms de champs ou de terres.

— Oh! je dis pas, quelques morceaux... Mais tout, tout, on est perdus! Tout ce que les autres ne veulent pas, on l'a! Qu'est-ce qu'on va faire?

Et elle éclata en sanglots.

— Dédé! mon Dédé, on est perdus! C'est pas la peine d'y regarder. Faut que tu t'embauches à l'usine! Oh là là! dire qu'on a eu des tas de malheurs, les années passées, et on nous fait ça! Aussi, on le disait bien: ces gens-là vont ruiner les petits et tout donner aux gros!

Me glissant dans un recoin, pour esquiver les gens, j'écoutais:

— Regarde! À Lépine, on lui a fait un champ de cinq hectares! Tu parles d'un champ! on l'a servi, lui!

— On m'y a tout enlevé, je n'arrive pas à en trouver un!

— Té! Marius, tu en as bien! Ici, tu prends ma terre des «Périères».

— Ils sont fous! ils m'ont mis à Montamet! C'est pas du boulot!

— Ils m'ont donné toutes les «garettes»!

— Il n'y a plus qu'à vendre les vaches!

Chaque conversation révélait son petit lot de problèmes nouveaux; je découvris encore plus intensément la profonde incidence de ces fameux plans sur le devenir des uns et des autres.

Le Dédé de la mère Dupuis en était tout morose. Il vint à moi:

— Tu sais! mon lot, c'est pas si mal remembré que ça, en y retouchant un peu; mais si tout mon bien est là, il ne me reste rien; qu'est-ce que je vais faire? Je devrai m'embaucher à l'usine.

— Ça ne changera rien. Au contraire, j'en suis sûr, en quelques jours tu pourras maintenant moissonner!

Plusieurs autres jeunes, qui avaient dû bavarder avec lui, formèrent groupe avec nous. Je profitai de cette rencontre pour faire une démonstration, de toute la force de ma conviction.

— Écoutez-moi... Écoutez-moi tous... Tu as raison, Dédé, en un certain sens. Ton cas est le plus net de tous, peut-être. Il se trouve que le géomètre a quasiment groupé toutes tes terres dans un seul endroit. Pourtant, on ne t'en a pas pris: à cet endroit, tu en avais déjà un bon morceau, du bon et du mauvais; on t'ajoute ça de l'Hector, ça de Breton, le triangle de Sévère; ça correspond bien à peu près aux quatre morceaux que tu possédais ailleurs, dans les quatrième et cinquième catégories?

— C'est à peu près pareil... Il y a bien quelques ronces à arracher.

— Les ronces, c'est pas grave... il y aura, d'ailleurs, les

49

travaux connexes.[1] Tout de même, la parcelle qu'on t'enlève aux «Graves» était à deux kilomètres; tu n'y allais jamais, c'était trop loin pour y mener tes moutons. Maintenant, tu jouiras de l'équivalent où tu es loti.

— En effet, tu as peut-être bien raison. Pour clôturer, c'est plus facile.

— À la bonne heure! Tu as déjà pensé à ce que tu en ferais! Mais continuons!... en bon terrain, tu récupères à peu près l'équivalent aussi?

— Je ne crois pas... la parcelle de Sévère, elle ne valait pas de la troisième!

— Soyons sérieux! Ne parlons pas de ces classes. Le géomètre, lui, il devait tout classer; nous, raisonnons en «plongeons» ou en chars de blé ou de seigle!...

— C'est comme ça qu'il faudrait comparer, approuva le Mirot.

Mes auditeurs montraient un intérêt soutenu. Je repris mon argumentation.

— Ce qui te tracasse, je vais te le dire... tu le pressens, mais tu n'arrives pas à comprendre exactement le changement. Quand ta mère me dit: «On est ruinés», c'est faux! Ce qui est vrai, c'est qu'en quelques jours tu vas pouvoir faire ton travail; il est même possible que tu fasses travailler ton lot en demandant à quelqu'un d'y venir avec son tracteur. Au lieu de demander quelqu'un à quatre ou cinq reprises comme tu le fais, tu ne le dérangeras qu'une ou deux fois... Pour exploiter ta ferme, tu t'occupais auparavant plusieurs mois durant; je suis sûr que tu pourras faire les mêmes travaux en un mois de temps au total, et avec moins de peine.

— Peut-être bien.

— C'est certain... Et bien, oui! au lieu d'aller faire le maçon pendant six mois de l'année, tu iras neuf mois. Mais, vois-tu, ce n'est pas le remembrement qui peut te donner plus de terrain que tu n'en as, il ne peut pas enlever du terrain à ceux qui en ont beaucoup pour te le donner.

— On ne veut pas ça des autres... chacun a besoin du sien.

— Alors, le remembrement, il va creuser un «trou» dans ton année! tu vas avoir l'impression de n'avoir plus rien à faire... Si tu veux te reposer, tu pourras le faire, sans que ça te ruine, puisque tu récolteras la même quantité, peut-être un peu plus.

— On n'est pas là pour se reposer!

---

[1] *les travaux connexes* Ce sont des travaux devenus nécessaires du fait du remembrement, mais qui ne font pas partie de l'opération elle-même, e.g.: le comblement de fossés, l'arrachage des haies.

— Ce n'est pas ton genre; ce que tu feras, je le sais, tu feras beaucoup plus de journées de maçonnerie; ce sera autant de gagné en plus... À moins que ça ne te plaise pas.

Dédé ne réagissait plus... Mirot avait pour habitude de parler au moment voulu pour paraître l'homme de la conclusion. Il le fit:

— Et tu gagneras bien autant en maçonnant qu'en allant en journée pour travailler la terre.

René, de son côté, poussa un soupir:

— Le travail de la terre, quoi! c'est fini? Qu'en penses-tu?

Il n'était pas facile de répondre en quelques mots.

ERNEST MONPIED *Terres mouvantes: un maire rural au cœur du remembrement* M.F.R./Édns Ouvrières, 1965 pp. 124–133

INTELLIGENCE DU TEXTE

1 Une fois entrés dans la salle d'affichage, quel est le premier désir des exploitants?
2 Analysez pourquoi le nouveau tracé des lotissements donne à tous les paysans l'impression d'avoir perdu plus qu'ils n'ont gagné.
3 Pourquoi est-ce surtout les jeunes que le maire essaie de convaincre?
4 Expliquez en quoi la vie de «Dédé» Dupuis sera changée par le remembrement.
5 «Le travail de la terre, quoi! c'est fini?» Quelles réflexions vous inspire cette question?

5 LA JUSTICE

[a] Comment se déroule un procès d'assises

1 *L'instruction*

Un crime a été commis. Que le criminel ait été arrêté ou non, le procureur de la République désigne un juge d'instruction[1] pour «instruire» l'affaire, c'est-à-dire l'étudier à fond.

Le juge d'instruction entend des témoins, fait faire des enquêtes, des perquisitions, des expertises et, si le criminel *présumé* est arrêté, il l'interroge en présence de l'avocat.

Quand son étude est terminée, le juge d'instruction décide le «non-lieu» s'il n'y a pas de preuves suffisantes et le *prévenu* est relâché. Au contraire, si le prévenu est présumé coupable, il est renvoyé devant la chambre des mises en accusation qui décide,

---

[1] *juge d'instruction* Voir le texte anglais à la fin de cette section.

à son tour, du non-lieu ou du renvoi du prévenu, devenu l'*inculpé*, devant la cour d'assises.

Ces précautions sont prises pour qu'une personne soupçonnée ne soit pas accusée à tort.

2 *L'audience*

La cour d'assises siège au département pour juger les crimes; elle inflige des peines infamantes (de la prison à la peine de mort). Son tribunal comprend trois juges: un président et deux assesseurs qui composent la Cour. Le ministère public est exercé par le Procureur général qui prend en audience, le titre d'Avocat général.[1] Le jury est composé de 9 citoyens, tirés au sort sur une liste départementale établie chaque année, où sont inscrits les citoyens honorables du département.

La séance commence par la lecture de l'acte de l'accusation, car, devant la cour d'assises, l'inculpé est devenu un *accusé*.

Ensuite, le Président procède à l'interrogatoire de l'accusé, puis à celui des témoins: d'abord ceux de l'accusation, ensuite ceux de la défense. Les membres du jury peuvent poser certaines questions à l'accusé ou aux témoins.

L'avocat général prononce alors son réquisitoire qui s'adresse au jury. Le réquisitoire est généralement sévère et demande une peine exemplaire.

Enfin, l'avocat prononce une plaidoirie, au cours de laquelle il essaie d'apitoyer le jury sur le sort de l'accusé s'il ne peut pas plaider l'innocence de son client.

Avant la délibération du jury, on donne la parole à l'accusé s'il désire dire quelque chose pour sa défense.

Le jury se retire pour délibérer après avoir reçu du Président une liste de questions auxquelles les jurés doivent répondre par oui ou par non. En cour d'assises c'est le jury qui déclare si l'accusé est *coupable* ou non; cependant il faut noter que les trois juges participent à ses délibérations.

Quand le jury rentre en séance, lecture est faite à haute voix des réponses au questionnaire: c'est le verdict.

---

[1] *Avocat général* Il faut distinguer entre les magistrats du siège (la magistrature assise) et les magistrats du parquet (la magistrature debout). Bien qu'ils soient recrutés de la même façon, leurs fonctions sont différentes. Les premiers sont chargés de *rendre* la justice; les seconds, dont la fonction est de défendre la société et l'ordre public, sont chargés de *requérir* la justice. À la Cour d'assises, la magistrature assise est représentée par les trois juges; le *Procureur de la République*, appelé ici *Avocat général*, représente la magistrature debout. Notons aussi les fonctions de l'*avocat*: c'est un officier indépendant, que le client consulte, et qui plaide sa cause pour lui.

La Cour se retire pour délibérer et fixer la peine d'après les réponses du jury. La délibération terminée, la Cour revient en séance et le Président lit la sentence.

Le jugement est définitif et sans appel; l'accusé a trois jours pour se pourvoir en cassation s'il y a lieu.

En cas de condamnation à mort le condamné peut rédiger un recours en grâce[1] adressé au président de la République qui a le droit de commuer la peine capitale en travaux forcés à perpétuité.

3 *La Cour de cassation*

C'est le plus haut tribunal de l'organisation judiciaire en France: elle siège à Paris. Ses arrêts sont sans appel.

Elle ne juge pas de nouveau les affaires qui lui sont soumises, elle examine seulement les jugements, pour voir s'ils ont été rendus conformément à la loi ou s'il n'y a pas eu mauvaise interprétation du Code par les juges. Si le jugement est fautif, elle le «casse», c'est-à-dire qu'elle l'annule et renvoie alors l'affaire devant un tribunal égal au premier, mais jamais devant les mêmes magistrats.

On peut dire que la Cour de cassation, tribunal suprême, est le juge des juges. Son président est le plus haut personnage de la magistrature française.

R. GALLICE et M. TRAVERSE *Instruction civique* (*Classe de fin d'études*) Hachette, 1951 pp. 84–86

INTELLIGENCE DU TEXTE

1 Quel est le but de l'instruction?
2 Dans quelles circonstances un prévenu est-il renvoyé devant la cour d'assises?
3 Qui sont les personnes qui se retirent de la cour pour délibérer sur la culpabilité de l'accusé? Comment la composition de ce groupe diffère-t-elle de celle du jury en Angleterre?
4 Comment la Cour de cassation peut-elle être considérée comme le juge des juges?

[b] L'erreur judiciaire

L'actualité judiciaire a été agitée par la situation d'un prisonnier qui protestait de son innocence.

---

[1] *recours en grâce* Un recours en grâce peut être rédigé également lorsqu'il s'agit d'autres peines que celle de la condamnation à mort. La grâce a pour objet d'affranchir le condamné de l'exécution d'une partie ou de la totalité de la peine, tout en laissant subsister la condamnation.

Le 5 février 1963, Jean-Marie Devaux était condamné par la Cour d'Assises du Rhône, pour meurtre d'une fillette, à vingt ans de réclusion.[1] Si l'on dressait la liste des condamnés à vingt ans de réclusion au cours de l'année 1963, Deveaux ne s'y trouverait pas seul, mais—c'est encore une des caractéristiques de la Justice française—chaque accusé est un cas, chaque procédure est particulière, chaque verdict est singulier. Sur ce cas, sur cette procédure, sur ce verdict, quelques hommes surpris, peinés, indignés se sont penchés. Et dès lors qu'une réflexion attentive éclairait une affaire aussi dramatique, tout ce qui avait déjà troublé ceux qui avaient assisté aux débats prenait une importance nouvelle; les incertitudes bousculées par les partis-pris, les habitudes écrasant les faits et une sorte de raison d'État au petit pied[2] (celle qui fait qu'au départ tout accusé est coupable), cela prenait les dimensions d'un véritable scandale. Certaines bonnes volontés, estompées par le ronron juridique, prenaient alors du relief, des policiers, des juges avaient eu des doutes. . .

Il ne s'agissait pas d'une affaire politique; aucun des personnages en cause n'était de près ou de loin lié à de grands intérêts. C'est ce qui fait tout le prix de la campagne menée en faveur de Deveaux.

L'acte accompli par la Cour d'Assises du Rhône commençait à prendre une double identité. Décision irréfragable, tout d'abord, il ressemble maintenant à une erreur judiciaire. Ce nouveau visage n'a pas encore écarté l'ancien, mais ses traits s'affermissent chaque jour. Demain, peut-être, une nouvelle vérité remplacera celle qui a été consacrée il y a quatre ans.

L'erreur judiciaire consiste moins souvent à se tromper de coupable qu'à se tromper de vérité, ou plus exactement à se tromper sur la qualité de sa conviction. On n'exige de personne— pas plus du juré que du juge—une certitude. On leur demande d'avoir une conviction suffisamment forte pour se décider. On devrait avertir les membres de toutes les juridictions de ne jamais prononcer une peine sans déterminer le niveau de leur «croyance». Le mot conviction est un mot très fort, auquel il

---

[1] . . . *20 ans de réclusion* La fillette assassinée était l'enfant des patrons de Deveaux. Lorsque les soupçons se portèrent sur lui, Deveaux avoua d'abord le crime, puis se rétracta, en disant qu'il s'était accusé «pour être quelqu'un.» Au procès, la défense appela des experts qui le présentèrent comme un faible, un sournois, un mythomane. La sentence—20 ans de réclusion au lieu de la peine capitale qu'on aurait pu infliger pour un tel crime—suggère que les jurés n'avaient pu se décider vraiment quant à la culpabilité de l'accusé. Les journaux de l'époque parlèrent d'un «drame de conscience», d'un «verdict illogique».

[2] *au petit pied* En raccourci; sans grandeur; sans éclat.

faudrait restituer sa pleine signification. La conviction c'est presque la certitude. La seule différence sensible entre l'une et l'autre, c'est que la certitude est valable en soi. Elle n'est pas individuelle, elle doit être reconnue sans difficulté par tous, comme le résultat d'une démonstration mathématique. La conviction, au contraire, est très spécialement individuelle. Certes, plusieurs hommes peuvent avoir des convictions identiques (en Angleterre, les verdicts ne sont-ils pas prononcés à l'unanimité ?), mais ce sont des états de la conscience qui se juxtaposent.

Au procès Deveaux, il ne semble pas que la conviction, dans son véritable sens fort, ait triomphé. Malheureusement, une décision a été prise, juridiquement inattaquable, du moins par voie de cassation. Alors, que faire si l'on s'est trompé? La loi ne donne pas beaucoup de moyens d'action. La procédure de révision est étroite. Une société estime qu'il importe à son équilibre que les décisions judiciaires ne soient pas remises en question. Ce qui est un grave anachronisme.

En effet, la part que la justice prend dans l'équilibre des sociétés est plus faible qu'autrefois, relativement à tous les changements qui affectent cet équilibre et dont les régimes autoritaires sont les plus prodigues. Tous les jours, sont modifiées les relations entre les citoyens, sont supprimés ce qu'on appelait «les droits acquis»,[1] sont contredites les règles les plus rigoureuses et changent du tout au tout les politiques justifiées avec le plus d'acharnement.

Il n'en est pas moins certain que réviser le procès de Deveaux, déclarer, demain, innocent ce garçon-boucher, qui, hier, avait été déclaré coupable, ne fera pas pencher d'un millième de degré le navire qui nous emporte. Et cependant, que de difficultés!

Nous reproduisons ici exactement quelques phrases d'une lettre que Deveaux a écrite au Père Boyer, son visiteur.

Melun, le 11–5–65

Je veu dous dire tout de suite que ma lettre sera dure à lire, mais falait que je le fasse je suis innocent. Je veu que vous rejeté le recours en grase c'est hunitile de le faire, sur l'autre lettre de la semaine passé je n'étais pas tellement d'accore est je voulais posé des condistions. Je suis innocent. Je veu me défendre et non m'avoué veincu par la Justice. Je veu huniquement ma revision avoir mon innocence reconnu, être réabiliter. .

Si vous voulez faire se recoure en grase, c'est hunitile de mes crire et devenir me voir au parloir, de tout façon je ferai tout

---

[1] *droits acquis* Prérogative d'un individu ou d'une collectivité à laquelle il ne peut être porté atteinte par une législation ou une réglementation nouvelle.

pour vous empêcher. Je vais écrire au juge d'instruction, au procureur Général de Lyon, au ministère de la Justice est encore à d'autres personnes. Leurs écrires que je veu pas de recoure en grase, que c'est vous allez le demandé. Oui je vais avertire tout le monde. Je vous dit encore une fois que vous devez rejeter se recoure en grase ci vous avez de l'amitié pour moi comme j'ai pour vous, je vous considère comme un des parents de ma famille. Oui je ferai tout pour vous l'empeicher.[1]

CASAMAYOR *L'Erreur judiciaire* in *Esprit*, janvier 1967 pp. 172–176

INTELLIGENCE DU TEXTE

1 D'où vient, selon l'auteur, la tendance à croire qu' «au départ, tout accusé est coupable»?
2 Comment la décision prise par la Cour d'Assises du Rhône sur le cas Deveaux a-t-elle pu paraître d'abord irréfragable, ensuite une erreur judiciaire?
3 La définition de la différence entre la conviction et la certitude vous paraît-elle juste? Suggérez d'autres «niveaux de croyance», entre la certitude et l'incrédulité.
4 De quel ordre sont les difficultés qui empêchent la révision du procès de Deveaux?
5 Pourquoi Deveaux lui-même ne veut-il pas que l'on fasse un recours en grâce?

interrogatoire

Je ne remplirai plus vos questionnaires
Je ne sais comment je m'appelle
Qui est ce Je qui appelle
Ni ce moi qui est appelé

Ni ce jeu entre Je et moi
Cette vie à tu et à toi
Ces deux-ci partagent cet un-là
Un seul masque et deux faussetés

P. EMMANUEL *Versant de l'âge* Édns du Seuil, 1958

---

[1] Novembre, 1969. La Cour de Cassation ayant annulé le verdict à la suite d'une longue campagne, Deveaux a été de nouveau jugé et, cette fois, acquitté, par la Cour d'Assises de la Côte d'Or.

contre le doute

Contre le doute hélas je n'ai pas de refuge
   En quelles mains me suis-je mis?
Et comment me juger, car lorsque je me juge
   J'ai les yeux de mes ennemis.

Que j'aimerais m'aimer et me laurer de gloire,
   Attendre le succès final
Mais contre moi si loin que cherche ma mémoire
   Se retourne mon tribunal.

L'avocat me suspecte et le jury m'accuse
   Tous les témoins me donnent tort
Et je dois écouter sans me trouver d'excuse
   Ma condamnation à mort.

JEAN COCTEAU *Clair-obscur* Édns le Rocher, 1954

6 TEXTE POUR LA TRADUCTION

Criminal Procedure: the preliminary investigation

Criminal cases open by a long, protracted phase, the purpose of which is to assure that a *prima facie* case is prepared. This involves an investigation by an examining magistrate and has often been criticised for giving too much power to the police, the public prosecutors and the investigating judges themselves. The judge chosen for this examination (in the provinces often a young man who is learning his profession) is called the *juge d'instruction*. He has the right to detain the accused. He interrogates him in the presence of his counsel and then hears and questions witnesses. The accused is finally confronted with the witnesses. If the *juge d'instruction* finds a case against the accused, he sends the documents to the public prosecutor for trial.

The *juge d'instruction* has always been a judge with a difference. Reforms have diminished that difference, but they have never really struck at the root of the problem, which is that of ensuring the independence of these judges from the police and the prosecution. For he remains dependent on the police for his information. When the police ask him to detain a suspect, he is inevitably in a delicate position. To some extent this is not a defect of the system so much as a defect of the persons involved. To some extent, however, it is a defect of the system and it lies in the ambiguity of the investigating judge's position. Since he takes part in the investigation of a crime and his duty is to prepare a solid case, it is hard to see how he can really be asked to be impartial.

The system has also been criticised as constituting a private trial which may prejudice the accused before his public trial. It is true that in principle an accused person is considered innocent until found guilty by a proper court. As one commentator puts it, what the investigating judge is saying when he sends a case on is 'after careful examination I believe you are guilty, but if you can explain your conduct to the satisfaction of a jury, they have the power to free you'. It is true that in Britain also it is often said that the police 'must have a case' if they prosecute, but in France this is said by a judge.

F. RIDLEY and J. BLONDEL *Public Administration in France*
Routledge & Kegan Paul, 1964 pp. 141–142

EXERCICES GÉNÉRAUX

Version

Traduisez en anglais la section suivante du texte 3 (*La notion de l'autorité chez les Nouvillois*):
«De la même façon qu'ils jugent le *loin* sans l'avoir vu . . .
. . . 'pantins' dont on tire les ficelles.»

Résumé: Vous me prenez mon meilleur terrain!

«Écoutez-moi . . . écoutez-moi tous. . . . Et tu gagneras bien autant en maçonnant qu'en allant en journée pour travailler la terre.»
Pendant ce dialogue, le maire, entouré d'un certain nombre de jeunes paysans de sa commune, fait une leçon sur les avantages du remembrement. Faites un résumé qui expose les grandes lignes de son argument. Ce «reportage en résumé» sera en même temps un exercice de style.

Dialogue: Les prestations familiales

Une mère de famille se présente à la Caisse de Sécurité Sociale; elle cherche des renseignements sur les prestations familiales. Au bureau, un employé répond à ses questions; évidemment, lui aussi doit s'enquérir de certains détails avant de pouvoir répondre. Imaginer les paroles de l'employé:

LA MÈRE   Monsieur, je ne comprends plus rien au système des allocations familiales, ni à combien j'ai droit.

L'EMPLOYÉ

LA MÈRE   Eh bien, alors, pour commencer, j'ai trois enfants.

L'EMPLOYÉ

LA MÈRE   Jusqu'à quinze ans seulement! Eh bien, c'est un peu dur, monsieur, parce que l'aîné, il vient d'avoir 17 ans, mais il est encore au lycée.

L'EMPLOYÉ

LA MÈRE   Oui, mais le second, lui, a quitté l'école. Il a 16 ans. Je n'ai droit à rien pour lui?

L'EMPLOYÉ

LA MÈRE   Mais puisqu'il ne gagne rien! Je ne vois pas. . . .

« Chérie, qui prend les décisions chez nous ? »

Sciences et Avenir

L'EMPLOYÉ	
LA MÈRE	Parce qu'il est apprenti-coiffeur, monsieur !
L'EMPLOYÉ	
LA MÈRE	Oui, la troisième, monsieur, elle n'a que treize ans, heureusement. Mais il y a aussi le quatrième.
L'EMPLOYÉ	
LA MÈRE	C'est-à-dire, qu'il n'est pas encore né. On va me payer

L'EMPLOYÉ   quelque chose lorsqu'il sera né, n'est-ce pas? J'ai entendu dire que . . .

LA MÈRE   Ah! ça alors! Tout simplement parce que sa sœur a déja treize ans! Mais je comptais justement sur cela pour pouvoir lui acheter une layette neuve!

L'EMPLOYÉ

LA MÈRE   Comment! on s'assure contre la maternité maintenant?

L'EMPLOYÉ

LA MÈRE   Bien sûr, excusez-moi, monsieur, j'ai bien compris maintenant. J'irai tout de suite demander mon carnet.

L'EMPLOYÉ

LA MÈRE   Non, je crois que c'est tout, monsieur. Merci infiniment. J'aurais préféré ne pas avoir à m'occuper de toutes ces allocations compliquées, mais puisqu'il n'y a que le salaire de mon mari maintenant. . . .

L'EMPLOYÉ

LA MÈRE   Mais . . . vous auriez dû me dire cela au début! Tant mieux si les allocations en sont augmentées. Ça me console.

Sujets de réflexion, de discussion ou d'essai

1 Est-il possible de créer un système d'impôts qui soit entièrement juste?

2 «L'État donne des allocations, entretient des fonctionnaires, mais qui paie en définitive? Nous.» Pourquoi l'État semble-t-il s'opposer à la société?

3 L'autorité est-elle toujours à craindre?

4 «Ces gens-là vont ruiner les petits et tout donner aux gros!» Doit-on écouter avec sympathie ce cri d'alarme?

5 Les principes de la justice sont-ils éternels, ou changent-ils selon l'époque?

6 Les attitudes des citoyens anglais devant l'État diffèrent-elles de celles des citoyens français?

L'enseignement

*Pendant près d'un demi-siècle, la réputation dont notre enseignement
jouissait à l'étranger a donné à l'université française une sorte de
bonne conscience qui la mettait à l'abri du doute et des inquiétudes.
La grande machine centralisée, créée par un empereur et perfectionnée
par plusieurs rois et par trois républiques, tournait sans trop
de peine, et continuait à moudre bacheliers, licenciés, agrégés et
docteurs pour la satisfaction d'une société bourgeoise à la mesure de
laquelle elle avait été faite . . .*

GUY MICHAUD Introduction à *La réforme de l'enseignement*
in *Tendances no 28*, février 1963 p. 3

Notre enseignement actuel est encore moulé dans les cadres hérités du XIXᵉ siècle: école primaire pour la masse, secondaire pour une élite bourgeoise.

JACQUES NATANSON, ANTOINE PROST *La révolution scolaire* Édns Ouvrières, 1963 p. 45

I DES CLOISONNEMENTS ABUSIFS[1]

La Constitution de la IVᵉ République, reflet des exigences nationales communes, a inscrit l'égalité de tous devant l'instruction, mais il est évident, sans avoir recours aux statistiques, que ce droit est abstrait et qu'en réalité les différentes branches de notre enseignement correspondent à des milieux socio-économiques différents.

Théoriquement, la division des études en degrés devrait signifier, dans une société réellement démocratique, que chacun est admis au degré supérieur en fonction de ses capacités et non par un privilège de la fortune. Or la seule égalité réelle des enfants de France se situe au niveau des classes primaires. Dès l'âge de dix—onze ans le sort de chacun est décidé par le statut social de la famille. La moitié d'entre eux, enfants de manœuvres, d'ouvriers agricoles, de petits exploitants ou artisans, attendront l'âge de quatorze ans en traînant dans les dernières classes de l'école primaire et obtiendront au mieux le certificat d'études primaires, même s'ils étaient capables de faire d'autres études; pour ceux de l'autre moitié il n'y a pas même une égalité de chance. Sur eux pèse une double prédestination: l'une faite de préjugés et de traditions, l'autre économique, et les deux se renforcent. Parmi les familles qui peuvent «faire faire des études» à leurs enfants, les unes cherchent à leur faire acquérir les connaissances nécessaires pour occuper une *fonction* dans la société. Elles les dirigent soit vers les Cours complémentaires qui leur donneront un bagage de connaissances leur permettant l'accès aux emplois de bureau ou aux emplois de petits fonctionnaires (postiers par exemple), soit vers les Centres d'apprentissage, soit au mieux vers les écoles et collèges techniques. Elles espèrent qu'ils pourront gagner leur vie en ayant un métier entre seize et dix-huit ans. Les autres familles souhaitent donner à leurs enfants une *culture* et elles les dirigent

---

[1] *Des cloisonnements abusifs* Ce texte peut être étudié conjointement avec le diagramme de l'enseignement avant la reforme de 1959. Les surfaces consacrées à chaque type d'établissement donnent une idée approximative du nombre d'élèves qui y faisaient leurs études.

vers les sections moderne ou classique des lycées et collèges et le choix entre ces deux sections dépend encore du milieu des parents. Les membres des professions libérales, les chefs d'entreprise, les fonctionnaires (d'un certain grade) mettent plus volontiers leurs enfants «en classique», les employés, les agriculteurs, les artisans, quelques ouvriers «en moderne».

En dernière analyse, l'origine sociale décide de l'orientation sans qu'il *puisse* être tenu compte des capacités des économiquement faibles, sans que l'on *veuille* y prêter attention dans la bonne société. Et ce préjugé tenace du notaire ou du médecin qui les décide à faire faire du latin, ou à tout le moins des études secondaires à leurs enfants, quelles que soient leurs aptitudes, explique pour une large part que, de la sixième à la première, la moitié des élèves quitte l'enseignement du second degré.

L'intime liaison qui existe entre le milieu de l'enfant et le type d'école dans lequel il recevra son instruction secondaire entraîne un cloisonnement même entre les enfants qui poursuivent des études semblables et on peut dire que notre Université[1] donne un enseignement de classe dans la mesure où chaque établissement du second degré donne une formation adaptée à une classe, à sa mentalité et à ses possibilités. L'esprit de la formation reçue par les enfants est différent dans les Cours complémentaires, les Centres d'apprentissage, les Collèges techniques et les Lycées et Collèges. Chaque type d'école a été créé pour répondre à un besoin précis, et chacune est tellement adaptée à sa fin qu'elle tend à renforcer les différences qui existent entre leurs clientèles naturelles. L'esprit primaire et l'esprit secondaire s'affrontent, le technicien et l'intellectuel se reprochent respectivement des insuffisances essentielles. Et le classique se considère seul comme cultivé dans un monde de barbares. Loin de contribuer à l'unité des Français, nos écoles du second degré aggravent les processus sociaux centrifuges, déjà si forts dans notre pays. La culture devrait engendrer une communion humaine; elle a cet effet, malgré les frontières nationales ou ethniques, entre des hommes qui ont reçu le même type de formation. La spécialisation de nos écoles correspond en réalité à un éclatement de la culture.

PAUL FRAISSE *Crise de croissance de l'Université* in *Esprit no 215*, juin 1954 (numéro spécial sur la réforme de l'enseignement) pp. 809–810

---

[1] *notre Université* L'*Université* ou l'*Université de France* (U majuscule), est le corps enseignant tout entier, recruté par l'État et sous le contrôle du Ministre de l'Éducation nationale. Le terme comprend l'enseignement supérieur, secondaire, technique et primaire.

INTELLIGENCE DU TEXTE

1 Expliquez ce que signifie: «dans une société réellement démocratique, chacun est admis au degré supérieur en fonction de ses capacités».
2 Quelles étaient les trois manières d'envisager l'éducation, que l'auteur distingue dans la société de cette période?
3 Pourquoi la «bonne société» ne voulait-elle pas prêter attention aux capacités réelles de leurs enfants?
4 Comment s'est créée, selon l'auteur, la situation où «l'Université donne un enseignement de classe?»
5 Quel type d'enseignement jouissait du plus grand prestige? Pourquoi?

Diagramme de l'enseignement en France avant la réforme de 1959

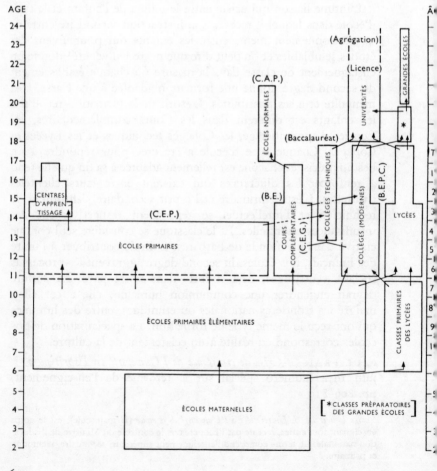

2 L'ÉCOLE PRIMAIRE

«On dit bonjour, quand on a son Certificat d'Études!»

La plupart des parents prêtent une importance extrême au certificat d'études primaires. Il y en a un témoignage dans la fièvre qui se manifeste, le soir de l'examen, autour de l'école où pères et mères attendent le retour de l'instituteur et des enfants, le C.E.P. se passant au chef-lieu de canton. Des cadeaux sont offerts au maître par collecte entre les «reçus», tel père, dans la joie, rentre chez lui complètement ivre, tel autre, au comble du bonheur, invite l'instituteur à dîner, offre un poulet. Devant l'échec du fils, la mère affiche sa déception, parle de désespoir, pleure avec son fils qu'elle accable par ailleurs d'injures, au point que l'instituteur est forcé d'intervenir.

Les reçus seront, naturellement, plus enclins que les autres à poursuivre une activité post-scolaire auprès d'un maître qui les envoya au C.E.P. Fiers de leurs succès, ils voudront, les garçons surtout, avoir un *métier* et un métier dans lequel ils auront été sélectionnés parce qu'ils auront eu leur C.E.P.: ils auront un «grade» et entendent le monnayer.

Ce grade est important: «On dit bonjour, quand on a son certificat d'études,» rappelle un père à son fils, lors d'une de nos visites. L'ambition et le grade donneront aux jeunes, du moins pendant quelques mois, une fierté qui, si elle est encouragée par les parents, pourra conduire à couper les anciennes relations avec ceux «qui ne l'ont pas» ou avec les autres «qui l'ont» mais qui se tiennent mal. Il faut être poli, discret, bien se tenir.

Chez ceux qui ont échoué, la rancœur est évidente: chez l'enfant, rancœur contre le maître ou les camarades, chez les parents, contre le maître, les camarades de l'enfant ou l'enfant lui-même. Celui-ci n'a plus rien à faire avec un milieu scolaire qui ne peut que lui rappeler son échec.

Les autres ont leur C.E.P., ils ont un grade, ils ont réussi, ils ont reçu des cadeaux et les font voir. Lui, il a échoué pour une peccadille, dit-il, «une faute d'orthographe *de trop*.» Non seulement il n'est pas gradé mais il est humilié, il se sent vaincu. Ses ambitions sont minimes. Sera-t-il verrier, garçon de culture? Il ne sait pas. La rancœur, exprimée ou non, cède la place, chez lui, au désir de devenir rapidement homme, de ne plus faire partie de ce passé dont il est sorti battu. Parfois son attitude ou, plus exactement, son vocabulaire frise l'arrogance. Il veut «faire le fort» en ne saluant plus ni maître ni curé, en faisant de la publicité autour de farces jouées à l'un ou à l'autre, en utilisant au maximum un vocabulaire d'affranchi, il prétend sortir d'une phase et d'un groupe où il a un sentiment d'infériorité. Son ambition est d'entrer dans un groupe d'aînés pour être, lui aussi, un aîné, pour oublier son enfance avec ceux qu'il y connaissait.

Si notre séparation entre «ceux qui ont le certificat» et «ceux qui ne l'ont pas» est valable, ce serait forcer les faits que de prétendre ramener obligatoirement l'attitude de chaque jeune à l'une des deux attitudes décrites. Chez les seconds, notamment, beaucoup d'«échoués» semblent moins violents que les extrémistes auprès desquels nous avons recueilli ces informations.

Entre ces deux attitudes de vainqueur et de vaincu, il y a donc place pour une troisième qui finit, peu à peu, par être commune aux vainqueurs et aux vaincus. Chez les garçons, le souvenir du C.E.P. obtenu ou non, cessera progressivement de jouer ce rôle classificatoire; au contraire, une relation de voisinage, une relation scolaire, l'appartenance au même atelier peuvent consolider une amitié. D'ailleurs, ce serait simplifier les faits que de considérer les jeunes uniquement d'après leur bagage scolaire. De plus, chez les garçons, tout au moins, qui sortent davantage que les filles, la fierté tirée du C.E.P., l'arrogance qui vient compenser l'échec ne peuvent être, dans la commune, des traits psychologiques qui *durent*. De plus en plus, les garçons (surtout) prendront conscience de leur rôle d'aîné et le prestige d'intellectuel ou de victime s'effacera devant un autre: celui que l'on tire de pouvoir faire l'homme.

LUCIEN BERNOT et RENÉ BLANCARD *Nouville, un village français*
Institut d'Ethnologie (Paris), 1953 pp. 156–157

INTELLIGENCE DU TEXTE

1 Quelle influence l'obtention, ou la non-obtention, du C.E.P. exerce-t-elle sur la carrière future d'un garçon du village?
2 Comment «les échoués» expliquent-ils leur échec? Dites pourquoi une telle justification leur paraît nécessaire.
3 De quelle façon ceux qui n'ont pas réussi arrivent-ils à compenser leur échec et vaincre leur humiliation?
4 Pourquoi l'importance du C.E.P. diminue-t-elle après un certain temps?
5 Vous semble-t-il que les Nouvillois attachent une importance démesurée aux certificats scolaires?

3 L'ENSEIGNEMENT SECONDAIRE TRADITIONNEL

Quels sont les caractères essentiels de cet enseignement secondaire traditionnel, qui s'est peu à peu constitué à travers quatre siècles d'expériences, d'intelligence et de générosité humaines?

C'est en premier lieu, la grande diversité des matières d'enseignement. Si l'on fait la liste des connaissances qui figurent au programme d'un jeune Français de quinze ans, on ne peut s'empêcher de penser à l'enthousiasme des hommes de la Renaissance pour toutes les *formes* du savoir. Certes, il existe des «séries» au baccalauréat français qui semblent se rapprocher des «options» des élèves britanniques. Il n'en est rien, car le jeune Français qui présente la série «Latin-Langues» au baccalauréat aura des épreuves de chimie, de physique, de mathématiques, d'histoire, de géographie, etc., en plus de «son» latin et de «ses» langues. Seuls les coéfficients varieront. Bref, la spécialisation précoce a toujours été condamnée par l'enseignement secondaire français: un esprit cultivé doit avoir des «clartés de tout».

Le second caractère de l'enseignement secondaire traditionnel tient dans la façon d'enseigner ces différentes sciences: Il ne s'agit pas tant de connaissances que de *disciplines*,[1] au sens étymologique du terme, pas tant d'instruction que de formation, pas tant de mémoire que de réflexion. La méthode secondaire vise à détruire l'esprit superficiel: la vérité n'est pas simple et n'est pas immédiate. Il y a nécessairement, avant de la saisir, une période de *tâtonnement*; il y a une zone d'erreurs; il y a même quelquefois plusieurs solutions possibles, et, quand il s'agit de phénomènes humains, plusieurs opinions. Le doute, lui-même, dans certains cas, peut être une solution. Cela, l'élève le découvre en utilisant, comme objet de réflexion, une phrase de Tacite ou les causes de la Révolution française, le dynamomètre ou l'appareil respiratoire de la grenouille. Dans l'enseignement secondaire les connaissances ne sont pas des buts, mais des moyens.

Pour transmettre ces disciplines, l'enseignement secondaire fait appel à des maîtres qui eux—contrairement à leurs élèves—sont étroitement spécialisés, parce qu'il les veut hautement qualifiés. Un jeune élève de lycée, âgé de onze ans, a dix professeurs différents: à lui de faire l'effort pour s'adapter à ces dix personnalités (quelquefois très fortes ou contradictoires). Cette multiplicité des

---

[1] *discipline* (<lat. *disciplina*) Sens classique: enseignement, formation, éducation, aussi bien que l'ensemble des connaissances qui peuvent être objet d'enseignement, e.g. le latin et les mathématiques sont deux disciplines formatrices.

maîtres devient, pour les enfants qui réussissent à en triompher, un excellent facteur d'adaptabilité.

Le quatrième caractère de l'enseignement secondaire traditionnel est l'importance donnée à l'abstraction et, d'abord, à l'abstraction verbale. Certes les symboles de la mathématique pure, comme les formules de physique et de chimie, entrent peu à peu dans l'enseignement secondaire. Mais si l'on jette un vaste regard du XVIᵉ siècle au XXᵉ, on est impressionné par le caractère verbal de cet enseignement. Il n'y a pas encore si longtemps qu'un homme cultivé s'appelait un «lettré». En tout cas, si le «goût des mots» est en régression, le goût des idées reste toujours bien l'idéal d'un enseignement couronné en France par la classe—qui n'a rien d'équivalent à l'étranger—de philosophie.

Son dernier caractère, enfin, est la sérénité. Il n'a pas à se préoccuper de *préparer* les élèves à tel emploi dans la société. Tout ce qui est utilitaire lui paraît dangereux. Au-delà de ce qui passe et se transforme, il y a le classicisme dont la nature même est de se complaire dans l'intemporel.

Comment ne pas admirer et rechercher l'idéal d'éducation défini par les caractères essentiels que nous venons d'analyser ?

Déformation de l'enseignement secondaire

Malheureusement, l'enseignement secondaire traditionnel n'est plus ce que nous venons de dire. Son idéal me semble s'être gravement corrompu. La diversité des matières d'enseignement était une qualité évidente quand il s'agissait, pour reprendre une expression de Voltaire, de «donner à notre âme toutes les formes possibles.» Elle devient une catastrophe quand elle se transforme en «surcharge démentielle».

Mais d'où viennent ces programmes encyclopédiques qui sont le contraire de la culture ? Très exactement de la corruption d'un autre caractère de l'enseignement secondaire idéal: la notion de *discipline,* c'est à dire de moyen de formation, a presque totalement disparu au profit de celle de *science* ou, plus exactement, de *fausse science.* Tous les professeurs de Faculté sont alarmés de constater que les jeunes bacheliers—sauf, peut-être quinze pour cent d'entre eux—non seulement ne savent plus rien quand ils arrivent en Faculté,[1] mais n'ont pas reçu de formation durable. Nous avons dit «ne savent *plus* rien», parce qu'ils savaient quelque chose le jour du baccalauréat. Et voici précisément le dramatique et le stupide: il s'agissait, pour la majorité des élèves d'ingurgiter une

---

[1] *Faculté* En France, les étudiants vont «en Faculté»; l'équivalent anglais est «go to university».

somme de connaissances à dégorger toutes crues le jour de l'examen. Dans ces conditions il ne faut pas parler d'enseignement secondaire. Le jour où les élèves ont constaté qu'ils avaient intérêt, pour leur succès au baccalauréat et faute de temps, de lire, à la place de *La Nouvelle Héloïse*,[1] le résumé qu'en a fait en deux pages Daniel Mornet,[2] il n'y avait plus d'enseignement secondaire; comme il n'y avait plus d'enseignement secondaire le jour où les professeurs ont gagné de l'argent en écrivant et les éditeurs en vendant des aide-mémoire d'histoire ou de géographie. La cause de ce désastre? C'est qu'on a fait des sciences (?) un but, au lieu de les utiliser comme moyens. C'est qu'on a oublié le grand principe des Petites Écoles de Port-Royal:[3] «Il ne faut pas se servir de la raison pour acquérir les connaissances, mais il faut se servir des connaissances, comme d'un instrument, pour perfectionner la raison.»

Troisième corruption grave de l'idéal que nous tracions tout à l'heure: on avait désiré des maîtres spécialisés et hautement qualifiés pour qu'ils pussent *dominer* leur discipline et en enseigner l'esprit. Un éducateur au moyen de l'histoire doit savoir beaucoup plus d'histoire qu'un instructeur en histoire. Voilà l'idéal. La réalité, hélas! est bien différente: la déformation que nous dénoncions dans le paragraphe précédent a transformé des professeurs solidement instruits pour être de bons éducateurs, en professeurs spécialistes. Et, comme tous les spécialistes, ils enseignent avec passion leur spécialité: l'enseignement secondaire est devenu l'enseignement supérieur; mais le plus disparate—n'oublions pas les dix professeurs différents—et, pour l'enfant, le plus déroutant des enseignements supérieurs.

Ainsi, peu à peu, par l'effet de la routine et du conformisme, et parce qu'il est beaucoup plus facile d'enseigner que d'éduquer, l'enseignement secondaire s'est déformé jusqu'à perdre ses traits essentiels et se défigurer gravement.

JACQUES QUIGNARD *L'enseignement secondaire en France* in *Le Français dans le Monde no 21*, décembre 1963

---

[1] *La Nouvelle Héloïse* Roman de J. J. Rousseau (1761); un des ouvrages qui figurent au programme d'études littéraires du secondaire.

[2] *Daniel Mornet* Auteur d'une célèbre *Histoire de la littérature française* souvent utilisée dans les lycées.

[3] *Petites Écoles de Port-Royal* Écoles dépendant du monastère de Port-Royal (abbaye janséniste), qui existèrent au dix-septième siècle; Racine en fut un des élèves. Les maîtres de Port-Royal ont laissé de remarquables livres d'enseignement (e.g. *La Logique de Port-Royal*). Leur pédagogie, rationnelle et essentiellement cartésienne, favorisait la réflexion personnelle.

INTELLIGENCE DU TEXTE

1 En quoi les «séries» du baccalauréat français diffèrent-elles des «options» des élèves britanniques?

2 Montrez comment, au cours du troisième paragraphe, l'auteur développe et justifie la proposition: «la vérité n'est pas simple et n'est pas immédiate.»

3 Si l'idéal, pour les élèves, est d'acquérir «des clartés de tout», pourquoi accepte-t-on que les maîtres soient étroitement spécialisés?

4 Expliquez la signification du mot «couronné» dans l'expression: «un enseignement couronné par la classe de philosophie.»

5 Comment la diversité des matières d'enseignement s'est-elle transformée de «qualité évidente» en «catastrophe»?

6 Distinguez entre les trois termes: *l'instruction*; *l'enseignement*; *l'éducation*. Quels exemples l'auteur nous donne-t-il de ces trois concepts?

4 CINQ LYCÉENS PARLENT DE LEURS ÉTUDES

Gilles Ferry a réuni cinq lycéens dans les locaux de l'Éducation Nationale: Christophe, élève de première A au lycée de Sèvres; Marielle, élève de philosophie au lycée Marie Curie; Nicolette, élève de philosophie au lycée Victor Dury; Maxence (math. élem.) et François (philosophie), tous deux élèves du lycée Charlemagne. Il leur a demandé d'exprimer leur avis sur l'enseignement qu'ils ont reçu au cours de leur scolarité secondaire.

G.F.   Vous n'ignorez pas que l'organisation et les programmes de l'enseignement secondaire font l'objet de discussions passionnées. Vous arrivez les uns et les autres au terme de vos études secondaires. Quel jugement d'ensemble portez-vous sur ces années de lycée?

NICOLETTE   Les différentes matières ne sont pas coordonnées, ce qui est très gênant. En classe de philo, par contre, le programme de français est relié au programme de philosophie. Pourquoi n'est-ce pas le cas pour les autres enseignements?

MAXENCE   Moi aussi, cela m'a gêné. Surtout en seconde et en première où l'enseignement du français suit pas à pas les textes du programme.

MARIELLE   Regardez ce qui se passe pour l'histoire. On

enseigne l'histoire ancienne dans les petites classes[1] alors que les élèves ne peuvent s'y intéresser, ni même en comprendre les principaux événements qui sont très complexes.

CHRISTOPHE Et quand on aurait besoin de connaître l'évolution de la Grèce et de Rome, il n'en est plus question. Je fais du grec et je ne sais plus un mot d'histoire grecque.

MAXENCE C'est la même chose pour moi en latin.

NICOLETTE Et on peut dire autant du français. L'étude des auteurs n'est jamais rattachée aux événements qui ont marqué leur époque.

MARIELLE Moi ce que je trouve le plus regrettable, c'est qu'il n'y a pas de contacts suffisants entre les professeurs et les élèves. C'est pourtant possible: j'ai connu ça dans les classes-pilotes.[2] Mais les effectifs sont sans doute trop nombreux.

FRANÇOIS Dans la plupart des disciplines on n'arrive jamais à terminer les programmes.

MAXENCE Mais surtout l'enseignement tel qu'il est conçu ne parvient pas à donner une vue générale des choses. Par exemple en histoire: on apprend des faits, mais on n'arrive pas à avoir une idée globale de la suite des événements.

FRANÇOIS Pour apprendre l'histoire il faut pourtant commencer par connaître les faits.

MARIELLE Justement, je trouve que l'enseignement secondaire se tient sur un plan trop général et néglige les faits. En physique et en chimie par exemple, on ne fait pas assez d'expériences. Manque de locaux et de crédits? Toujours est-il que c'est regrettable.

---

[1] *les petites classes* Classes de 6e et de 5e (terme familier).

[2] *les classes-pilotes* À partir de 1946 furent créées, à titre expérimental, ce qu'on appela des *classes nouvelles*, dans lesquelles furent employées des méthodes pédagogiques *actives*. Jusqu'alors dominait, dans les lycées, un enseignement de caractère magistral et plutôt abstrait, qui supposait que des enfants admis en 6e étaient aptes à organiser eux-mêmes leur travail. Les classes nouvelles tendaient à substituer aux cours les séances de travail dirigé, pendant lesquelles les élèves cherchent en commun à résoudre des problèmes, avec l'aide du maître. L'explosion scolaire interdisant, faute de locaux et de professeurs, de mettre en place un tel système partout, l'expérience fut abandonnée en 1951; mais depuis, les méthodes actives ont été développées dans certains *établissements pilotes*, où se poursuivent des recherches pédagogiques.

G.F. Enseignement trop général ou pas assez général: les avis sont partagés. Tel qu'il est cet enseignement vous semble-t-il préparer à la vie?

TOUS Ah non! Absolument pas. . . Zéro à ce point de vue. . .

G.F. Alors vos études au lycée ne vous ont rien apporté?

CHRISTOPHE C'est l'effort personnel, et non pas ce qu'on fait en classe, qui est vraiment profitable. L'enseignement n'intéresse pas, parce qu'il n'a aucun rapport avec la réalité actuelle.

MAXENCE Soyons justes: l'enseignement ne donne pas d'explication sur la réalité, mais il permet de la comprendre. Il pousse à réfléchir.

G.F. Est-ce que vos études secondaires vous préparent à la vie professionnelle?

FRANÇOIS L'enseignement secondaire est un point de départ. Il empêche la spécialisation dès l'origine. C'est une bonne chose parce que cela permet une vue plus large sur les problèmes.

MAXENCE L'enseignement secondaire prépare à des professions déterminées, il est destiné aux bourgeois. Ceux qui le reçoivent s'orientent vers les postes de responsabilité. Mais on ne nous a fourni aucune précision sur l'exercice même de la profession.

G.F. Est-ce une lacune?

NICOLETTE C'est très grave! Nous n'avons aucune idée des conditions réelles des diverses professions.

FRANÇOIS Le lycée n'est pas un bureau de renseignements ou d'orientation. Si on veut se renseigner sur les professions, il faut le faire ailleurs.

NICOLETTE Il est tout de même invraisemblable qu'on ne nous informe pas de ce qu'est la vie professionnelle! On nous dissimule la réalité. . . On nous donne de la vie une image partielle, purement intellectuelle. . .

MAXENCE C'est vrai, mais le rôle de l'enseignement est uniquement de communiquer une méthode de penser.

CHRISTOPHE Nicolette a raison. L'image qu'on nous donne des choses est déformée. Par exemple, l'activité d'un avocat de nos jours est très différente de celle de Cicéron, et c'est celle de Cicéron qu'on nous fait connaître en classe.

G.F. Est-ce que vous croyez qu'il serait possible d'ouvrir des débats sur les grands problèmes politiques et sociaux?

FRANÇOIS Dans les classes terminales, le professeur fait presque toujours preuve d'une grande liberté d'esprit. Il donne franchement son avis. Il y a une ouverture. Cela permet la réflexion.

MAXENCE Oui, mais le professeur dit ce qu'il veut, et l'élève n'a pas le droit de dire le contraire. Il écoute, c'est tout.

FRANÇOIS Il est souhaitable que les élèves connaissent l'opinion librement exprimée du professeur.

NICOLETTE Il faudrait encore que les professeurs aient le droit de la donner!

CHRISTOPHE Il faudrait surtout que le professeur admette la discussion. . .

MAXENCE . . . et la contradiction!

NICOLETTE Les professeurs craignent souvent de donner leur avis. On dirait qu'ils ont peur des élèves.

MAXENCE Le professeur doit exposer les faits, mais il n'a pas à faire connaître son opinion. Ce serait influencer les élèves.

FRANÇOIS La neutralité est précisément une hypocrisie. Si le professeur donne son avis très franchement, l'élève pourra se prémunir contre lui.

G.F. En somme, il y a deux conceptions de l'objectivité: exposer les faits et ne pas se prononcer—ou définir clairement sa position.

FRANÇOIS L'impartialité est impossible. Si le professeur se prétend impartial, il trompe ses élèves et il les influence encore davantage.

MAXENCE Pas d'accord. Je suis pour l'objectivité dans l'enseignement.

CHRISTOPHE Le professeur doit annoncer sa couleur,[1] donner l'opinion opposée à la sienne, et permettre la discussion.

G.F. À votre avis, comment le lycée pourrait-il vous préparer à votre vie de citoyen?

NICOLETTE D'abord en nous apprenant à nous exprimer.

---

[1] *annoncer sa couleur* Admettre immédiatement son opinion.

Regardez comme j'ai de la difficulté à dire ce que je pense dans cette discussion. . . Les dissertations n'apprennent pas à s'exprimer oralement. Les exposés sont rares. D'ailleurs, ce sont toujours les mêmes élèves qui les font. . .

CHRISTOPHE   C'est ça, le professeur parle. Les élèves encaissent le cours. C'est pour eux un sérieux handicap.

NICOLETTE   Et dire que la classe de première s'intitule rhétorique![1] En Angleterre, les élèves arrivent à savoir s'exprimer, parce qu'il y a des discussions organisées.

CHRISTOPHE   Et encore, il faut raccourcir les programmes et les adapter à la vie actuelle. Par exemple, introduire des problèmes plus actuels dans les programmes.

MAXENCE   Il ne faut plus que les écrivains modernes soient tabou. On doit parler de Camus, de Sartre, du surréalisme.

G.F.   D'un point de vue plus personnel, que croyez-vous que vos études vous aient apporté?

MAXENCE   C'est l'échange avec les camarades qui nous enrichit plus que les connaissances que nous avons pu acquérir.

MARIELLE   Je pense comme Maxence, que l'influence des camarades c'est ce qui joue le plus. Vient ensuite celle des parents. Celle des professeurs ne s'exerce que lorsqu'on a des contacts personnels avec eux, ce qui est rare.

NICOLETTE   Enfin, l'enseignement que nous avons reçu ne nous a pas trop ratés tout de même, puisque nous avons été capables, ce soir, de le critiquer!

GILLES FERRY *Cinq lycéens parlent de leurs études* in
L'Éducation Nationale no 15, 3 janvier 1963

INTELLIGENCE DU TEXTE

1 Dégagez et résumez, séparément, les opinions personnelles de chacun des élèves:
Peut-on distinguer des points de vue «masculins» et «féminins»?

---

[1] *rhétorique*   C'est l'ancien nom de cette classe, où l'on enseignait autrefois la rhétorique.

Quel est l'élève qui désapprouve le plus l'enseignement qu'il a reçu?
Lequel s'intéresse le plus à la question des contacts personnels avec les professeurs?
Lequel s'intéresse le plus aux idées abstraites?
Lequel fait preuve de la logique la plus rigoureuse?

2 Le groupe se met-il d'accord sur la question: «l'enseignement devrait-il préparer à la vie professionnelle?»

3 Cette conversation tend-elle à éclairer, ou à contredire, les observations faites dans le texte précédent sur l'état actuel de l'enseignement secondaire en France?

4 Les élèves anglais méritent-ils le compliment que leur fait Nicolette?

5 APERÇU SUR LES PROBLÈMES DE L'APRÈS-GUERRE

Le grand branle-bas a pris son essor en 1947.[1] Jusqu'à cette date charnière, le corps des instituteurs et institutrices se trouvait accomplir en paix un certain nombre de tâches échelonnées:

— dans les écoles *maternelles,* des institutrices recevaient quelques centaines de milliers d'enfants des quartiers populaires urbains;

— de 6 à 11 ans, les maîtres du 1er degré assuraient la formation élémentaire de tous les enfants de cet âge;

— à 11 ans, ils dirigeaient un peloton de bien doués vers les classes de sixième de l'enseignement secondaire et en groupaient quelques autres dans les cours complémentaires annexés à des écoles primaires importantes;

— et ils reprenaient, de 11 ou 12 ans à 14 ans, la masse des élèves moyens pour confirmer en eux ces connaissances qui devaient les armer à la fois pour le certificat d'études et pour entrer dans le travail des métiers.

Or, à partir de 1947, puis sous l'effet de l'étonnant redressement démographique de ce pays, l'école primaire a dû chaque année ouvrir ses portes à 800 000 enfants, alors que 550 000 seulement la quittaient. Circonstance aggravante, un exode rural de grand format, s'il dévitalisait les écoles des petites communes, jetait chaque année dans les banlieues des grandes villes des dizaines de milliers d'écoliers nouveaux. Au total, c'est un million supplé-

[1] *1947* Voir aussi le texte: *Le rajeunissement de la population française* (*La vie économique,* section ii, texte 4).

mentaire d'élèves qu'il a fallu absorber, en cinq ou six ans, pour le seul niveau élémentaire (6 à 11 ans).

Les lycées ont vu passer en dix ans (1947–1957) leur effectif de 400000 à 600000; et de nouveau, en quatre ans seulement, de 600000 à 800000. Plus vivaces encore, les anciens cours complémentaires, qu'on a renommés collèges d'enseignement général, ont vu leur effectif tripler en dix ans, passer de 218000 élèves en 1951 à 637000 en 1961, selon un taux annuel de croissance qui a pu dépasser 15 pour 100. Ainsi s'organise sous nos yeux une répartition des enfants de 11 à 16 ans en trois groupes de population sensiblement égaux: un tiers entreprenant dans les lycées des «études secondaires longues» de 7 ans, un tiers, dans les collèges d'enseignement général, des «études secondaires courtes» (5 ans), et le dernier tiers demeurant dans les classes primaires jusqu'à la fin de la scolarité obligatoire et pour une durée moyenne de 4 ans, avant d'être dirigé vers les travaux de l'agriculture et des métiers.

C'est une curieuse institution, dans la structure universitaire[1] française, que ces collèges d'enseignement général, modestes établissements de quartier ou de petite ville, rattachés administrativement à des écoles primaires et tenus par des instituteurs. Ils ont su, au cours des années, mériter la confiance des familles et manifester une vitalité sans cesse accrue, avant de devenir la pierre angulaire pour l'éducation des adolescents de 11 à 15 ans. Expansion de l'école primaire, venue doubler l'enseignement secondaire sur son terrain, on dépense de très subtiles arguties pour leur trouver une vocation particulière, adaptée à une clientèle vouée (par qui?) aux études *courtes* et s'exprimant par des méthodes de travail différentes de celles qui conviennent aux élèves des lycées. Le fait est, toutefois, que les «professeurs»[2] des collèges d'enseignement général ont à traiter devant leurs élèves, dans le même temps, de la 6e à la 3e, le même programme que leurs collègues des lycées; et qu'ils doivent le faire de telle sorte que

---

[1] *universitaire* Adjectif qui correspond ici au substantif Université (U majuscule). Voir note 2 du texte: *Des cloisonnements abusifs.*

[2] *«professeurs»* Entre guillemets, puisque l'appellation est normalement réservée aux enseignants de l'enseignement secondaire, tandis que les collèges d'enseignement général étaient, tout récemment encore, des écoles appartenant à l'enseignement primaire. Parmi les enseignants, la séparation est très nette entre les *professeurs* des lycées (licenciés, «capétiens» ayant leur C.A.P.E.S., ou agrégés), et les *instituteurs* de l'enseignement primaire (ayant reçu leur formation dans une École Normale d'Instituteurs). Le terme *maître* joue quelque fois un rôle neutre entre les deux. La hiérarchisation de la profession est un des principaux problèmes mis en lumière par la réforme de l'enseignement.

leurs bons élèves puissent rallier aisément, vers 15 ans, les classes de seconde des lycées pour y développer des études *longues*.

HENRI CANAC *L'enseignement public du premier degré en France* in *Le Français dans le Monde no 19*, septembre 1963 (abrégé)

INTELLIGENCE DU TEXTE

1 Comment expliquez-vous qu'à partir de 1947, l'école primaire ait ouvert ses portes chaque année à 800 000 enfants, alors que 550 000 seulement la quittaient?

2 Pourquoi le problème était-il particulièrement grave dans les banlieues des grandes villes?

3 Ayant comparé ce texte avec le premier de cette série (*Des cloisonnements abusifs*), tentez d'expliquer le fait que ce sont les *Collèges d'enseignement général* dont les effectifs ont le plus augmenté pendant cette période.

4 D'après ce texte, en quoi l'enseignement donné dans les C.E.G. différait-il de celui des lycées?

6 LES STRUCTURES NOUVELLES

La réforme de janvier 1959 a voulu atteindre les buts suivants:
— garantir à tous les enfants une instruction et une formation suffisantes, en rapport avec les besoins de la société moderne;
— assurer leur bonne orientation en fonction de leurs aptitudes individuelles;
— leur offrir un éventail d'options suffisamment diversifiées pour que chacun puisse choisir la voie qui lui convient.

Ce n'est pas d'emblée que l'édifice a été construit. Il a fallu des essais, des tâtonnements. Et c'est après des décisions complémentaires, traduites par des textes réglementaires intervenus en 1963, en 1965 et en 1966, que les étages successifs de l'organisation scolaire ont pris assise, l'un sur l'autre.

L'école primaire

De six à onze ans, l'enseignement primaire est obligatoire; et il est dispensé à tous les enfants, sans exception. Il est commun à tous, quelle que doive être leur orientation ultérieure. Destiné surtout à inculquer les notions de base recouvertes par les verbes: lire, écrire et compter, cet enseignement s'est vite enrichi d'une somme importante de notions complémentaires, tels que l'enseignement moral et civique, l'histoire et la géographie, les

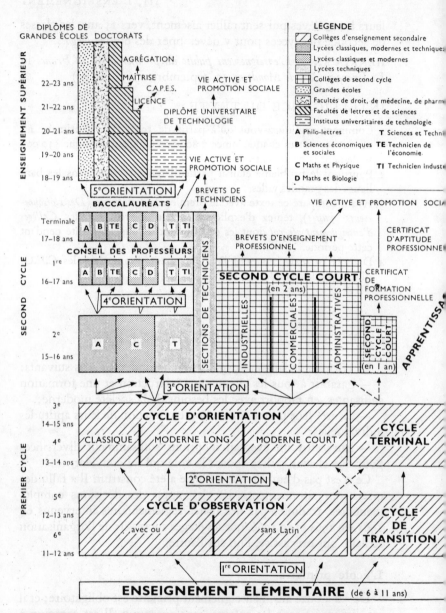

Organisation de l'enseignement et orientations après la réforme. À tous les niveaux—professionnels qualifiés, agents techniques, techniciens, techniciens supérieurs, ingénieurs et cadres supérieurs du Commerce et de l'Administration—les élèves peuvent bénéficier des avis des *Centres d'orientation scolaire et professionnelle* qui sont à la disposition de tous les ordres de enseignement.

leçons de choses, les premières notions scientifiques, des éléments du dessin, du chant et des travaux manuels. On a ainsi relevé, avec raison, une fâcheuse tendance à un encyclopédisme prématuré, contre lequel réagissent des groupements d'action pédagogique et certains responsables du Ministère.

Durant la dernière année d'études (Cours moyen II), le maître procède à une observation attentive des aptitudes de chaque élève; il constitue pour chacun un dossier scolaire;[1] et, sur les résultats obtenus comme sur l'appréciation des aptitudes, il propose aux familles la destination de l'élève dans telle ou telle section de l'enseignement du premier cycle. C'est la première orientation qui est ainsi donnée à l'élève et qui engagera son avenir.

L'école moyenne

De onze à quinze ans, de la classe de 6e à la classe de 3e, tous les enfants sans exception sont engagés dans l'une ou l'autre des sections de l'enseignement du premier cycle. Cette période couvre la seconde phase de l'enseignement obligatoire. Il faut néanmoins souligner, à ce propos, que le décret de janvier 1959 a porté l'obligation scolaire à 16 ans, et qu'il y a ainsi dix années de scolarité obligatoire prévues, alors que les structures de l'enseignement élémentaire et du premier cycle ne s'échelonnent que sur neuf années. La dixième année nécessiterait elle aussi une réglementation définie.

Cet enseignement de premier cycle, acceptant ainsi tous les enfants, ne constitue pourtant pas un tronc commun,[2] ni partiel, ni total, comme le souhaitent encore certains milieux. C'est tout au plus un cadre commun, et de surcroît théorique, puisque cet enseignement est encore dispensé dans des établissements différents par les traditions, les méthodes et le niveau des maîtres qui y exercent. Il est, en réalité, fondé sur la diversification des

---

[1] *le dossier scolaire* Ainsi constitué, ce dossier est ensuite transmis aux professeurs de l'école moyenne, qui le tiendront à jour. Le dossier comprend non seulement les classements et les notes trimestrielles, mais aussi des appréciations détaillées sur les goûts de l'enfant, ses aptitudes, son comportement; des renseignements portant sur le milieu familial; enfin une fiche de santé établie par le médecin scolaire. Les décisions des conseillers d'orientation doivent y figurer également.

[2] *le tronc commun* Le premier projet de réforme, après la guerre, fut celui préparé par la commission *Langevin-Wallon* (1944–47). Il reflète les préoccupations sociales de l'après-guerre: justice, égalité de tous devant l'éducation, démocratisation de la culture. Le souci d'égalitarisme se traduit par la proposition d'un enseignement «commun à tous» jusqu'à l'âge de 15 ans. C'est le fameux «tronc commun». Trop audacieux du point de vue politique, le projet n'aboutit pas.

aptitudes. Une expérience pédagogique et des idées assez répandues veulent en effet qu'on distingue trois groupes principaux d'élèves: ceux qui, doués, sont particulièrement aptes aux disciplines abstraites; ceux qui, dotés d'aptitudes moyennes, sont tenus à se satisfaire d'études moins poussées; et enfin ceux qui, nettement rebelles à des notions purement conceptuelles, ne sont capables d'éveiller leur attention qu'à des exercices concrets reposant sur des activités manuelles ou sur le milieu environnant.

Au sortir de l'enseignement élémentaire, l'élève qui est jugé apte à poursuivre des études conceptuelles, est admis pour un trimestre dans un tronc commun,[1] où lui sont enseignés notamment le français et une langue vivante. Au terme de ce premier trimestre, le conseil d'orientation propose à l'élève l'une des sections suivantes:

— une section classique, caractérisée notamment par l'étude du latin;

— une section moderne I, caractérisée notamment par l'étude renforcée du français, et destinée aux élèves reconnus aptes à un enseignement long;

— une section moderne II, caractérisée elle aussi par l'étude renforcée du français, et destinée aux élèves jugés comme devant s'en tenir à des études de type court.

En outre, si l'élève, par suite d'une erreur d'une première orientation, a été reconnu totalement inapte à poursuivre des études conceptuelles, il sera dirigé vers une *section de transition,* caractérisée par la place importante donnée à un enseignement concret, de formation générale, et complémentaire de l'enseignement élémentaire. C'est vers cette section de transition que sont dirigés les élèves qui n'ont pas été admis dans le tronc commun du premier trimestre de la classe de 6e.

[1] *tronc commun* Depuis 1968, l'enseignement du premier cycle a subi certains changements. Le commencement de l'étude du latin a été reporté d'abord jusqu'au début de la classe de 5e, plus récemment encore jusqu'au début de la classe de 4e (Toutefois, une «initiation au latin» est prévue dans le cadre de l'enseignement du français, dans les classes de 5me). Le «tronc commun», pour tous les élèves sauf ceux qui entrent dans les classes de transition, dure donc maintenant deux ans au lieu d'un trimestre. En plus, à partir de la rentrée scolaire de 1970, le début du cycle d'orientation comprend moins d'options: les élèves choisissent le latin *ou* le grec *ou* une deuxième langue vivante. Tous ces changements qui affectent l'enseignement des langues classiques et vivantes, demeurent très controversées, et ont créé un certain malaise parmi les enseignants et les étudiants en langues. L'opinion de Charles Geronimi, que l'enseignement du premier cycle ne constitue pas un véritable «tronc commun» reste néanmoins valable, tant que les établissements at les enseignants qui dispensent cet enseignement restent divergents. Voir aussi le texte 7 de cette section.

Au terme de la classe de 5e, intervient une nouvelle orientation, qui peut conduire les élèves dans les sections suivantes:

— une section classique I, dans laquelle à l'étude du latin s'ajoute l'étude du grec;

— une section classique II, qui adjoint à l'étude du latin l'étude de deux langues vivantes;

— une section moderne I, qui commence l'étude d'une seconde langue vivante;

— une section moderne II, qui ne comporte toujours qu'une seule langue vivante;

— une section pratique terminale, qui comporte un enseignement encore plus concret, pouvant servir d'introduction à une formation professionnelle ultérieure.

On peut trouver en outre une *section d'accueil et d'adaptation* pour permettre à certains élèves doués, mais ayant été retardés dans leurs études pour des raisons d'ordre matériel, de rattraper l'étude du latin ou d'une langue vivante.

Au terme de la classe de 3e qui est en même temps le terme du premier cycle, se situe le palier central de l'orientation, à partir duquel les élèves sont dirigés soit vers le second cycle long, soit vers le second cycle court, soit encore vers l'interruption des études à temps plein, sous réserve du respect de l'obligation scolaire jusqu'à l'âge de 16 ans.

Le second cycle long

En vue de donner à l'orientation un caractère souple et progressif, les options offertes aux élèves seront limitées à trois principales au niveau de la classe de seconde:

— une section littéraire: la seconde A;

— une section scientifique: la seconde C;

— une section technique industrielle: la seconde T.

La section littéraire, à partir d'une langue vivante, ouvre aux élèves sept voies différentes: trois avec latin, quatre avec langue vivante 2. Deux innovations importantes: d'une part une initiation économique pouvant aller de pair avec l'étude du latin ou de la langue vivante 2; d'autre part, la possibilité offerte aux «modernes» de choisir la voie des études littéraires, alors que jusqu'à présent un «moderne» ne pouvait être dans nos lycées qu'un scientifique. La section scientifique présente aussi l'option entre l'enseignement du latin et celui d'une deuxième langue vivante. En outre, un enseignement facultatif du grec permet aux meilleurs élèves d'associer à une culture scientifique la culture classique.

Mais pour permettre aux élèves qui se sont engagés dans le second cycle long de corriger éventuellement leur choix initial au terme d'une première année d'études, la classe de première comporte cinq sections, représentant autant de types de culture, mais dont la spécialisation relative est appelée à s'affirmer progressivement.

Les élèves sortant de *seconde A littéraire* entrent normalement soit en *première A Lettres*, soit en *première B Sciences économiques et sociales*. Ceux qui entrent soit en *première C Mathématiques et Sciences physiques,* soit en *première D Sciences appliquées,* viennent normalement de la *seconde C scientifique.* Ceux qui entrent en *première T Technique industrielle* viennent normalement de *seconde T.*

Au terme de la classe de première un conseil de classe présidé par le chef d'établissement se prononce sur l'admission de l'élève dans la classe terminale. Pour la décision, il est tenu compte à la fois des résultats obtenus durant l'année scolaire, et des aptitudes de l'élève. C'est donc une véritable tâche d'observation et d'orientation qui est confiée au conseil de classe.

La classe terminale aboutit aux baccalauréats qui correspondent aux cinq formations différentes:

— baccalauréat A: une formation littéraire et linguistique;

— baccalauréat B: une formation orientée vers l'acquisition des mathématiques statistiques et vers l'initiation aux Sciences économiques;

— baccalauréat C: une formation axée sur l'étude des sciences exactes mathématiques et physiques;

— baccalauréat D: une formation orientée vers les sciences de la nature et les mathématiques étudiées en vue de leurs applications;

— baccalauréat T: une formation associant intimement un enseignement scientifique à un enseignement technique industriel.

Il est à remarquer, par ailleurs, que la formation technique est intégrée dans l'enseignement du second cycle long, au même titre que les autres formations.

Le second cycle court

À l'issue des sections classiques et modernes de la classe de 3e, les élèves qui ne sont pas jugés aptes à poursuivre des études longues pourront être orientés vers le second cycle court qui donne une formation professionnelle soit en deux ans, soit en un an. Ils rejoindront ainsi certains élèves qui sortent de la section pratique terminale, alors que d'autres, après avoir satisfait à l'obligation scolaire, peuvent entrer directement dans la vie active.

La formation professionnelle en deux ans comportera trois groupes d'enseignements:

— des sections industrielles, formant des ouvriers qualifiés;

— des sections commerciales, formant des employés qualifiés;

— des sections administratives, préparant aux carrières du secteur tertiaire.

Ces enseignements, correspondant à des groupes de métiers, seront sanctionnés par des brevets d'études professionnelles.

La formation professionnelle en un an pourra s'adresser d'une part aux adolescents qui entrent dans la vie active sans aucune préparation professionnelle, et d'autre part à ceux qui n'auront pas les capacités suffisantes pour s'engager dans la préparation d'un brevet d'études professionnelles. Cette formation sera sanctionnée par un certificat de formation professionnelle.

En outre, des certificats d'aptitude professionnelles, correspondant à une spécialisation assez étroite, constitueront la sanction d'une formation directement donnée par la voie de l'apprentissage ou de cours professionnels à temps réduits.

CHARLES GERONIMI *La carte scolaire* in *Tendances no 42*, août 1966 pp. 5–12

INTELLIGENCE DU TEXTE

1 Quel est, dans l'enseignement primaire, le défaut principal du programme?

2 Pourquoi l'enseignement du premier cycle ne constitue-t-il pas un véritable «tronc commun»?

3 Quels élèves sont dirigés vers la *section de transition*?

4 Comment le rôle du latin a-t-il changé par suite de la réforme?

5 Ayant étudié cet exposé conjointement avec le tableau *Horaires des classes de second cycle*, expliquez les différences essentielles entre les programmes préparant (a) aux baccalauréats A et B; (b) aux baccalauréats C et D.

HORAIRE DU CYCLE D'OBSERVATION ORIENTATION

Classes de 6e et de 5e:

DISCIPLINES	Horaire obligatoire		Horaire indicatif	
	Sixième I et II	Cinquième I et II	Sixième III (transition)	Cinquième III (transition)
I.—Disciplines fondamentales				
—Français	6 (3+3)	7 (5+2)*	8	8
—Mathématiques	4 (3+1)	4 (3+1)	4	4
—Langue vivante	4 (3+1)	4 (3+1)	3	3
II.—Disciplines d'éveil				
—Études dans les milieux naturels humains				
Histoire et géographie	2½	2½		
Instruction civique	1	1	4	4
Biologie (initiation expérimentale)	2 (0+2)	2 (0+2)		
—Éducation artistique				
Dessin	1 (0+1)	1 (0+1)		
Éducation musicale	1 (0+1)	1 (0+1)	3	3
Travaux manuels éducatifs	1 (0+1)	1 (0+1)		
III.—Éducation physique et sportive (horaire comprenant l'après-midi d'éducation sportive)	5	5	5	5
TOTAUX:	27½	28½	27	27

* Dans cet horaire est incluse l'initiation en latin.
Entre les parenthèses, le premier chiffre indique les heures données à la classe complète, le second les heures données par groupes de 24 élèves au maximum.

HORAIRE DU CYCLE D'OBSERVATION ORIENTATION

Classes de 4ᵉ et de 3ᵉ

DISCIPLINES	QUATRIÈME			TROISIÈME		
	Classique A	*Classique* B	*Moderne*	*Classique* A	*Classique* B	*Moderne*
Français	3½	3½	6½	3½	3½	5½
Latin	3½	3½		3½	3½	
Grec	3			3		
Instruction civique (a)	½	½	½	½	½	½
Langue vivante I	3	3	3	3	3	3
Langue vivante II		3	4		3	4
Histoire et géographie	2½	2½	2½	3	3	3
Mathématiques	3	3	3	3	3	3
Sciences d'observation	1½	1½	1½	1	1	1½
Education physique (b)	2	2	2	2	2	2
Dessin	1	1	1	1	1	1
Education musicale	1	1	1	1	1	1
Travaux manuels	1	1	1	1	1	1
TOTAL	25½	25½	25	25½	25½	25½

a) Dans cet horaire hebdomadaire, l'instruction civique est en fait, enseignée à raison d'une heure par quinzaine, dont une demi-heure est consacrée au Code de la Route.

(b) Dans l'horaire d'éducation physique, 1h½ par mois est consacrée aux exercices pratiques d'enseignement du Code de la Route, en fonction des possibilités matérielles et techniques.

Note Les programmes de 4ᵉ et de 3ᵉ sont transitoires. À partir de la rentrée scolaire de 1970, certaines modifications sont entrées progressivement en vigueur. Les horaires de français sont renforcés (5h par semaine dans chaque classe); les options de langues sont réduites (latin *ou* grec *ou* 2me langue vivante); 5h par semaine sont consacrées à l'éducation physique et sportive; une initiation à la technologie est prévue pour tous les élèves.

HORAIRE DES CLASSES DE SECOND CYCLE
(auxquels s'ajoute l'horaire réglementaire d'éducation physique)

DISCIPLINES	SECONDES			PREMIÈRES					TERMINALES				
	A	C	T	A	B	C	D	T	A	B	C	D	T
Français	5	5	4	5	4	4	4	4					
Philosophie									8	5	3	3	3
H.-G. et I.C.	4	4	2	4	4	4	4	2	4	4	3	3	
Langue vivante 1	3	3	3	3	3	3	3	3	3	3	2	2	2
Latin—langue vivante 2	3	3		3	3	3	3		3	3	(c)		
Grec (a) ou L.V. 2 ou 3 ou initiation économique	3 ou 4			3	(b)				3				
Français (facultatif)									2	2	2	2	2
TOTAL LITTÉRAIRE	18 à 19	15	9	18	14	14	14	19	23	17	10	10	7
Mathématiques	3	5	5	2	4,5	7	5	6	(d)	4,5	8	6	7
Sciences physiques	3	4	4	2	2	5	4	4			5	4	5
Sciences économiques					4				4				
Sciences naturelles				2	2		3				2	4	
Construction (DI)			6					8					7
T.P. ateliers			6					4					4
TOTAL SCIENCES	6	9	21	6	12,5	12	12	22		8,5	15	14	23
TOTAL GÉNÉRAL	23 à 24	24	30	23	15,5	25	25	30	24	25,5	25	24	30

(a) Option pouvant être remplacée également par 2 heures de langue vivante ou d'étude des textes traduits des littératures grecque et latine.

(b) Dans cette section est prévue une option «arts».

(c) À cet horaire peut s'ajouter 3 heures d'un enseignement facultatif de langue vivante ou de grec (ou de latin en terminale).

(d) Enseignement facultatif de mathématiques: 2 heures.

7 L'ORIENTATION: UN IDÉAL, MAIS AUSSI UN PROBLÈME

La loi de 1959 réduit initialement à trois mois la durée de l'enseignement commun donné aux enfants qui achèvent à 11 ans leur cycle primaire. Après avoir été soumis à l'observation, ces enfants sont orientés: les «non-conceptuels» sont engagés vers les enseignements courts, les «conceptuels» vers les enseignements longs. Si les parents hésitent, des pressions sont exercées sur leur décision sous la forme d'un examen imposé aux enfants. Mais l'observation et l'orientation sont confiées aux établissements existants. On constate alors que «les résultats sont presque négligeables». D'après une enquête effectuée par le syndicat national de l'enseignement technique et dont les résultats sont décrits dans l'organe officiel de *l'Éducation nationale* (no 36 du 13 novembre 1962), «Le passage d'une section à une autre (dans le même établissement) est rarissime, sauf pour l'abandon du latin». Plus difficile encore est le passage d'un établissement à un autre. «Je suis frappé», écrit M. Jean Capelle en 1962 d'après certains sondages, «de constater que près de 80% des familles désirent que leurs enfants qui sont dans les classes de 5e continuent dans l'établissement où ils se trouvent... La continuité est une chose qui prime la possibilité d'accéder à une option plus favorable aux aptitudes de l'enfant.» Cette constatation avait déjà été faite il y a plus de trente ans.

Les collèges d'enseignement secondaire vont-ils résoudre ce problème?

Les tentatives de réforme qui se sont multipliées au cours des dernières années ont conduit tout récemment à modifier une fois encore les structures du système éducatif pour rendre efficace l'action des orienteurs. Telle est l'origine des collèges polyvalents du premier cycle (*collèges d'enseignement secondaire*) qui sont en voie de création. Ces établissements seront séparés à la fois de l'école primaire (amont) et du deuxième cycle de l'enseignement moyen (aval). Ils jouiront donc d'une grande indépendance. Les enfants y seront observés pendant deux ans en principe puis orientés au cours des deux années suivantes. Dans leur dernière version, ils comprendraient trois sections parallèles (pratique, moderne et classique) de 4 années chacune, c'est-à-dire au moins 12 classes. Est-ce à dire que, dans ces établissements de 240 élèves, les caractéristiques des enfants seront telles qu'il y aura, en 3e année par exemple, 20 élèves dans la section pratique, 20 dans la section moderne et 20 dans la section classique?

Et l'emprise de l'Université sur les familles sera désormais totale.[1]

MICHEL VERMOT-GAUCHY *L'Éducation nationale dans la France de demain* Édns du Rocher (Monaco), 1965 pp. 56–57

INTELLIGENCE DU TEXTE

1 Pourquoi le passage d'une section à une autre est-il «rarissime, sauf pour l'abandon du latin»?
2 Pourquoi les parents n'aiment-ils pas que leurs enfants changent d'établissement?
3 En considérant les principes sur lesquels sont fondés les C.E.S., quels dangers l'auteur perçoit-il?

8 TEXTE POUR LA TRADUCTION

Secondary Education for all
The shortcomings of the transfer system between the *lycées* and the *colleges d'enseignement général* (formerly *cours complémentaires*) might have been forecast from Britain's experience of secondary grammar and secondary modern schools—the reluctance of C.E.G. staff to lose their best pupils to the *lycée* and the emotions aroused by demotions from *lycée* to C.E.G. But there were graver problems. Some 45–50 per cent

---

[1] La mise en place des collèges d'enseignement secondaire dans des locaux neufs, ou la transformation en C.E.S. des établissements existants (C.E.G., C.E.T., classes de premier cycle des lycées), continue au rythme qui correspond aux possibilités financières des académies. En 1968 près de 1200 C.E.S. existaient dans toute la France. Un professeur de C.E.S. a écrit, en 1968: «Nos C.E.S. ne sont que la co-habitation de trois enseignements dissemblables, le mariage de raison un peu contraint et forcé de pédagogies et de pédagogues différents, qui ont surtout en commun la volonté de promouvoir une réforme plus valable. Que la situation d'aujourd'hui soit, pour les enfants, plus commode, plus favorable, plus démocratique même que celle d'hier, la chose est vraie; mais nous sommes encore loin du C.E.S. idéal.» C'est que la juxtaposition des différentes sections (longues et courtes) n'a pas encore détruit les cloisonnements entre ces sections. Quelques détails concernant le personnel enseignant soulignent un aspect de l'état actuel des choses. Bien que beaucoup des C.E.S., surtout dans les petites villes, soient des C.E.G. transformés, le directeur du C.E.S. est presque toujours un ancien professeur de l'enseignement secondaire (type lycée); l'ancien directeur du C.E.G., n'ayant pas les titres d'enseignement secondaire requis pour le nouveau poste, se trouve nommé comme sous-directeur. Les enseignants dans un C.E.S. ayant un licence d'enseignement (professeurs spécialistes, «type lycées») assurent 18 heures de cours et perçoivent un traitement supérieur aux enseignants ayant un certificat d'enseignement général (professeurs polyvalents, «type C.E.G.») qui assurent 21–24 heures de cours. Si le directeur a le droit de répartir ces enseignants indistinctement dans les sections longues et courtes, il n'en reste pas moins que les professeurs «de type lycée» tendent à enseigner dans les sections longues, les autres dans les sections courtes.

of the 11 + age group still remained in primary schools, with minimal chances of access to secondary education, despite late-transfer classes set up in some C.E.G. Some children, worthy of a place in a *lycée*, simply did not have a school of this type within travelling distance of their homes. Some areas lacked even a *cours complémentaire* from which a C.E.G. could be developed. Where *lycée* and C.E.G. provision did exist tradition was often keeping able children from the courses best suited to them. Working-class parents, particularly in rural areas, were suspicious and apprehensive about the *lycées*, whose courses they felt to be both exhausting and inimical to family unity, giving children ambitions and ideas more fitting to the middle and upper classes. Social mobility is not a universally accepted ideal. Many worthy parents have chosen the C.E.G. in the knowledge that an able pupil could go on from such a school to be trained in an *École Normale* as a primary school teacher—and remain within his social class. Paradoxically, moreover, about one-third of C.E.G. pupils continued their education beyond the basic four- or five-year course, whilst two-thirds of the *Lycée* pupils failed to crown their school careers with success in the baccalauréat examination, the university entrance qualification traditionally the very *raison d'être* of the *lycée* course.

The *collèges d'enseignement secondaire* were initiated, in 1963, to help overcome some of these limitations and anomalies in the programme of reform. These are basically multilateral schools, designed to provide four-year courses for all children between the ages of 11 and 15 in their catchment area. In areas not well served by existing secondary schools, C.E.S. are being built as separate schools, with up to 800 pupils; *lycée*, C.E.G. and *classes de transition* streams are housed for the first time within the same building. Monsieur Fouchet, the Minister of Education then in office, emphasised the advantages of the C.E.S. as far as orientation was concerned—transfer from one secondary stream to another being easier within the same building under the supervision of one headmaster. When the Minister announced the 'experiment' of the first 20 of these 'polyvalent' schools in 1963 he spoke with obvious enthusiasm about this 'first serious attempt to make these different types of education really live together'.

But what of the teaching staff? The profession is sharply stratified, with an intense awareness of differences in status, as well as salary, between the *lycée* and the former primary school teachers; if this remains unchanged, will it really have made any difference to a hierarchical system to have put three schools under one roof?

HAROLD ROTHERA *Reorganisation in France* in *Trends in Education no 6*, April 1967, pp. 22–23 (adapted)

Projet de réforme de l'enseignement tenant compte de la substitution à brève échéance de **l'enseignant** (à quelque indice qu'il appartienne) par **la machine** (de quelque firme qu'elle provienne).

Deux idées force caractérisent le projet.

La machine enseigne l'enfant (croquis 1).

Libérés de l'enfant, les enseignants sont reconvertis, selon leurs titres de capacité en :

— Homme-sandwich du premier cycle (croquis 2);

— Porteur-livreur du premier cycle (croquis 3);

— Huilier-graisseur du second cycle (croquis 4).

À droite, les modèles des casquettes des nouveaux fonctionnaires.

L'Éducation Nationale

EXERCICES GÉNÉRAUX

Version: L'enseignement secondaire traditionnel
Traduisez en anglais:
«Le second caractère de l'enseignement . . .
. . . dont la nature même est de se complaire dans l'intemporel.»

Résumé: Des cloisonnements abusifs
Faites un résumé du texte entier, en 200–250 mots.

Exercice de structure
À partir d'une seule phrase, ou d'un groupe de phrases, il est souvent possible d'explorer la structure des pensées qui ont abouti à l'énonciation de ces phrases. Voici un exemple—une phrase assez simple en apparence:

Nous défendons nos plantes cultivées contre la nature.

Cette affirmation peut se nuancer de plusieurs façons:

Si nous ne les défendions pas contre la nature, nos plantes cultivées ne subsisteraient pas.

Pour que nos plantes cultivées subsistent, il faut que nous les défendions contre la nature.

Nos plantes cultivées ne subsistent que parce que nous les défendons contre la nature.

C'est une de ces structures qu'a employée Jean Fourastié, au cours de son raisonnement; voir *Pourquoi nous travaillons* (*La vie économique*, section i, texte 1).

Non seulement les structures de ces phrases sont-elles différentes, mais elles représentent des attitudes différentes par rapport à la constatation primitive: une condition irréelle (avec une nuance de nécessité?); l'intention ou la volonté; une restriction, avec une nuance d'inquiétude.

D'autres structures sont possibles, en employant, par exemple, les conjonctions: *à condition que* . . .; *tant que* . . .; *aussi* . . . (au sens de *donc*).

Varier de cette façon la structure de phrases telles que celle-ci, sera donc à la fois un exercice de syntaxe, et un exercice de pensée.

Section A
Combinez les phrases simples, de façon à faire une seule phrase complexe, en employant les conjonctions suggérées; il se peut quelquefois que plus d'une conjonction soit nécessaire; quelquefois aussi, il faudra exclure des mots, ou les changer.

1 La moitié des enfants obtenaient au mieux le certificat d'études primaires.
   Quelques-uns d'entre eux étaient capables de faire d'autres études.
   (bien que; même si; encore que; néanmoins.)
2 La sélection doit être plus démocratique.
   Les enfants intelligents doivent entrer au lycée.

Les jeunes bourgeois arriérés doivent être exclus du lycée.
(pour que; avant que; lorsque; pourvu que.)

3 Les professeurs exercent une influence.
On a des contacts personnels avec eux.
(lorsque; à condition que; tant que; plus . . . plus . . .; pour que;
et, avec des tournures *négatives*: sans que; à moins que.)

4 Les élèves doivent apprendre par cœur une masse de faits.
Les faits sont dégorgés tout crus le jour de l'examen.
Les élèves arrivent en faculté.
Ils ne savent plus rien.
(comme; c'est pourquoi; de sorte que; qui *relatif; participe présent*.)

5 Un jury d'Assises peut être totalement convaincu d'avoir raison.
Il semble qu'une erreur judiciaire puisse se produire.
(quoique; quand même; néanmoins; quelque . . . que.)

Section B

Changez la structure de ces phrases, de façon à employer les conjonctions suggérées. Il faudra quelquefois changer ou exclure des mots, changer l'ordre des propositions, ou changer une forme affirmative en une forme négative.

1 Si une société est réellement démocratique, chacun sera admis au degré supérieur en fonction de ses capacités.
(pour que; ne . . . que (si); tant que; à condition que; sans que.)

2 L'origine sociale décide de l'orientation sans qu'il puisse être tenu compte des capacités des enfants pauvres.
(puisque; de sorte que; à moins que; tant que; moins . . . plus . . .; aussi est-il que.)

3 On avait désiré des maîtres hautement qualifiés pour qu'ils pussent dominer leur discipline et en enseigner l'esprit.
(comme; c'est pourquoi; par conséquent; à moins que; avant que; sans que.)

4 Un professeur «impartial» trompe ses élèves.
(bien que; plus . . . plus . . .; autant . . . autant . . .; si; pour peu que; sans. N.B. il sera utile d'ajouter *se croire*, ou *se dire*, etc.)

5 Si Mongénéral avait bien voulu nous le permettre, nous serions entrés dans le Marché Commun.
(ne . . . que; pour . . . que; à condition que; tant que.)

Sujets de réflexion, de discussion ou d'essai

1 Un système scolaire qui établit comme critère *la réussite*, doit-il comprendre aussi *l'échec*?

2 L'enseignement devrait-il préparer à la vie professionnelle?

3 Quelles différences remarquez-vous entre le système d'enseignement français et le nôtre? Suggérez quelques causes de ces différences.

4 «L'égalité des chances sera toujours un mythe.» Analysez et discutez cette opinion.

5 *Baccalauréat, juin 1967: Épreuve de français*
Voici quelques-uns des sujets proposés aux candidats:

a Vous commenterez et s'il y a lieu vous discuterez cette pensée de Vauvenargues:

«Je n'approuve point la maxime qui veut qu'un honnête homme sache un peu de tout. C'est savoir presque toujours inutilement et quelquefois pernicieusement que de savoir superficiellement.»

b La discussion a-t-elle ou non un rôle à jouer dans la recherche de la vérité?

c Est-il vrai de dire que «L'inégalité est l'injustice par excellence»?

La vie religieuse

1 LA FRANCE S'EST-ELLE DÉCHRISTIANISÉE SOUS LA TROISIÈME RÉPUBLIQUE?

Pour savoir si les Français ont changé d'attitude à l'égard du problème religieux, il faut les observer dans leur vie réelle. Nos compatriotes ne sont pas des êtres isolés, menant chacun une existence indépendante; ce sont des hommes soumis à la politique de leurs gouvernements successifs, aux techniques de leur civilisation, aux coutumes de leurs classes sociales,—la paysannerie, la classe ouvrière, la bourgeoisie,—aux structures de leurs communautés naturelles,—la famille, la paroisse. Et cette politique, ces techniques, ces coutumes, ces structures, exercent sur leurs idées, leurs sentiments, leur comportement, une influence plus ou moins profonde. . .

Avec la République des républicains laïques, la politique devient un facteur essentiel d'une déchristianisation que nous avons vue se poursuivre depuis la Révolution. Maîtres du Parlement, ces républicains édifient une législation qui sécularise la vie gouvernementale, la vie sociale et la vie privée des Français. Observons comment les plus importantes d'entre les lois consacrées à l'instruction publique déchristianisent le pays. La loi de 1880 supprime l'enseignement religieux à l'école publique, celle de 1886 en chasse le personnel ecclésiastique; les écoles normales, réorganisées et multipliées, forment un autre personnel dans un autre esprit. Les instituteurs catholiques disparaissent peu à peu de l'enseignement public et l'on peut dire qu'en 1914 l'immense majorité de leurs successeurs vit en dehors de l'Église; si la majorité de cette majorité entend respecter loyalement la neutralité scolaire, une forte minorité dont on ne peut chiffrer l'importance, ne cache pas sa foncière hostilité au catholicisme, une hostilité qu'entretiennent les luttes religieuses et qu'accroît, ou même que provoque le mauvais accueil parfois réservé aux instituteurs publics dans les régions croyantes. Ce sont des cas exceptionnels. En règle générale, la réforme de l'enseignement a installé dans chaque commune en face du représentant de la religion, celui de l'indifférence ou de l'irreligion.

Quelle influence exerce-t-il, cet instituteur, avec ses modes de penser étrangers à la vie religieuse, et sa langue dépourvue des mots qui l'expriment: Dieu, âme, prière...?

L'instituteur n'est pas seulement maître des enfants. Souvent seul capable d'interpréter et d'expliquer les circulaires qui arrivent de la préfecture, il exerce des fonctions de secrétaire de mairie. C'est un homme important, parfois le plus important du village, un homme dont l'opinion compte, un homme que l'on consulte lorsqu'on est embarrassé. «On compare ce que nous donne l'instituteur avec ce que nous donne le curé, répond un paysan de Seine-et-Marne au cours d'une enquête menée avant le premier conflit mondial. Eh bien! Il nous donne plus que lui. C'est l'instituteur qui nous a appris à lire et ça sert dans la vie. C'est lui qui nous a appris à compter et ça sert bien davantage... Si nous avons besoin d'un conseil pour nos impôts, pour nos affaires, on n'a qu'à aller le trouver. Il a des livres et des journaux pour la culture, sur les engrais. Autant de choses qu'on voit, qu'on touche, qu'on apprécie.»

La seconde série de lois laïques qui, de 1901 à 1908 frappe directement l'Église, n'exerce pas une moindre action déchristianisante. Les membres des congrégations contraintes à la dispersion ou à l'exil cessent d'accomplir en France le ministère pastoral et celui de l'enseignement. Mais la mesure la plus funeste, temporairement, est la loi de la séparation. Quelque jugement que l'on porte sur elle, aussi heureux que pourront plus tard apparaître ses effets, il n'est pas niable qu'elle a d'abord accéléré la déchristianisation. L'État déclare ignorer désormais l'institution qui doit être pour le catholique la plus importante de toutes, puisqu'elle le guide vers ses fins éternelles, et cette ignorance même est une négation. Sans doute la signification philosophique de la mesure échappe-t-elle à la masse des Français; mais les ruraux qui ont le respect des puissances officielles, des situations établies, des décisions légales, ne se sentent plus portés à révérer une Église à laquelle l'État tourne le dos après l'avoir maltraitée: «Il a fallu, remarque le bon peuple, que ces messieurs aient fait quelque chose de mal pour qu'on les traite ainsi.» Et il ajoute de par lui: «Pourquoi les traiterais-je mieux»?

Il y a des régions de foi vive, qui continuent à témoigner une foi sans défaillance; mais dans d'autres régions, la pratique religieuse faiblit; on cesse de mettre du buis bénit au coin des champs et dans les étables; on mange de la viande le vendredi; le nombre des pascalisants et des assistants à la messe du dimanche diminue.

L'abbé Boulard,[1] au terme d'une minutieuse enquête, a établi ainsi l'ordre d'abandon de la pratique: d'abord les Pâques, puis la messe dominicale, la messe des très grandes fêtes, le repos du dimanche après-midi, le catéchisme des enfants, enfin le mariage religieux, l'enterrement religieux et le baptême. L'abandon de la pratique n'est lui-même qu'un des signes de la déchristianisation; il a été précédé et accompagné d'un affaiblissement de l'esprit chrétien (foi et charité envers le prochain); il est suivi d'une baisse de niveau de la moralité individuelle et de l'adoption de nouvelles notions de morale de caractère païen.

ADRIEN DANSETTE *Histoire religieuse de la France contemporaine sous la Troisième République* Flammarion, 1951 pp. 614–617; 621 (abrégé)

INTELLIGENCE DU TEXTE

1 Pourquoi faut-il observer, pour étudier les attitudes religieuses, non pas les êtres isolés mais la vie de la communauté?
2 Comment la législation scolaire de la IIIᵉ République a-t-elle contribué à la déchristianisation du pays?
3 Pourquoi l'instituteur est-il un personnage si important?
4 Quelle a été la réaction de «la masse de Français» à la Séparation de l'Église et de l'État? Analysez les raisons de cette réaction.
5 Essayez d'expliquer pourquoi les pratiques religieuses sont abandonnées dans l'ordre observé par le chanoine Boulard.

[1] *Abbé Boulard* Boulard, F., auteur du livre *Problèmes missionnaires de la France rurale*, 1945.

2 INSTITUTEUR CONTRE CURÉ

Scène: Peu après la sortie de l'école communale d'un petit village.
Au détour d'une rue, M. l'Instituteur rencontre M. le Curé. Il
détourne la tête. Le curé s'avance vers lui.
C'est un très jeune prêtre, extrêmement distingué, qui porte des
lunettes cerclées d'or. L'instituteur aussi est très jeune; il doit sortir
de l'École Normale, et c'est certainement son premier poste.

LE CURÉ — Pardon, monsieur l'Instituteur, je désire vous dire deux mots si vous n'y voyez pas d'inconvénients.

L'INSTITUTEUR — (*glacé*) Je n'en vois aucun. Un chien regarde bien un évêque. M. le Curé peut donc parler à M. l'Instituteur.

LE CURÉ — (*pincé*) Malgré le ton désobligeant de votre réponse, les devoirs de ma charge m'obligent à continuer cette conversation.

L'INSTITUTEUR — Permettez. Vous dites que je vous ai parlé sur un ton désobligeant, et je reconnais que c'est vrai. Mais je tiens à vous rappeler qu'au moment où je suis arrivé ici, c'est-à-dire au début d'octobre, je vous ai rencontré deux fois le même jour. La première fois c'était le matin.

LE CURÉ — Sur la place de l'Église.

L'INSTITUTEUR — C'est exact. Je vous ai salué; vous ne m'avez pas répondu. La deuxième fois, c'était . . .

LE CURÉ — À la terrasse du cercle. Vous étiez assis devant un grand verre d'alcool.

L'INSTITUTEUR — Un modeste apéritif.

LE CURÉ — Si vous voulez, enfin, c'était de l'alcool.

L'INSTITUTEUR — Soit. Je vous ai encore salué, en ôtant mon chapeau.

LE CURÉ — C'était un chapeau melon.

L'INSTITUTEUR — C'est exact. Vous ne m'avez pas répondu. Pourquoi?

LE CURÉ — (*grave*) Parce que je ne vous avais pas vu.

L'INSTITUTEUR — Quoi?

LE CURÉ — Et je ne vous ai pas vu me saluer parce que je n'ai pas voulu vous voir.

L'INSTITUTEUR — Et pour quelle raison? J'arrivais ici, vous ne m'aviez jamais vu. Je vous salue très poliment, vous détournez la tête. Vous m'avez donc fait un affront sans me connaître.

LE CURÉ   *(avec un rire un peu méprisant)* Oh! monsieur, je vous connaissais!

L'INSTITUTEUR   Ah? vous aviez reçu une fiche de l'évêché?

LE CURÉ   Oh! pas du tout, monsieur ... Monseigneur a des occupations et des travaux plus utiles et plus nobles que ceux qui consisteraient à remplir des fiches sur le caractère et les mœurs de chaque instituteur laïque. Ce serait d'ailleurs un très gros travail, et peu ragoûtant. Non, monsieur, je n'ai pas reçu votre fiche et je n'avais pas besoin de la recevoir, parce que vous la portiez sur vous.

L'INSTITUTEUR   J'ai une tête de scélérat?

LE CURÉ   Ne me faites pas dire ce que je ne dis pas. Non, monsieur, non, vous n'avez pas absolument une tête de scélérat. Non. Et puis, même avec une tête de scélérat, un homme peut se racheter par la foi, et par la stricte observance des pratiques recommandées par notre sainte mère l'Église. Mais il ne s'agit pas de votre tête. Ce qui m'a permis de vous démasquer du premier coup, c'est le journal qui sortait de votre poche. C'était *le Petit Provençal.*[1] *(avec feu)* Ne niez pas, monsieur, je l'ai vu. Vous lisiez *le Petit Provençal.*

L'INSTITUTEUR   *(calme et souriant)* Mais oui, je lis *le Petit Provençal.* Je suis même abonné.

LE CURÉ   Abonné! C'est complet.

L'INSTITUTEUR   Vous ne voudriez pas que je lise *la Croix*?[2]

LE CURÉ   *(avec force)* Mais si, monsieur, je le voudrais! Mais je vous estimerais bien davantage, monsieur, si vous lisiez *la Croix*! Vous y trouveriez une morale autrement nourrissante, autrement succulente que les divagations fanatiques de journalistes sans Dieu.

L'INSTITUTEUR   C'est pour ça que vous m'avez arrêté? Pour me placer un abonnement à *la Croix*?

LE CURÉ   Non, monsieur. Je vous ai arrêté pour vous

---

[1] *le Petit Provençal* Journal régional de gauche, maintenant disparu. Mais *le Provençal*, journal socialiste de M. Gaston Defferre, maire de Marseille, en a pris la relève.

[2] *la Croix* À l'origine, l'organe officiel du catholicisme; le journal est toujours le quotidien catholique le plus important.

rappeler vos devoirs. Non pas envers vous-même—car vous me paraissez peu disposé à songer à votre salut éternel—mais vos devoirs envers vos élèves—ces enfants que le gouvernement vous a confiés—peut-être un peu imprudemment.

L'INSTITUTEUR Il est certain que le vieillard que vous êtes peut donner des conseils au gamin que je suis.

LE CURÉ En effet, monsieur. Quoique nous soyons à peu près du même âge, je crois que la méditation et l'élévation quotidienne de l'âme par la prière m'ont donné plus d'experience de la vie que vous n'avez pu en apprendre dans vos manuels déchristianisés. Vous êtes, je crois, tout frais émoulu de l'École Normale...

L'INSTITUTEUR Vous êtes, je crois, tout récemment éclos du Grand Séminaire?

LE CURÉ Enfin, peu importe. Ce que j'ai à vous dire est très grave. Vous avez fait, l'autre jour—avant-hier exactement—une leçon sur Jeanne d'Arc.

L'INSTITUTEUR Eh oui, ce n'est pas que ce soit amusant, mais c'est dans le programme.

LE CURÉ (*sombre*) Bien. À cette occasion, vous avez prononcé devant des enfants, les phrases suivantes: «Jeanne d'Arc était une bergère de Domrémy. Un jour qu'elle gardait ses moutons, *elle crut entendre des voix*». C'est bien ce que vous avez dit?

L'INSTITUTEUR C'est très exactement ce que j'ai dit.

LE CURÉ (*gravement*) Songez-vous à la responsabilité que vous avez prise quand vous avez dit «crut entendre»?

L'INSTITUTEUR Je songe que j'ai justement évité de prendre une responsabilité. J'ai dit que Jeanne d'Arc «crut entendre des voix.» C'est-à-dire qu'en ce qui la concerne elle les entendait fort clairement—mais en ce qui me concerne, je n'en sais rien.

LE CURÉ Comment, vous n'en savez rien?

L'INSTITUTEUR Ma foi, monsieur le curé, je n'y étais pas.

LE CURÉ Comment, vous n'y étiez pas?

L'INSTITUTEUR Et ma foi non. En 1431, je n'étais même pas né.

LE CURÉ   Oh! n'essayez pas de vous en tirer par une pirouette. Vous n'avez pas le droit de dire «crut entendre.» Vous n'avez pas le droit de nier un fait historique. Vous devez dire «Jeanne d'Arc entendit des voix».

L'INSTITUTEUR   Mais dites donc, il est très dangereux d'affirmer des choses pareilles—même s'il s'agit d'un fait historique. Il me semble me rappeler que lorsque Jeanne d'Arc, devant un tribunal présidé par un évêque qui s'appelait Cauchon, déclara qu'elle avait entendu des voix, ce Cauchon-là la condamna à être brûlée vive—ce qui fut fait à Rouen, sur la place du Marché.—Et comme, malgré ses voix, elle était combustible, la pauvre bergère en mourut.

LE CURÉ   Réponse et langage bien digne d'un abonné du *Petit Provençal*. Je vois, monsieur, que je n'ai rien à attendre d'un esprit aussi borné et aussi grossier que le vôtre. Je regrette d'avoir engagé une conversation inutile et qui m'a révélé une profondeur de mauvaise foi que je n'aurais jamais osé imaginer.

L'INSTITUTEUR   (*goguenard*) En somme vous êtes furieux parce que j'ai parlé de Jeanne d'Arc, qui, selon vous, vous appartient. Mais vous-même, monsieur le Curé, il vous arrive de piétiner mes plates-bandes. Ainsi, vous avez dit aux enfants du catéchisme que je me trompais, et qu'en histoire naturelle il n'y avait pas trois règnes, qu'il y avait quatre règnes.

LE CURÉ   Mais parfaitement: le règne minéral, le règne végétal, le règne animal et le règne humain, ce qui est scientifiquement démontré.

L'INSTITUTEUR   Il est scientifiquement démontré que le règne humain est une absurdité.

LE CURÉ   Vous vous considérez donc comme un animal?

L'INSTITUTEUR   Sans aucun doute!

LE CURÉ   Je vous crois trop savant pour ne pas admettre qu'en ce qui vous concerne, vous avez certainement raison. Permettez donc que je me retire sans vous saluer, car je ne salue pas les animaux . . .

(*Il s'éloigne.*)

L'INSTITUTEUR Et vous, qu'est-ce que vous croyez être, espèce de pregadiou?[1]

LE CURÉ *Vade retro, Satana!*

L'INSTITUTEUR Va te cacher, va, fondu!

(Il hausse les épaules et s'en va de son côté.)

MARCEL PAGNOL *La Femme du Boulanger* (d'après un conte de Jean Giono *Jean le Bleu*), 1938 *Livre de Poche* pp. 10–18

INTELLIGENCE DU TEXTE

1 Quels sont les premiers affronts que s'étaient faits les deux protagonistes?
2 Relevez, dans la première partie du dialogue (jusqu'à «... de journalistes sans Dieu.»), tous les indices du dédain porté par le curé à l'instituteur, et analysez-en la nature.
3 Lequel des deux vous paraît l'emporter dans la discussion sur les voix de Jeanne d'Arc?
4 La querelle sur les trois ou quatre règnes en histoire naturelle se déroule-t-elle sur un ton plus élevé, ou moins élevé, que la précédente? Pourquoi?
5 Dites pourquoi la scène se termine par une pluie d'injures: cherchez-en les raisons psychologiques et théâtrales.

L'auteur a-t-il imaginé la controverse sur les voix de Jeanne d'Arc? Voici un fait historique qui semble nous donner la réponse:

Extrait de l'*Histoire de France*, cours moyen, certificat d'études, par Léon Brossolette (Delagrave, éd.):

«Alors parut *Jeanne d'Arc*. Elle était née a *Domrémy*, en Lorraine, en 1412. Elle était d'une famille de paysans, et n'avait pas encore dix-huit ans. Elle croyait avoir entendu des 'voix' qui lui ordonnaient de chasser l'ennemi, de faire sacrer le roi, de délivrer la France.

Jeanne obtint du gouverneur de Vaucouleurs un cheval et une petite escorte. Elle arriva à *Chinon* ...»

... Et l'auteur fut excommunié ...

MONA OZOUF *L'École, l'Église et la République*

---

[1] *pregadiou* Représentation phonétique d'une forme méridionale du mot *prie-dieu*: meuble sur lequel on s'agenouille pour prier; et aussi, nom d'un insecte qui tient les pattes de devant dans une attitude suggérant la prière.

3 BAPTÊME ET PREMIÈRE COMMUNION À NOUVILLE

L'on peut placer la majorité des Nouvillois dans la catégorie de conformistes saisonniers. Ils vont à la messe dans les grandes occasions: baptêmes, premières communions, Noël, Rameaux, Pâques, Toussaint.

L'église est alors presque «pleine» (200 personnes) alors que 50 à 60 seulement assistent à la messe des autres dimanches.

Mais cette défection devant la messe dominicale ne s'accompagne pas forcément d'une défection devant le curé. On fait ses Pâques et l'on va à la messe le jour de Toussaint, comme on donne au denier du culte et comme on place un objet de piété au-dessus de son lit: parce que «ça se fait.»

Seule la force de l'habitude, le conformisme, motivent cette attitude. La mère, surtout, ne songerait pas à soustraire les enfants au baptême et au catéchisme, n'admettrait pas qu'ils se marient civilement, mais ne les oblige pas à l'assistance à la messe.

Le baptême et la première communion sont «des fêtes pour les enfants», c'est-à-dire aussi pour les parents qui, à cette occasion invitent d'autres membres de la famille. Ce qui compte, c'est la date, la saison, il faut du beau temps, car ce jour-là on veut «se mettre beau.» Pour la communion, dont nous n'avons pas vu d'exemple, on n'a pas le choix sauf pour les communions privées, mais pour les baptêmes on fixe la date en accord avec les parents à inviter, y compris les parents spirituels: le parrain et la marraine.

En 1948, la possibilité de faire ondoyer l'enfant dès sa naissance donnait aux parents un sentiment de sécurité, en attendant le baptême. Les autorités religieuses, considérant que des abus avaient lieu (les parents remettaient toujours la date du baptême, attendant l'occasion de la communion d'un aîné «pour que ça fasse moins de frais»), le synode de 1949 n'admet les ondoiements que si le nouveau-né est en danger de mort: «Si tu es vivant je te baptise» dira la sage-femme quand les parents le lui demanderont. Et sans que ce soit une règle absolue dont la non application entraînerait des sanctions, l'enfant doit maintenant, en principe, être baptisé dans l'année.

Entrant au catéchisme à 8 ans pour y faire son éducation religieuse, l'enfant reçoit son livre de catéchisme.

«Ils ont changé» (ces livres) nous dit Mme Bruant. Maintenant les enfants doivent répondre à ces questions: «Quel est le denier du Culte?», «Quelles sont les obligations envers la Patrie?» «Que doit-on penser des personnes divorcées»? De mon temps, avant

1900, ces questions n'existaient pas (Nous pouvons penser qu'elles sont nées de la situation qui succéda à l'application de la loi de 1905, sur la séparation de l'Église et de l'État).

Les enfants sont classés chaque mois selon leur mérite et les parents tirent gloire de la place qu'occupe le catéchumène au tableau d'honneur du bulletin paroissial.

«La communion c'est un grand jour» pour les parents comme pour les enfants. Les mères décrivent toujours leur fille «belle comme une petite mariée» le père se rappelle «avoir bu un bon coup,» et l'épouse conclut en disant «ce que ça a coûté! Après, il a fallu drôlement compter!;» beaucoup de parents ajoutent: «C'est pourquoi nous ne les avons pas fait renouveler.»

La date de la communion, c'est une date qui compte. L'année de la communion est fatigante pour les enfants; elle l'était bien plus encore quand c'était en même temps celle du certificat d'études.

Pendant la cérémonie, le père d'une des premières communiantes (celle qui est arrivée en tête à l'examen du catéchisme) fait la quête à l'église et le soir le curé est invité au repas de famille.

«Ensuite, c'est fini», nous dit le curé, «on ne les revoit plus, les filles viennent encore quelques fois, mais ils finissent tous par se désintéresser de la religion; s'il y a un voyage à faire à Lisieux, quelques-uns se montreront un peu avant le voyage et un peu après, et ce sera tout.»

La fête de famille occasionnée par la communion, rend les Nouvillois conformistes quand il s'agit de cette cérémonie: cette fête est en effet impatiemment attendue. Ensuite, les enfants ne pratiquent plus: après avoir été, pendant quelques années, de jeunes dévots, ils deviennent des conformistes saisonniers.

LUCIEN BERNOT et RENÉ BLANCARD *Nouville, un village français* Institut d'Ethnologie (Paris), 1953 pp. 235–237

INTELLIGENCE DU TEXTE

1 Si la majorité des Nouvillois sont des «conformistes saisonniers», à quoi se conforment-ils exactement?
2 Quelle est l'importance, pour les parents, du baptême et de la première communion? Est-ce seulement l'occasion d'une fête de famille?
3 Comparez cette analyse de la pratique religieuse avec l'évaluation qu'en fait André Dansette: quelles pratiques les Nouvillois ont-ils abandonnées?
4 Expliquez l'importance attachée à l'éducation religieuse par des parents qui ne sont que des conformistes saisonniers.

4 MA CONVERSION

Je suis né le 6 août 1868. Ma conversion s'est produite le 25 décembre 1886. J'avais donc dix-huit ans. Mais le développement de mon caractère était déja à ce moment très avancé. Bien que rattachée des deux côtés à des lignées de croyants qui ont donné plusieurs prêtres à l'Église, ma famille était indifférente et, après notre arrivée à Paris, devint nettement étrangère aux choses de la Foi. Auparavant, j'avais fait une bonne première communion, qui, comme pour la plupart des jeunes garçons, fut à la fois le couronnement et le terme de mes pratiques religieuses. J'ai été élevé, ou plutôt instruit, d'abord par un professeur libre, puis dans des collèges (laïcs) de province, puis enfin au lycée Louis-le-Grand. Dès mon entrée dans cet établissement, j'avais perdu la foi, qui me semblait inconciliable avec la pluralité des mondes. La lecture de la *Vie de Jésus* de Renan fournit de nouveaux prétextes à ce changement de convictions que tout, d'ailleurs, autour de moi, facilitait ou encourageait. Que l'on se rappelle ces tristes années quatre-vingts, l'époque du plein épanouissement de la littérature naturaliste. Jamais le joug de la matière ne parut mieux affermi. Tout ce qui avait un nom dans l'art, dans la science et dans la littérature, était irreligieux. Tous les (soi-disant) grands hommes de ce siècle finissant s'étaient distingués par leur hostilité à l'Église. Renan régnait. Il présidait la dernière distribution de prix du lycée Louis-le-Grand à laquelle j'assistai et il me semble que je fus couronné de ses mains. Victor Hugo venait de disparaître dans une apothéose. À dix-huit ans, je croyais donc ce que croyaient la plupart des gens dits cultivés de ce temps. La forte idée de l'individuel et du concret était obscurcie en moi. J'acceptais l'hypothèse moniste et mécaniste dans toute sa rigueur; je croyais que tout était soumis aux «lois,» et que ce monde était un enchaînement dur d'effets et de causes que la science allait arriver après-demain à débrouiller parfaitement. Tout cela me semblait d'ailleurs fort triste et fort ennuyeux.

Tel était le malheureux enfant qui, le 25 décembre 1886, se rendit à Notre-Dame de Paris pour y suivre les offices de Noël. Je commençais alors à écrire et il me semblait que dans les cérémonies catholiques, considérées avec un dilettantisme supérieur, je trouverais un excitant approprié et la matière de quelques exercices décadents. C'est dans ces dispositions que, coudoyé et bousculé par la foule, j'assistai, avec un plaisir médiocre, à la grand'messe. Puis, n'ayant rien de mieux à faire, je revins aux vêpres. Les enfants de la maîtrise en robes blanches et les élèves du petit séminaire de Saint-Nicolas-du-Chardonnet qui les assistaient, étaient en train de chanter ce que je sus plus tard être le *Magnificat*. J'étais moi-même debout dans la foule, près du second pilier à l'entrée du chœur, à droite du côté de la sacristie. Et c'est alors que se produisit l'événement qui domine toute ma vie. En un instant mon cœur fut touché et *je crus*. Je crus, d'une telle force d'adhésion, d'un tel soulèvement de tout mon être, d'une conviction si puissante, d'une telle certitude ne laissant place à aucune espèce de doute, que, depuis, tous les livres, tous les raisonnements, tous les hasards d'une vie agitée, n'ont pu ébranler ma foi, ni, à vrai dire, la toucher. J'avais eu tout à coup le sentiment déchirant de l'innocence, de l'éternelle enfance de Dieu, une révélation ineffable. En essayant, comme je l'ai fait souvent, de reconstituer les minutes qui suivirent cet instant extraordinaire, je retrouve les éléments suivants qui cependant ne formaient qu'un seul éclair, une seule arme, dont la Providence divine se servait pour atteindre et s'ouvrir enfin le cœur d'un pauvre enfant désespéré: «Que les gens qui croient sont heureux! Si c'était vrai, pourtant? *C'est vrai!* Dieu existe, il est là. C'est quelqu'un, c'est un être aussi personnel que moi! Il m'aime, il m'appelle.» Les larmes et les sanglots étaient venus et le chant si tendre de l'*Adeste* ajoutait encore à mon émotion. Emotion bien douce où se mêlait cependant un sentiment d'épouvante et presque d'horreur! Car mes convictions philosophiques étaient entières. Dieu les avaient laissées dédaigneusement où elles étaient, je ne voyais rien à y changer, la religion catholique me semblait toujours le même trésor d'anecdotes absurdes, ses prêtres et les fidèles m'inspiraient la même aversion qui allait jusqu'à la haine et jusqu'au dégoût. L'édifice de mes opinions et de mes connaissances restait debout et je n'y voyais aucun défaut. Il était seulement arrivé que j'en étais sorti.

(Cependant le jeune Claudel résiste longtemps aux exigences de sa nouvelle foi.)

... L'avouerai-je? Au fond, le sentiment le plus fort qui m'empêchait de déclarer mes convictions était le respect humain. La pensée d'annoncer à tous ma conversion, de dire à mes parents que je voulais faire maigre le vendredi, de me proclamer moi-même un de ces catholiques tant raillés, me donnait des sueurs froides, et par moments la violence qui m'était faite me causait une véritable indignation. Mais je sentais sur moi une main ferme. Je ne connaissais pas un prêtre. Je n'avais pas un ami catholique.

L'étude de la religion était devenue mon intérêt dominant ...
le grand livre qui m'était ouvert et où je fis mes classes, c'était
l'Église. Louée soit à jamais cette grande mère majestueuse aux
genoux de qui j'ai tout appris! Je passais tous mes dimanches à
Notre-Dame et j'y allais le plus souvent possible en semaine.
J'étais alors aussi ignorant de ma religion qu'on peut l'être du
bouddhisme, et voilà que le drame sacré se déployait devant moi
avec une magnificence qui surpassait toutes mes imaginations.
Ah, ce n'était plus le pauvre langage des livres de dévotion!
C'était la plus profonde et la plus grandiose poésie, les gestes les
plus augustes qui aient jamais été confiés à des êtres humains.
Je ne pouvais me rassasier du spectacle de la messe et chaque
mouvement du prêtre s'inscrivait profondément dans mon esprit
et dans mon cœur. La lecture de l'office des Morts, de celui de
Noël, le spectacle des jours de la Semaine Sainte, le sublime chant
de l'*Exultet* ... tout cela m'écrasait de respect et de joie, de reconnaissance, de repentir et d'adoration! ... Combien j'enviais les
heureux chrétiens que je voyais communier! Quant à moi,
j'osais à peine me glisser parmi ceux qui à chaque vendredi de
Carême venaient baiser la couronne d'épines.

Cependant les années passaient et ma situation devenait intolérable ... La troisième année, je réunis mon courage et j'entrai un
après-midi dans un confessionnal de Saint-Médard, ma paroisse.
Les minutes où j'attendis le prêtre sont les plus amères de ma vie.
Je trouvai un vieil homme qui me parut fort peu ému d'une
histoire qui à moi semblait si intéressante; il me parla des «souvenirs
de ma première communion» (à ma profonde vexation), et m'or-
donna avant toute absolution de déclarer ma conversion à ma
famille: en quoi je ne puis lui donner tort. Je sortis de la boîte
humilié et courroucé, et n'y revins que l'année suivante, lorsque
je fus décidément forcé, réduit et poussé à bout. Là, dans cette
même église Saint-Médard, je trouvai un jeune prêtre miséricor-
dieux et fraternel, M. l'abbé Ménard, qui me réconcilia ... Je fis
ma seconde communion en ce même jour de Noël, le 25 décembre
1890, à Notre-Dame.

PAUL CLAUDEL *Contacts et Circonstances* in *Pages de Prose*
N.R.F. Gallimard, 1944 pp. 275–280

INTELLIGENCE DU TEXTE

1 Les doutes qui firent perdre la foi au jeune Claudel sont-ils d'origine
   intellectuelle? Dans quelle mesure subit-il l'influence du milieu social
   et culturel?

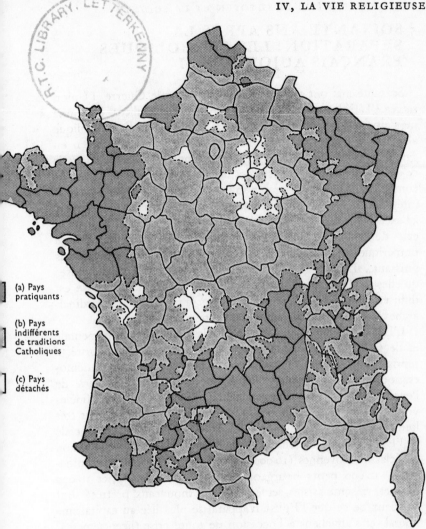

(a) Pays
pratiquants

(b) Pays
indifférents
de traditions
Catholiques

(c) Pays
détachés

La pratique religieuse dans la France rurale

F. BOULARD *Essor ou Déclin du clergé français* Édns du Cerf

2 Quels motifs poussèrent le jeune homme à assister à la grand'messe
de Noël 1886?

3 Au moment de sa conversion, à quoi Claudel commença-t-il à croire?

4 Quels sentiments le firent longtemps «résister» à sa conversion?

5 D'après ce récit, quel rôle la raison a-t-elle joué dans la découverte
et dans l'affirmation de la foi?

5 SOIXANTE ANS APRÈS LA SÉPARATION: LES CATHOLIQUES FRANÇAIS AUJOURD'HUI

Soixante ans ont passé. Il y a eu la Grande Guerre, l'Union sacrée.[1] L'Église et la République se sont réconciliées. Personne ne s'étonne aujourd'hui de voir un président de la République aller à la grand-messe dans ses déplacements officiels, reçu en grande pompe par l'évêque du lieu. Personne ne s'étonne de voir ce dernier figurer sur les estrades des cérémonies laïques. Loin de combattre les institutions républicaines, les catholiques s'y sont intégrés. On trouve des militants catholiques dans tous les partis, à l'exception peut-être du parti communiste. L'organisation syndicale d'inspiration chrétienne est la seconde par l'importance numérique. Les mouvements de jeunesse catholique sont les plus puissants. Les congrégations religieuses sont plus nombreuses qu'elles ne l'ont jamais été depuis la Révolution. La messe est diffusée chaque dimanche à la radio et à la télévision. Le cardinal-archevêque de Paris est aumônier général des armées...

L'Église «spoliée» mais libérée de la tutelle gouvernementale et de ses liens avec le pouvoir, se comportant en minorité, a repris à son compte les exigences et les revendications démocratiques: elle a réclamé la *liberté* de conscience, la *liberté* de l'enseignement, l'*égalité* des droits... Si la majorité des fidèles votent à droite, les militants, le clergé, l'épiscopat poussent très loin, par esprit missionnaire, l'affirmation de la doctrine sociale de l'Église. Quoique issus en grande majorité de la paysannerie ou des classes moyennes (10 000 cultivateurs fournissent 9 séminaristes, 10 000 petits bourgeois ou cadres moyens, 8, et 10 000 ouvriers 2 séminaristes seulement), les «nouveaux prêtres» sont soucieux de ce que l'Église n'apparaisse plus liée au capitalisme libéral, et s'attachent à l'occasion de toute crise (licenciements, fermetures d'usines) à dénoncer ses injustices, faisant passer l'efficacité économique après la charité. Et l'on aboutit parfois à des situations imprévues: des partis et des syndicats laïcs dépassés sur leur gauche par des militants catholiques ou même par le clergé.

Lorsqu'on consulte les résultats d'un sondage récent concernant les opinions religieuses des Français, on constate que 85% d'entre eux se déclarent catholiques croyants: 85% de la popula-

---

[1] *l'Union sacrée* L'appel fut celui du Président Poincaré, à l'ouverture de la première guerre mondiale. Devant les menaces de la guerre, les désaccords (dont celui des cléricaux et des anti-cléricaux) furent oubliés en faveur du patriotisme.

tion d'une république laïque dont le retour au paganisme est annoncé périodiquement depuis cinquante ans! Pourtant un examen un peu plus approfondi des résultats de ce sondage et des chiffres fournis par les multiples enquêtes de pratique effectuées depuis l'après-guerre dans les diocèses, amènent à corriger cette première impression et à découvrir une réalité ambigüe sous cette façade flatteuse.

Répondant aux enquêteurs de l'I.F.O.P., 85 Français sur 100 s'affirment croyants mais 34 seulement disent pratiquer régulièrement leur religion, 33 irrégulièrement, 18 se bornant à en observer les grands actes: communion solennelle, mariage, enterrement. Or, ces chiffres paraissent déjà excessifs si on les rapporte aux résultats «objectifs» des enquêtes de pratique... Le professeur Le Bras, qui a été l'initiateur de ces dernières, avançait déjà en 1949 cette hypothèse: «On ne s'écarterait pas gravement de la réalité en admettant que sur 100 Français de vieille souche catholique, 90 demeurent conformistes saisonniers, 15 à 20 observants réguliers, 2 à 5 dévots.» (soit au minimum 18%, au maximum 25% d'«observants réguliers» parmi les baptisés.)

En fait, et bien qu'il soit relativement difficile d'exploiter des résultats dispersés et souvent obtenus suivant des méthodes différentes, les spécialistes proposent pour la France entière la proportion de 26% d'observants réguliers.

Où sont-ils et qui sont-ils?

Depuis 1950, depuis la publication de la carte religieuse de la France rurale dressée par le chanoine Boulard et complétée par les recensements urbains, on possède, au canton près, la physionomie de la France catholique. D'une manière générale elle permet de constater que les zones de forte pratique coïncident avec les régions montagneuses et que la France est barrée transversalement de bandes alternées: celles des zone pratiquantes et indifférentes. La plus importante va de la Picardie aux Landes en passant par le Limousin, c'est une zone indifférente tachée çà et là de pays de mission.

D'autre part, d'après les points de repère que nous possédons, la carte actuelle correspondrait dans ses grandes lignes à celle de l'Ancien Régime avec des traits simplement plus accusés. En allant plus loin, on arrive à se demander si certains pays considérés comme *déchristianisés* ont en fait jamais été complètement *christianisés*. (Les racines de la vie religieuse s'enfoncent très loin dans le temps. Elles se sont sans doute fixées en France au moment où s'organisait le réseau des paroisses, sous les Mérovingiens, au Vᵉ siècle.) Aussi l'idée d'un âge d'or de la Chrétienté où le peuple unanime se serait pressé autour des autels soulève quelque scepticisme parmi les catholiques avertis.

Sur un autre plan l'analyse sociologique des enquêtes de pratique permet de constater que deux femmes pratiquent pour un homme et que, si la très grande majorité des enfants suivent le catéchisme, une importante proportion cesse de pratiquer dès la communion solennelle, vers l'âge de quatorze ans: 24 à 50% en milieu bourgeois, 50 à 80% en milieu ouvrier. Il s'ensuit que les femmes et les «inactifs», enfants et vieillards, sont beaucoup plus nombreux dans les églises que les «actifs», et parmi ceux-ci les bourgeois sont beaucoup plus fortement représentés que les ouvriers. Le monde ouvrier paraît pratiquement coupé de l'Église. «Il y a en France 1 à 5% d'ouvriers chrétiens», estime Félix Lacambre, secrétaire général de l'Action catholique ouvrière.

Contre les deux barrières géographique et sociale les efforts missionnaires, tous les efforts tentés depuis quarante ans, ont été à peu près vains.

Si les résultats des premiers sondages de pratique ont pu parfois paraître réconfortants au clergé, c'est qu'il partait sans doute d'une vue trop pessimiste de la situation: l'anticléricalisme qui portait les notables combistes[1] avait semblé impliquer une déchristianisation des masses. On peut se demander si le fait nouveau que représente le militantisme catholique des classes moyennes ne crée pas une illusion inverse. Ce militantisme n'est-il pas le contrecoup des malheurs mêmes de l'Église? C'est pour défendre l'ordre chrétien, pour combattre une paganisation donnée comme imminente que se sont révélées les vocations les plus actives (allant aux ordres les plus exigeants, se portant de préférence aux tâches les plus rudes . . .), cependant que la température du «bain» restait égale: 5% de dévots, etc. Après soixante ans de paix religieuse, dans l'espèce de climat de tolérance ou plutôt de ménagement réciproque qui règne entre croyants et agnostiques, l'Église s'étant dédouanée politiquement, le principal danger qui la menace ne proviendra-t-il pas du confort moral dont elle jouit maintenant . . .?

PHILIPPE ALMÉRAS *Les catholiques français* in *Le Français dans le Monde no 34*, juillet-août 1965 pp. 10–14 (extraits)

---

[1] *les notables combistes* Partisans d'Émile Combes, Président du Conseil de 1902 a 1905; un anti-clérical ardent, d'esprit un peu borné et mesquin, il mena la campagne aboutissant à la loi de la Séparation des Églises et de l'État, en décembre 1905.

INTELLIGENCE DU TEXTE

1 Quelle est, entre l'Église (ou les catholiques) et la République laïque, la nouvelle relation qu'illustrent les phénomènes nommés au premier paragraphe?

2 Pourquoi l'auteur appelle-t-il «imprévues» les situations où «des partis et des syndicats laïcs sont dépassés sur leur gauche par des militants catholiques ou même par le clergé?»

3 «26% d'observants réguliers»: les trois quarts des Français seraient-ils donc des non-croyants?

4 Quelles sont «les deux barrières géographique et sociale» auxquelles se heurte l'Église d'aujourd'hui? Ces barrières sont-elles nouvelles?

5 Quelle est l'illusion créée par le militantisme catholique d'aujourd'hui, et quel est le danger de cette illusion?

6 TEXTE POUR LA TRADUCTION

Two views of history

The content of subjects taught in the two Chanzeaux schools reflected ideological divisions. In purely academic subjects such as French and arithmetic, the Catholic and the public school children received equivalent training, since they had all to take the same examination for the *Certificat des Études Primaires*. But the two schools each taught quite different—even antagonistic—views of history. The children in the public school learned the political traditions of republican France; the private school children learned the Catholic version of history, which is also the historical tradition of their village. The text used in the Catholic schools emphasizes the role of the church in French history, idealises the Middle Ages, and is rather complacent about the existence of social inequalities. The public school text ignores the church whenever it can, idealises the Enlightenment, and stresses *égalité*. One of the few figures common to both textbooks is Joan of Arc (another is de Gaulle), but one would hardly recognize her as the same person from the two accounts. The public school text glorifies her as a national heroine, while the Catholic text states quite matter-of-factly that the Archangel Michael appeared to her, entrusting her with the mission to save France, and goes on to describe her martyrdom and canonisation. M. Gerdais, one of the chairmen of the Catholic school committee, cites this particular difference as an example of the errors of public school teaching.

Neither version of history admits the existence of the opposing tradition. The Catholic text never explains, for instance, why the republicans were anticlerical during the nineteenth century; and the public text never admits that they were. The following is the entire explanation that the Catholic text offers for a famous incident in the Revolution, the king's flight to Varennes: 'The king, who was very pious, protested (against the law requiring the clergy to sign an oath of loyalty to the government). He was prevented from hearing Mass from a priest of his choice. He decided to flee the country.' The public school text, as one might expect, gives a entirely different interpretation of the same event. The civil constitution of the clergy is not mentioned, and the king's defection is explained as an act of treason: 'The king was not willing to cease being the master of France, and to remain the first servant of his country. He conspired with foreign governments and decided to escape.'[1]

LAURENCE WYLIE ed. *Chanzeaux* Harvard U.P., 1966 pp. 294–296 (abridged)

EXERCICES GÉNÉRAUX

Version: Instituteur contre curé
Traduisez en anglais le commencement de la scène, jusqu'à:
    «. . . Pour me placer un abonnement à *la Croix*?»

Résumé: Soixante ans après la Séparation
«Lorsqu'on consulte les résultats d'un sondage récent. . . .
        . . . du confort moral dont elle jouit maintenant?»
Faites un résumé de cette partie du texte, en 250–300 mots.

Analyse de texte: Ma conversion
«Tel était le malheureux enfant . . .
        . . . Il était seulement arrivé que j'en étais sorti.»
1 Quelle est la signification de la position, avant le substantif, de l'adjectif «malheureux»?
2 Expliquez: *dilettantisme; excitant; décadent.* Comment le choix de ces trois mots contribue-t-il à exprimer la désapprobation?
3 En quoi consistait le «plaisir médiocre» qu'éprouvait Claudel à la grand'messe?
4 Claudel dépeint avec précision l'ambiance de cette cérémonie: le 25 décembre 1886, Notre-Dame de Paris, les élèves du petit séminaire de Saint-Nicolas-du-Chardonnet. . . . Relevez d'autres exemples de cette précision; étudiez et expliquez l'effet qu'elle produit.
5 Réfléchissez à vos réponses aux questions 1–4; expliquez maintenant

---

[1] Professor Wylie has recently pointed out that although this text describes accurately the situation in Chanzeaux at the time his investigation took place, this aspect of life in the village has changed. Since that time, the Catholic school has accepted the 'simple contract' with the French government and has become much less ideologically distinct. Furthermore, the public school in Chanzeaux has disappeared. It got down to only two or three pupils, and when the Church signed the 'simple contract' with the government, the rumour was bruited that the public school was going to be closed. This rumour was false, but the few people who might have sent children to the public schools believed the rumour and gave up. So when the public school teacher appeared at the beginning of the year, there were absolutely no pupils, and the school was closed.

la manière dont Claudel prépare la phrase: «Et c'est alors que se produisit l'événement qui domine toute ma vie.» Pourquoi cette préparation est-elle si importante?

6 «Je crus, d'une telle force d'adhésion . . . ni, à vrai dire, la toucher.» Comment le rythme de la pensée s'harmonise-t-il avec la structure de cette phrase?

7 Analysez et commentez le choix des temps de verbe dans ce paragraphe. Quelle est l'importance du passé simple, et de son absence après la répétition: «. . . et *je crus. Je crus* . . .»? Comment le plus-que-parfait, au cours de la deuxième partie du paragraphe, aide-t-il à définir le caractère du récit?

8 Quelle différence Claudel fait-il entre la *conviction* d'une nouvelle croyance, et ses *convictions* philosophiques? S'agit-il d'une contradiction entre des convictions d'un même ordre?

9 Comment, au cours du récit, Claudel indique-t-il que ce conflit est dépassé depuis longtemps?

Sujets de réflexion, de discussion ou d'essai

1 Doit-on regretter que la foi religieuse puisse subir des influences et des pressions sociales et politiques?

2 «C'est chez le diable qu'on trouve les meilleures mélodies.» L'humour se met-il plus facilement au service du diable qu'au service de Dieu?

3 L'abandon des pratiques religieuses signifie-t-il l'abandon de la foi?

4 Quelles difficultés nouvelles mais aussi quels avantages nouveaux découlèrent pour la foi catholique de la Séparation de l'Église et de l'État?

5 «La plus grande tâche missionnaire de l'Église catholique française s'est toujours trouvée en France.» Développez et discutez.

Les Français devant la culture

Un poème c'est bien peu de chose

Un poème c'est bien peu de chose
à peine plus qu'un cyclone aux Antilles
qu'un typhon dans la mer de Chine
un tremblement de terre à Formose

Une inondation du Yang Tse Kiang
ça vous noie cent mille Chinois d'un seul coup
vlan
ça ne fait même pas le sujet d'un poème
Bien peu de chose

On s'amuse bien dans notre petit village
on va bâtir une nouvelle école
on va élire un nouveau maire et changer les jours
de marché

on était au centre du monde on se trouve maintenant
près du fleuve océan qui ronge l'horizon

Un poème c'est bien peu de chose

RAYMOND QUENEAU *Si tu t'imagines*
N.R.F. Gallimard

1 COMMENT JUGER D'UN NIVEAU DE CULTURE?

Michel Crozier, sociologue, de l'Institut des Sciences sociales du Travail, a mené il y a quelques années une enquête détaillée sur la vie de certains groupes d'employés parisiens. Il a soumis à ceux-ci un long questionnaire, dont nous avons tiré quelques questions portant sur les activités dites «culturelles». Les voici:

85 Est-ce que vous allez souvent au cinéma?
   1 *Toutes les semaines.* 2 *Tous les mois.* 3 *Plusieurs fois par an.*
   4 *Exceptionnellement ou jamais.*

86 Quel est le film que vous avez préféré depuis les grandes vacances?

87 Est-ce que vous avez été au théâtre depuis un an?
   1 *Une fois par mois.* 2 *Quatre ou cinq fois par an.* 3 *Très rarement.* 4 *Jamais.*

88 Quelles sont les pièces que vous avez vues? Quelles sont celles que vous aimeriez voir?
   1 *Opérettes.* 2 *Boulevard.*[1] 3 *Pseudo-littéraires.* 4 *Comédie-Française, Opéra, Ballets.* 5 *Marigny, T.N.P.,*[2] *etc...*

89 Est-ce que vous avez le temps de lire des livres?
   1 *Beaucoup de livres.* 2 *De temps en temps.* 3 *Ne lit jamais ou très peu.*

[1] *Boulevard* Les «théâtres du Boulevard» présentent des pièces de caractère populaire: vaudevilles, farces, comédies mondaines; ils visent surtout la réussite commerciale.

[2] *Marigny* Théâtre où joua pendant longtemps la compagnie Madeleine Renaud-J.-L. Barrault. Ce dernier y montait une grande variété de pièces sérieuses, sinon d'avant-garde, du moins en général «anti-bourgeoises». Telle y est toujours la tradition. *T.N.P.*: le Théâtre National Populaire, au Palais de Chaillot. Inauguré en 1951 par Jean Vilar, qui établit rapidement la réputation du Théâtre. On y monte, dans des mises en scène peu conventionnelles, des pièces classiques, et modernes, ainsi que des pièces nouvelles de jeunes auteurs.

90 Quelle sorte de livres lisez-vous?
   1 *Policiers.*   2 *Aventures.*   3 *Type Soubiran.*[1]   4 *Classiques.*
   5 *Style N.R.F.*[2]

91 Est-ce qu'il vous arrive de lire l'un des hebdomadaires[3] suivants?
   Oui, régulièrement.

1	*Paris-Match*	13	*Marie-Claire*
2	*Nous Deux, Intimité, Confidences* ..	14	*Détective*
3	*Elle*	15	*Radar*
4	*Le Figaro Littéraire*	16	*France-Observateur*
5	*Sélection*	17	*L'Express*
6	*Constellation*	18	*Miroir-Sprint*
7	*France-Dimanche*	19	*Cinémonde*
8	*Ici Paris*	20	*Rivarol*
9	*Le Hérisson*	21	*Aspects de la France*
10	*Le Canard enchaîné*	22	*Science et Vie*
11	*L'Humanité Dimanche*	23	*Carrefour*
12	*Le Petit Echo de la Mode*	24	*Historia*

92 A. Est-ce que vous lisez les journaux? Lequel?
   B. Lisez-vous:
      1 *Les faits divers?*   2 *L'éditorial?*   3 *Les bandes dessinées?*
      4 *Les offres d'emploi?*   5 *Le feuilleton?*[4] 6 *Les sports?*

Ces questions ont été posées oralement aux employés, au cours d'un interview. Les réponses ayant été dépouillées, l'enquêteur a établi une échelle de classement où il distingue quatre niveaux de culture:

---

[1] *Soubiran* Auteur, entre autres ouvrages, d'un livre sentimental *Les hommes en blanc.*

[2] *Style N.R.F. N.R.F. Gallimard* publie surtout les œuvres des «intellectuels»: romans sérieux et d'avant-garde, essais, belles-lettres, etc.

[3] *les hebdomadaires* On peut distinguer ici plusieurs groupes à vocations différentes:
   hebdomadaires d'intérêt général ou d'information:
      Paris-Match, France-Dimanche, Ici Paris, Sélection (du Readers' Digest), Constellation, Le Hérisson (journal satirique assez vulgaire, à échos).
   hebdomadaires politiques:
      Le Canard enchaîné (satirique, de gauche), L'Humanité Dimanche (communiste), Le Nouvel Observateur (de gauche), L'Express (centre-gauche). Rivarol (de droite), Aspects de la France (monarchiste), Carrefour (de droite).
   presse «féminine»:
      Nous deux, Intimité, Confidences (des romances illustrées); Elle, Marie-Claire, Le Petit Écho de la Mode.
   périodiques d'intérêt plus spécialisé:
      Le Figaro Littéraire, Détective, Radar, Miroir-Sprint, Cinémonde, Science et Vie, Historia.

[4] *le feuilleton* (a) article de littérature, de science, etc., inséré au bas d'un journal; (b) «roman feuilleton», fragment de roman qui paraît chaque jour dans le journal.

Groupe I, niveau culturel élevé: 15% de l'effectif.
— Lisent *le Figaro, le Monde* ou *Paris-Presse*.[1]
— Vont voir des pièces à la mode de niveau intellectuel ou des classiques.
— Lisent des livres.

Groupe II, niveau culturel moyen: 20% de l'effectif.
— Vont voir des pièces à la mode ou des classiques.
— Lisent des livres.
— Mais ne lisent pas *le Figaro, le Monde* ou *Paris-Presse*.

Groupe III, niveau culturel faible: 40% de l'effectif.
— Vont voir des opérettes ou des pièces de boulevard ou ne vont pas au théâtre.
— Lisent *le Parisien, France-Soir,* ou *l'Aurore*,[2] ou ne lisent pas de journaux.
— Mais citent encore des livres qu'ils ont lus.

Groupe IV, niveau culturel très faible: 25% de l'effectif.
— Vont voir des opérettes ou des pièces de boulevard ou ne vont pas au théâtre.
— Lisent *le Parisien, France-Soir* ou *l'Aurore*, ou ne lisent pas de journaux.
— Ne lisent pas et sont incapables de citer aucun livre.

MICHEL CROZIER *Le monde des employés de bureau*
Édns du Seuil, 1965 pp. 195–196; p. 220

INTELLIGENCE DU TEXTE

1 Vous désirerez peut-être répondre vous-même à ce questionnaire; n'oubliez pas de faire, avec le plus grand soin, les changements nécessaires à l'adaptation des questions au milieu culturel anglais.
2 Faites ressortir les différences entre les quatre niveaux de culture.
3 Quels aspects du questionnaire ne seraient pas applicables à des personnes habitant la campagne ou une petite ville de province? Que pourrait-on leur substituer?
4 Relisez le texte *Les ouvriers de la prospérité*. Toutes réserves faites (on ne lui a pas demandé de répondre à ce questionnaire), dans quelle catégorie culturelle peut-on supposer qu'il se trouverait?

[1] *Le Figaro, le Monde* Choisi comme exemples de journaux sérieux; *Paris-Presse:* à part les deux pages extérieures, consistait en une édition spéciale de *France-Soir* (voir note 7 du texte *Les ouvriers de la prospérité*) De tendance gouvernementale.

[2] *L'Aurore* Voir note 7 du texte *Les ouvriers de la prospérité*.

2 BRASSENS REPART EN GUERRE

THÉÂTRE NATIONAL POPULAIRE

Récital **Georges Brassens–Juliette Greco.**

A partir du *16 septembre, 1966* jusqu'au 30.

Tous les soirs à 20 h 30.

(Le 18, à 14 h.)

Georges Brassens revient, cette semaine, au T.N.P., avec Juliette Gréco, après deux années de silence. Plus qu'une rentrée, c'est une rencontre. En trente jours, habitués inconditionnels du Théâtre National Populaire, cent mille jeunes gens viendront l'écouter, «entre ces murs voués aux merveilles», selon la formule de «l'autre» Sétois,[1] Paul Valéry, gravée au fronton du Palais de Chaillot. Écouter qui?

Un homme de 45 ans, qui se «tient debout au milieu de son âge.»

Le jour de ses débuts, fin 1951, beaucoup de ses futurs spectateurs du T.N.P. n'étaient pas nés. Depuis, malgré les modes, les vogues, les vagues, Georges Brassens demeure. De temps en temps, il sort de l'ombre, s'avance sur une scène où l'attendent une chaise vide, un piano muet, un verre d'eau et un immuable contrebassiste. Les projecteurs se braquent sur son visage de tendre bûcheron, sur ses yeux de feuille morte, sur sa crinière crépelée qui blanchit—et après?—sur ses demi-sourires de contrainte et de complicité. Enfin, simplement, il offre sa moisson, et «roulent en avalanche» des mots, des images, des putains, des copains. Toute une geste moins gaillarde qu'on ne le dit et plus tragique qu'on ne le croit.

Pourquoi chante-t-il? Pourquoi dure-t-il?

À 18 ans, Georges Brassens chantait déjà, tout le jour, comme la cigale ou le savetier. Il chantait Mireille, Jean Nohain, Jean

---

[1] *Sétois* Originaire de *Sète*, près de Montpellier.

Tranchant, Trénet.[1] Mais la nuit, il avait d'autres compagnons: Rabelais, Villon, Ronsard.

Il en est l'héritier, comme il est celui de La Fontaine et de Béranger, de Verlaine et de Paul Fort, de Victor Hugo et de Bruant, de Rictus[2] et de Montaigne ...

Il est français jusqu'au bout de sa guitare. Ses chansons, c'est la France telle qu'elle fut, telle que toujours elle s'espère: frondeuse, généreuse, amoureuse, vigoureuse.

Peut-être est-ce pour cela qu'à 20 ans comme à 50, à 20 ans plus qu'à 50 ans, on se reconnaît en Brassens.

Parce qu'il est «contre», contre les flics, les bourgeois, «les prétendus coiffeurs, les soi-disant notaires», parce qu'il est tendre, et qu'il «y a des copains au bois d'son cœur», parce qu'il est «resté du parti des myosotis»,[3] parce qu'il se veut libre, il traduit en chansons quelque chose de permanent là où les vedettes aujourd'hui ne sont que des moments.

Chantant à contre-époque, à contre-mode et parfois, semble-t-il, à contre-cœur, il est le «grillon du foyer», celui qui garde et transmet un patrimoine.

Il existe par et malgré les disques, les transistors, les juke-boxes, la télé, ces outils qui lui ressemblent si peu, mais qui le diffusent, le distribuent, le véhiculent, le multiplient, donnant à ce poète-là une audience qu'aucun autre de nos poètes, majeur ou mineur, n'eut jamais en quinze ans.

Écoutez-le parler, de ses chansons:

«Je suis un type fier, et en même temps très humble. J'attache une importance capitale à mes chansons et, en même temps, je m'en fous. Dans le domaine de la musique, je suis un enfant trouvé, je n'ai pas de parents, mais dans le domaine des paroles,

---

[1] *Mireille, Jean Nohain, Jean Tranchant* Vedettes de l'après-guerre, chanteurs de music-hall (forme de revue-divertissement très appréciée à l'époque). *Charles Trénet,* l'un des plus célèbres parmi ces artistes, fut l'auteur de plus de 500 chansons. La tradition des créateurs complets, qu'on appelle «auteurs-compositeurs-interprètes» a été, et reste, très forte en France. Avec Brassens, on peut citer aujourd'hui Gilbert Bécaud, Charles Aznavour, Jacques Brel, Jean Ferrat.

[2] *Béranger* Poète du XIXe siècle, auteur de chansons populaires d'inspiration mediévale.

Paul Fort (mort en 1960) Auteur de *Ballades françaises* qui racontent la vieille France, l'esprit de ses habitants.

Bruant Aristide Bruant, animateur vers la fin du siècle dernier du cabaret du *Chat-Noir*, sur la Butte Montmartre. Il est le sujet d'une des affiches de Toulouse-Lautrec.

Rictus Poète de la Belle Époque, auteur de poèmes et ballades de la vie parisienne populaire. Emploie souvent de l'argot.

[3] *myosotis* Petite fleur appelée aussi «herbe d'amour», ou «ne m'oublie pas».

je sais d'où je viens. Je ne suis pas un très grand poète, pas non plus que très petit. Je suis un poète moyen. Il faut mettre les choses à leur place. Moi, j'aime jongler avec les mots. J'aime traduire mes émotions avec des mots, et essayer de les transmettre à d'autres. Et je le fais sérieusement. Tu vois, moi, je viens quand les hommes sont bien emmerdés, je m'amène à l'heure de la récréation, et je les fais jouer. Et je leur parle de choses toutes simples, l'amour, la mort, la vie.»

Et des autres chansons:

«Maintenant, on impose une chanson au public comme une marque de lessive, il est bien obligé d'en passer par là. S'il le veut, il peut tout de même tourner le bouton. Mais de 1900 à 1925, on écoutait aussi pas mal de belles stupidités! Comme aujourd'hui, ni plus ni moins. J'ai entendu ma mère, qui n'était pas une imbécile, chanter des bêtises monstres . . . «Ah! les p'tits pois, les p'tits pois . . .» La seule différence, c'est que tout allait moins vite. On ne faisait pas l'amour tous les jours avec une chanson nouvelle. Si elle vous plaisait, on la gardait toute la vie.»

En 1964, une petite faille s'est creusée dans la vénération dont Georges Brassens fait l'objet. Enfin, une fraction de ceux qui le revendiquaient, soudain, l'ont répudié. Il a suffi pour cela d'une chanson, *Les Deux Oncles*:

«C'était l'oncle Martin, c'était l'oncle Gaston,
L'un aimait les Tommies, l'autre aimait les Teutons;
Chacun pour ses amis, tous les deux, ils sont morts,
Moi qui n'aimais personne, eh bien, je vis encore.»

L'Humanité et *Libération*[1] s'indignent, les anciens résistants s'émeuvent, une vieille dame qui a perdu son fils dans un maquis écrit: «Je suis désespérée. Mon garçon a donc été tué pour rien»?

Brassens, aujourd'hui, là-dessus me répond:

«Ça n'était jamais qu'une chanson. Moi, je ne délivre pas de messages. Je ne rebâtis pas le monde. Si on a pour moi de l'amitié, il faut me faire confiance, totalement. C'est une chanson de brave type, «Les Tontons», c'est une chanson d'honnête homme. Supposons que certains aient pu être choqués. De toute façon, ceux-là, je leur conseille de ne plus s'intéresser à moi. Mes chansons ne sont pas faites pour eux. «Les Tontons» sont un reflet profond de ce que je suis et de ce que sont, vraiment, toutes mes chansons. C'est une chanson d'amour et de tolérance qui dit aux

---

[1] *L'Humanité* Quotidien communiste; *Libération*: journal progressiste, destiné aux cadres et aux intellectuels d'extrême gauche.

gens: «Méfiez-vous, ne vous laissez pas mener.» Mais je suis peut-être allé trop loin, j'ai trop voulu me mêler de ces choses . . .»

Cette année, cependant, il s'en mêle à nouveau en écrivant contre les partis, quels qu'ils soient:

«Dieu que de processions, de monômes, de groupes,
Que de rassemblements, de cortèges divers,
Que de lignes, que de cliques, que de modes, que de troupes,
Pour un tel inventaire, il faudrait un Prévert.
Le pluriel ne vaut rien à l'homme
Et sitôt qu'on
Est plus de quatre,
On est une bande de cons.
Je suis celui qui reste à l'écart des fanfares
Et qui chante en sourdine un petit air frondeur . . .»[1]

Maintenant, à la veille de repartir en guerre pour gagner la bataille du T.N.P., Georges Brassens est cloîtré, claquemuré, séquestré. Dans une cellule blanchie qui s'ouvre large sur la campagne en pleurs: un lit étroit, un réveil en fer-blanc, des pipes tièdes, une guitare usée. Nuit et jour, jour et nuit, il recopie ses onze nouvelles chansons, à l'encre verte sur des cahiers de la communale,[2] d'une calligraphie d'écolier puni. Il martèle les rythmes de ses mélodies sur le coin de sa table blonde, il s'enregistre, il s'écoute. Il chante, il chante, tout seul, en cage. Il ruisselle. Il recommence. Les doigts de sa main gauche saignent de trop presser le manche, les ongles de sa main droite sont arrachés de trop gratter les cordes. Jamais sans doute son père maçon, son père mort, le «vieil ours» qu'il aimait tant n'eut de semblables mains de besogneux.

«Ça ne prouve qu'une chose, dit-il avec un sourire, c'est que j'aime ça. J'ai gardé l'enfance . . . l'enfance de l'art.»

DANIÈLE HEYMAN *Brassens repart en guerre* in *L'Express*, 12–18 septembre 1966 pp. 38–41

INTELLIGENCE DU TEXTE

1 Quelle est la caractéristique la plus surprenante de l'auditoire de Brassens au T.N.P.?
2 Quelles sont les deux traditions dont Brassens est l'héritier?
3 Quelle est l'importance du mot «contre» pour la compréhension de son succès?

[1] Les chansons de Brassens ont été publiées chez *Pierre Seghers*, dans la série: *Poètes d'aujourd'hui*.
[2] i.e., cahiers de l'école communale. Des cahiers de petit garçon.

4 Selon Brassens, est-ce que les procédés de lancement et de distribution dévalorisent aujourd'hui la chanson populaire?

5 Essayez de définir l'attitude de Brassens à l'égard de la vie politique.

3 LE COQ

On fait la queue chez Picasso. Je serais furieux qu'une exposition comme celle-là ne rencontre aucun succès, mais un tel succès me met mal à l'aise. Il faut s'agenouiller pour s'élever jusqu'à Dieu. Il faut poireauter pour croire à l'Art. Reste à savoir si Picasso est de l'Art et s'il mérite une apothéose qui tourne au rite funèbre, avec une queue de bien cent mètres dont la patience n'a d'égale que celle de l'éternelle queue de la Place Rouge.

Je suis revenu plusieurs fois. Enfin, rusant, à l'heure du déjeuner où il n'y a plus d'Art qui tienne en France, je suis entré dans le sanctuaire. Pourquoi j'étais venu: pour voir dans leurs dimensions réelles des toiles archi-connues en cartes postales, pour voir les premières, archi-secrètes, et les plus récentes. Je me souvenais aussi des quolibets qui m'avaient frappé au Salon d'Automne, à la Libération. J'étais encore gamin, et devant un coq terriblement aggressif, avec une drôle de tête humaine (quand on avait vu les visages de la même salle), les gens s'esclaffaient, faisaient remarquer que la peinture avait dégouliné. Ils avaient raison, ce coulis de peinture ne me semblait pas très sérieux non plus, mais je trouvais que leur colère, leur scandale, allait trop loin; première perception, toute physique, de la bonne conscience des bonnes gens.

Il y a vingt ans, en pleine Libération, la peinture toujours révolutionnaire de Picasso choquait. La France, la France profonde, n'était pas mûre pour se libérer. Elle a eu, depuis, ce qu'elle méritait, et aujourd'hui multiplie les ronds de jambe devant des tableaux qu'elle voudrait bien annexer. La vague d'après-café m'avait rejoint. J'écoutais les conversations. Les oui-oui pleuvaient, comme au Référendum d'autrefois. On aimait. On prenait du recul pour admirer entre deux têtes, comme si la distance, favorable à la rigueur aux Impressionnistes, était ici nécessaire. J'entendais bien, de temps en temps, un petit rire blessé. On se reprenait aussitôt: mais ... comme disent les moutons. L'argument d'autorité prévalait. On avait bien lu: *Hommage à Picasso*.

Vingt ans après, on veut toujours comprendre. Et réduire Picasso, comme la politique, en miettes intellectuelles. La culture est donc toujours aussi bourgeoise. Qu'est-ce qu'il a voulu dire, qu'est-ce qu'il a voulu faire? Pour qu'on sache, qu'on puisse consommer. Un guide, jeune et le verbe sonore, expliquait tout, et derrière lui une petite foule se pâmait. «suivez ce cerne, remarquez cette statuette nègre, peinte dans le coin...» Entre deux anecdotes il vous découpait Picasso en rondelles. On oubliait avec bonheur la peinture pour l'objet peint, la chose prévalait sur le geste. On voulait aimer, et que Picasso fût. Ceci, cela, et autre chose encore, mais réductible à une histoire, à une personnalité, à n'importe quoi, mais à de l'Art.

J'ai de la chance. Malgré toutes les expositions où m'a traîné un frère bien intentionné, je n'ai pas encore réussi à perdre de vue les gestes, l'acte, qu'il s'agisse de peinture, de sculpture, d'architecture, ou d'écriture. Tout jeune, je regardais comment c'était fait, et je me moquais bien des écoles, et des messages, et des techniques savamment expliquées. Je me sentais par principe capable d'en faire autant, et ils m'embêtaient tous, avec leur inspiration, leur génie et leurs artistes! Je me suis retenu de couper la parole au guide patenté pour secouer un peu ce public. Un remous dans l'Hommage, voilà qui aurait été sain. C'est vrai: Les gens reçoivent les œuvres comme des évidences ou comme de la bouillie. Que font-ils de leurs mains? Incapables de voir l'acte, les hésitations, les redites, les ratures, l'essai, le ratage, bref, le possible, ce qu'il y a de sincère dans un acte, au-delà du beau et du laid, des lois de la bonne forme et des mythes. Spectateurs, spectateurs, indéfiniment. Seront-ils jamais fraternels?

Fraternels, chez Picasso, c'était le lieu de l'être. Picasso, le premier qui, avec quelques surréalistes, ait *fait* des tableaux, qui ait été un ouvrier de la peinture, incertain de son objet mais pas de son désir. Qu'on aille au spectacle chez Vermeer, je veux bien: l'acte est poliment effacé, le peintre vous tire sa référence,[1] admirez messieurs mesdames comme c'est bien fait. Mais Picasso, c'est fait tout court. Le tableau est un tableau possible, non un tableau certain. Un élan, non une photographie, qui m'est offert, pas donné, pas jeté en pâture, offert pour que j'en joue, et que j'en fasse autant, si je peux, dans mes registres, pour que nous en fassions tous autant.

Ce n'est pas toujours juste: il arrive que Picasso soit un peintre comme les autres, c'est-à-dire un autre. Personne ne s'y trompe, alors: ce Picasso-sage n'est pas notre Picasso. Notre Picasso qui peint comme d'autres cousent ou forgent: son adhésion au Parti

---

[1] *vous tire sa référence* L'auteur fait un jeu de mots en changeant une lettre de l'expression: «tirer sa révérence.»

n'est pas celle d'un intellectuel, c'est une adhésion de cœur. Ouvrier: l'objet n'est pas le but, mais on fait comme si. On est ailleurs, toujours ailleurs, chaque œuvre est un rebond. J'ai quitté l'exposition sur un nouveau coq: entre deux personnes assises, un petit coq dressé, follement coq, espièglement coq, et tricolore par surcroît. J'ai lu: 1966. Hier. Tant pis pour les hommages et les queues de grandes exclusivités. Vive Picasso!

J.-P. LAMBERT *Le coq* (*L'exposition Picasso*) in *Esprit*, février 1967 pp. 392–394

INTELLIGENCE DU TEXTE

1 Pourquoi, en voyant la queue devant les portes de l'exposition Picasso, l'auteur pense-t-il à «l'éternelle queue de la Place Rouge»?

2 Sous quels rapports l'attitude du public envers Picasso a-t-elle changé en vingt ans?

3 «La culture est donc toujours aussi bourgeoise.» Que veut dire l'auteur ici par le mot «bourgeoise»?

4 Pourquoi les efforts pour analyser, pour décrire et pour juger les œuvres d'art, paraissent-ils à l'auteur si nuisibles?

5 Qu'est-ce qui l'ennuie chez Vermeer, et qu'il ne trouve pas chez Picasso?

6 Comment l'auteur reconnaît-il qu'une œuvre est faite «de cœur»?

4 UNE CULTURE POPULAIRE VIVANTE: UN CENTRE RÉGIONAL

Parfois à l'échelle d'une région assez vaste, un centre culturel a la chance de pouvoir rayonner. C'est le rôle que devraient jouer en France de futures Maisons de la Culture;[1] c'est déja celui que jouent la plupart de nos Centres d'Art dramatique.[2]

À voir comment Roger Planchon a créé le centre du *Théâtre de*

---

[1] *Les Maisons de la Culture* Dans le cadre du IVe Plan (1961–65), le Ministère d'État chargé des Affaires culturelles (dont le Ministre était, de 1959 à 1969, M. André Malraux) définit à l'échelon national une politique d'action culturelle. Le principe en est la décentralisation culturelle; sa réalisation pratique, la construction projetée de 21 Maisons de la Culture régionales. Ces Maisons (dont moins de dix sont jusqu'à présent achevées) seront bâties à frais communs par l'État et la municipalité concernée, et doivent comprendre deux salles de spectacle, des salles de conférences, de réunions et de concerts, une bibliothèque, une discothèque, un hall d'exposition, une cafétéria.

[2] *Les Centres d'Art dramatique* Créés par suite de l'initiative du Secrétariat d'État aux Beaux Arts, à partir de 1947. Des subventions «d'incitation» furent offertes, mais on laissa à des directeurs ambitieux et enthousiastes un très large esprit d'initiative. Il existe maintenant 23 de ces centres.

la Cité à Villeurbanne on aperçoit quelle somme d'ingéniosité est nécessaire pour animer toute une région! Il ne s'agit pas seulement de «faire du théâtre»; il s'agit de créer une vie culturelle, là où on ne trouvait que le vide. Planchon remarquait que 70% des habitants de l'agglomération lyonnaise n'étaient jamais entrés dans un théâtre!

Le choix du répertoire ne lui apparaît pas comme le problème primordial: «Le théâtre populaire appartient davantage au domaine administratif qu'au domaine artistique,» a dit Planchon. Cet apparent paradoxe est facilement expliqué: «La première tâche est de faire venir ce public neuf dans la salle.» Et c'est alors que le rôle culturel du Centre dramatique prend tout son sens.

Planchon suscita la création d'une association: *Le Centre d'information culturelle de Lyon-Villeurbanne.* Il sut créer une équipe, gagner la sympathie et l'aide efficace des syndicats, des comités d'entreprise, des associations familiales, et même du patronat! Il put aussi compter sur des relais naturels qui lui permirent de toucher «les gens». En moins de six mois, 75 entreprises et groupements lyonnais adhéraient au Centre!

Il réalisa alors 28 expositions qui tournèrent dans les différentes usines de la région lyonnaise (Saint-Gobain, Câbles de Lyon, Gendron, Ciba, Berliet, Delle, Rhodiacéta, Rhône-Poulenc, Electrochimie, etc.). Il fit distribuer 80000 questionnaires, 85000 tracts, 20000 dépliants, 10000 affichettes. Il put organiser des débats publics, des conférences. Il diffusa des informations sur les activités du *Théâtre de la Cité* dans 150 entreprises.

Finalement, le *Théâtre de la Cité* établit un réseau de cars facilitant l'accès au théâtre et édita un journal, *Cité-Panorama,* assurant le lien entre théâtre et public.

Dans ces conditions, le *Théâtre de la Cité* pouvait fonctionner et jouer, avec le succès que l'on sait, Shakespeare, Brecht, Marivaux, Dumas, etc.

On est frappé par les qualités méthodiques d'organisateur de Planchon et de son équipe; sans cela, il n'aurait pas été possible de jouer *La bonne âme de Sé-Tchouan* de Bertolt Brecht trente fois devant 30000 spectateurs. Comme le dit Planchon: «Le problème de notre époque c'est d'organiser la diffusion de la culture et, du même coup, on créera la culture. Le théâtre est un privilège à partager pour qu'il n'y ait plus de privilège.»

Ce succès de Planchon, qui a réussi à animer toute une région (parce qu'il *a aussi* pensé aux cars ramenant les gens chez eux), on peut le retrouver dans la plupart de nos centres dramatiques comme celui de Jean Dasté à Saint-Étienne, d'Hubert Gignoux à

Strasbourg, etc. Sans oublier l'admirable travail de Jean Vilar à la tête du T.N.P. de Paris dans un contexte tout différent. Ces centres sont encore trop rares. La plupart ont besoin, pour vivre, d'une aide financière qui reste très chichement mesurée.

Ils ont besoin aussi du soutien des organisations populaires. Elles ne doivent pas le leur marchander. Aucune troupe d'amateurs, si bien intentionnés soient-ils, ne pourra remplacer la vie culturelle qui naît d'un centre théâtral de professionnels. Lorsqu'une ville, une région, a la chance de voir naître un authentique théâtre populaire comme celui-là, les organisations syndicales, culturelles et familiales se doivent de l'aider.

JACQUES CHARPENTREAU et RENÉ KAËS *La culture populaire en France* Édns Ouvrières, 1962 pp. 113–114

INTELLIGENCE DU TEXTE

1 Quel est le problème primordial qui se posa à Roger Planchon, lors de la création du Théâtre de la Cité à Villeurbanne?
2 Pourquoi trouva-t-il nécessaire de créer le *Centre d'information culturelle*?
3 Quel avantage y avait-il à diffuser des informations dans les entreprises industrielles et commerciales?
4 Pour la réussite de sa tentative, quel aspect de son administration était, pensez-vous, le plus important?

5 LE MONDE DU LIVRE

Le milieu littéraire

Ce qui frappe d'abord: son extraordinaire concentration géographique et sociale. Il existe en France, qui pèse sur toute notre vie littéraire, un phénomène inconnu dans les autres grandes capitales. New York, Londres, Milan (ne parlons pas de Rome) ignorent le *milieu* littéraire. Ecrivains et techniciens du livre, ailleurs, ne subissent pas la terrible loi de la centralisation française. Tous les éditeurs sont installés à Paris, et même, presque tous, dans trois arrondissements de Paris. Toutes les grandes revues également, à l'exception des *Cahiers du Sud*.[1] Les critiques influents exercent leur magistère dans les feuilles parisiennes. Les écrivains eux-mêmes ont subi cette attraction impitoyable. Une enquête portant sur 170 auteurs contemporains d'expression française (28 morts et 142 vivants), révèle que si 55 sont nés à Paris, 16

---

[1] *Les Cahiers du Sud* Revue littéraire, maintenant disparue, publiée à Marseille.

seulement en vivent résolument éloignés (ne considérons pas une maison de weekend à Montfort-l'Amaury comme un «éloignement résolu» . . .). Cause ou conséquence de cette concentration: c'est à Paris que s'est créé un marché du travail parallèle, un marché du «second métier», indispensable à l'écrivain français à qui, si souvent, ses seules ressources littéraires ne permettent pas de vivre. De sorte que les nécessités du pain quotidien doublent et renforcent les nécessités (supposées) de la réputation. Il faut être là. Il faut *en* être. La gloire aussi bien que les sinécures attendent l'écrivain à Paris.

Tout le monde, dans cette petite république, se connaît. Antagonismes politiques, choix d'école, mœurs sexuelles inconciliables: tout ce qui pourrait séparer est moins fort que ce qui unit. Et ce qui unit, c'est la volonté et la nécessité d'être ensemble, de bavarder, de boire, de sortir, d'aller à la campagne, de partir en vacances, de déjeuner, de murmurer *ensemble*. Peu à peu, pour ceux qui subissent passivement cette situation, se substitue à une vue large et normale du monde une vue-miroir, incroyablement spécieuse et étroite. Habitudes, modèles, inspirations, répugnances: tout est bientôt puisé dans le fond commun. C'est—nous retrouvons les comparaisons parlementaires, si justes ici—la république des camarades, la «maison sans fenêtres.»[1] Éditeurs, grands libraires, journalistes, échotiers sont entraînés dans cette ronde. Un quartier, quelques lieux de villégiature, des restaurants et des bars, un étroit secteur de la vie mondaine servent de cadre à une vie tout artificielle. La réalité et l'illusion de la notoriété sont là; la réalité et l'illusion du talent. . . Il serait facile de dénoncer une situation entièrement néfaste; il serait non moins facile de glorifier un état de fait heureux et fécond; mais le vrai et le faux, l'utile et le dangereux sont inextricablement mêlés, noués, inséparables.

Les prix littéraires

Ils apparaissent comme un phénomène *superposé* à la vie littéraire entendue dans son sens profond. Leur importance n'est qu'indirecte: ils ont modifié, par contrecoup, la production littéraire elle-même, la psychologie des éditeurs, peut-être celle de certains écrivains. Ce sont des raisons économiques, financières, qui sont à l'origine de ce désordre, plus encore que des raisons «mythologiques».

Pour l'écrivain, le domaine des grands Prix (Goncourt, Renaudot,

[1] *La république des camarades* Titre d'un livre de Robert de Jouvenel.
La maison sans fenêtres Titre d'un livre des auteurs américains C. Melnik et N. Leites: *The house without windows.*

Femina, Interallié) est d'abord *un domaine de la justice rendue*. Du moins voit-il parfois les choses ainsi. Il est généralement reconnu que l'écrivain, s'il ne développe pas en lui les dons de l'affairiste au détriment des dons du créateur, n'atteint pas à la richesse, ni même à la grande aisance, par ses seuls profits littéraires. On évoque avec nostalgie le romancier américain dont une nouvelle publiée dans *Esquire* ou le *New Yorker* vaut au moins deux ou trois mille dollars. . . D'où le sentiment, lorsqu'un romancier gagne grâce à un Prix de 8 à 20 ou 30 millions, que justice est enfin faite à un éternel brimé. Le succès du mois de décembre représente également une revanche, éphémère mais bruyante, sur l'obscurité où vit l'écrivain. C'est la conquête de la première page des journaux. Mais, surtout, l'obtention d'un grand Prix peut représenter plusieurs années de sécurité matérielle, de loisir pour le travail, etc. Comment les psychologies ne subiraient-elles pas l'attrait de tant de bienfaits?

C'est pour l'éditeur que les conséquences du phénomène des Prix sont véritablement importantes. Elles ont, ici, une influence réelle sur la création, car, entre les prix et leur fascination sur l'écrivain, l'éditeur est devenu l'intermédiaire, le vrai responsable. S'il y a accélération, c'est parce que lui, éditeur, a accéléré le rythme de l'évolution. L'éditeur a affecté tout le phénomène des Prix d'une espèce de coéfficient d'aggravation. L'obtention d'un Prix par un de ses auteurs représente pour l'éditeur une telle aubaine qu'il s'est habitué à faire figurer celle-ci—c'est-à-dire l'imprévisible—dans ses prévisions de budget. Nous exagérons à peine. L'apport de millions, de publicité, de bruit que déclenche un Prix, entre, pour certains éditeurs, dans ce calcul conscient ou non, dans le pari sur l'avenir qu'est l'acte d'éditer. La chance, le hasard deviennent des éléments d'équilibre d'une affaire; et la gestion de celle-ci, à la longue, dans certains cas, ne résisterait pas si le pactole espéré tardait trop à venir. . . Les Prix constituant une loterie, l'éditeur ne se contente pas de prendre des billets, il se met peu à peu dans la situation où *il faut* que le gros lot lui échoie de temps en temps. Entre ce que le coup de chance représente de soudaine facilité, d'argent, et la lente, difficile maturation d'une politique littéraire, la disproportion est si grande que l'on conçoit comment les imaginations se troublent. À nous en tenir à ce versant du problème—car l'effraction littéraire de décembre bouleverse aussi le public. . .—nous devinons comment les Prix, mal distribués, mal considérés par les candidats et leurs éditeurs, peuvent ruiner peu à peu la moralité littéraire. Nous entendons aussi bien moralité de la création que de l'édition.

Il reste que les Prix sont quelquefois bien décernés et que certains éditeurs les traitent avec la distance nécessaire. Il reste également qu'ils apportent aux Lettres le bénéfice d'une publicité, d'une brusque mise en lumière dont profite toute la littérature. Ils n'en ont pas moins suscité, dans la complicité de presque tous les intéressés, une situation littérairement dangereuse. Voyons de quelle façon.

Invasion et règne du roman

Que couronnent les Prix de fin d'année? Des romans. En foi de quoi toute la France écrit, tous les éditeurs publient des romans. Un roman, c'est un des quelque trois cents billets de la grande loterie. Il s'agit donc de fabriquer, d'acheter, d'imprimer des billets. Il se trouve, accessoirement, que le roman, par sa plasticité, par l'extrême indulgence avec laquelle on le laisse contenir n'importe quoi n'importe comment, est devenu le genre privilégié de notre temps. Entre cette vérité—qui est d'ordre littéraire—les réalités—qui sont économiques—et les divers éléments mythologiques qui entrent en jeu, avouons qu'il y a de quoi écraser toute autre forme de littérature.

Des nouvelles, un essai, un texte autobiographique avoué? Au nouveau venu qui soumettra un de ces monstres à l'éditeur, la tentation sera grande de répondre: «C'est très bon, vous êtes doué, mais pourquoi n'écrivez-vous pas plutôt un roman?...» Cette réponse, on la connaît, on l'attend, elle est dans l'air du temps; proférée ou pas, elle use ou incline lentement toute imagination créatrice. Les années passeront, qui rétabliront les hiérarchies, réhabiliteront, effaceront? Certes. Mais mesure-t-on exactement le pouvoir stérilisant de cette loi du marché?

Voici un ordre de grandeur des tirages que peuvent espérer atteindre les lauréats:

Goncourt : de 100 à 350000 exemplaires
Femina : de 60 à 150000 exemplaires
Renaudot : environ 75 000 exemplaires
Interallié : id.

Les droits d'auteur sont de 10 à 15% du prix de vente du volume, et celui-ci varie de 700 à 1500 francs environ!

FRANÇOIS NOURISSIER *Le monde du livre* in *Écrivains d'aujourd'hui, 1940–1960: Dictionnaire anthologique et critique* (Dir. Bernard Pingaud) Grasset 1960 pp. 32–33; 34–36

INTELLIGENCE DU TEXTE

1 Quels sont les éléments caractéristiques du «milieu littéraire» qui se trouve concentré à Paris?

2 Le fait que tous les auteurs se connaissent bien crée-t-il une situation entièrement nuisible?

3 Que représente, pour les écrivains, l'espoir d'obtenir un des grands prix littéraires?

4 Pourquoi est-ce sur l'éditeur que le phénomène des Prix a la plus grande influence?

5 Comment l'éditeur réussit-il à se mettre dans une situation telle qu'il faille que le gros lot lui échoie de temps en temps?

6 Pourquoi le roman est-il devenu, d'après cette analyse, le genre privilégié de notre temps?

6 LE DICTIONNAIRE DE L'ACADÉMIE FRANÇAISE

[a]

C'est un monument dont on parle beaucoup mais qu'on ne voit jamais. On connaît le Larousse, on connaît le Littré, on connaît le Robert, mais qui a jamais utilisé le Dictionnaire de l'Académie française? À cela une explication bien simple. Depuis trois siècles, le Dictionnaire de l'Académie française n'a guère plus de huit éditions. La première date du 24 août 1694. Elle est d'ailleurs parfaitement inutilisable sauf par les spécialistes car les mots y sont classés par racine. Il a fallu attendre le 28 juin 1718 pour obtenir la seconde édition. Finalement, la dernière a été éditée par Hachette en 1933 et elle est depuis longtemps épuisée.

Nos académiciens sont très, très lents. En 32 ans, ils ont tout juste eu le temps d'étudier trois lettres. André Maurois a un souvenir très précis à ce sujet-là. «J'ai quitté,» dit-il, «l'Académie en 1939, au mot 'agresser'. Je l'ai retrouvée en 1946 au mot 'ardeur'. . .»

Une «bonne journée bien remplie», pour un académicien signifie que l'on a avancé de quatre mots. Or on ne se retrouve pas tous les jours, on se réunit tous les jeudis. Tous les jeudis, à 16h 30, un comité secret se réunit quai Conti: c'est la Commission du Dictionnaire de l'Académie française. Cette commission est constituée de huit académiciens: Maurice Genevoix, Jules Romains, André-François Poncet, le duc de Levis-Mirepoix, André Chamson, Jacques Chastenet, Maurice Garçon et Jean Guéhenno.

Il est clair que ce sont les «Sages» qui ont été choisis pour faire le gros du travail qui doit aboutir au Dictionnaire. Leur réunion se tient juste après la séance plénière de l'Académie. Ils étudient quelques mots chaque jeudi, arrêtant des définitions qui, la semaine suivante, seront adoptées ou rejetées par l'ensemble de leurs collègues. En principe, les membres de la Commission du Dictionnaire sont élus pour un an. En réalité, lorsqu'ils sont désignés c'est pour la vie.

Les académiciens perçoivent 300F par mois; les membres de la Commission perçoivent aussi un supplément de 12,50F. Heureusement pour eux, ils bénéficient d'autres revenus. Le Dictionnaire coûte donc à l'État une somme assez modeste, mais il ne faut pas oublier qu'il faut au moins un siècle et demi pour venir à bout de l'ouvrage. Au rythme actuel, il faudrait attendre l'an 2085 pour avoir la possibilité d'avoir dans sa bibliothèque le Dictionnaire complet de l'Académie française. Autrement dit ce plaisir ne sera accordé qu'aux petits-enfants de nos petits-enfants. Soit. Mais en bénéficieront-ils vraiment? La langue française est heureusement une langue bien vivante, et d'ici là des milliers de mots nouveaux et de changements de signification interviendront. Alors? Ce dictionnaire ne servirait jamais à rien et ces éminents écrivains perdraient leur temps tous les jeudis. Heureusement, au secrétariat de l'Académie on envisage de publier une nouvelle édition d'ici quelques années. On reprendrait l'édition de 1933, et on l'enrichirait des modifications et des définitions nouvelles qui sont intervenues depuis.

L'Académie française tente de faire appel à chacun de ses membres en tenant compte de leur spécialité. Louis Armand se préoccupe beaucoup des mots scientifiques et techniques, Marcel Pagnol est le spécialiste des mots méditerranéens; si le mot relève de la médecine, on fait appel au professeur Pasteur Vallery-Radot, à Jean Delay pour la psychiatrie, à René Clair pour les termes spécifiques au cinéma. Pour le vocabulaire religieux, le Cardinal Tisserand et le Pasteur Bœgner sont les plus efficaces . . . Quant à Me Maurice Garçon il suit attentivement les séances consacrées à un terme juridique.

La règle des académiciens est de rester fidèle à ce qu'attendaient d'eux les neuf créateurs de l'Académie en ce qui concerne le Dictionnaire: «Il ne suffit pas d'avoir une grande et profonde connaissance des sciences, ni une facilité de parler agréablement en conversation, ni une imagination prompte, capable de beaucoup inventer; mais il faut comme un génie particulier et une lumière naturelle capable de juger ce qu'il y a de plus caché dans l'éloquence. . .»

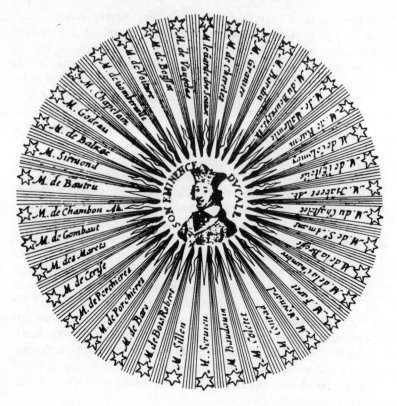

Voici l'Académie à sa fondation, sous Richelieu: les quarante étaient trente-huit.

Aussi, sciemment, par méfiance, ils acceptent les mots avec un certain retard. Des mots comme: chandail, arrivisme, ambiance, anarchisme ont été admis récemment. L'absence d'un mot dans le Dictionnaire ne signifie pas qu'il «n'est pas français», mais qu'il ne correspond ni aux besoins ni aux exigences de la langue française.

ANDRÉ HALIMI *Le Dictionnaire de l'Académie française* in *Magazine littéraire*, février 1967

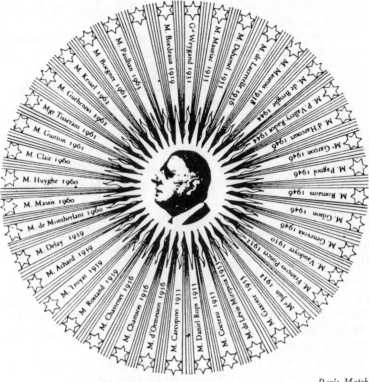

Paris Match

Et voici l'Académie sous de Gaulle: ils sont trente-neuf. Le seul siège resté vacant est celui du professeur Mondor, mort il y a un an. Après un premier vote blanc, en février, trois candidats restent en présence: Edgar Faure, Louis Armand et le doyen Binet. Nouveau scrutin en mai. Peut-être seront-ils enfin quarante ce printemps.

[b]

Mais comment se déroulent les séances du Dictionnaire? En principe, on l'a dit, elles sont secrètes. Mais André Maurois en a raconté quelques-unes avec beaucoup d'humour dans Choses Nues:

Jeudi 8 octobre 1953.
Nous sommes peu nombreux. Ce bel automne retient au loin les campagnards. **Blanc.** L'édition précédente donnait cette définition:

«Qui est de la couleur de la neige, du lait. . .» Louis de Broglie rappelle doucement:

— Blanc, ce n'est pas une couleur, c'est un aspect de la couleur.

— A Paris, dit Claudel, le lait est bleu.

— Et dans les fermes, dis-je, il est jaune.

— Effaçons le lait et laissons la neige, qui n'est pas discutée.

— Hé! Hé! *La Neige était sale. . .*

Louis de Broglie est prié d'apporter une définition à la séance suivante.[1]

Jeudi 4 février 1954

Blond. Nos prédécesseurs avaient donné cette définition: «Qui est d'une couleur moyenne, entre le doré et le châtain clair.» Claudel grogne:

— Entre le *jaune* et le châtain clair.

Protestations. Aucune blonde n'aimerait qu'on lui dît qu'elle a les cheveux jaunes. Enfin la compagnie trouve un compromis: «Entre le jaune doré et le châtain clair.»

Jeudi 13 décembre 1956

Le travail marche bon train pendant la plus grande partie de la séance, puis, soudain, vif accrochage sur le mot «**brute**». Nos prédécesseurs l'avaient défini: «Animal privé de raison.» Des mains se lèvent.

— Monsieur le Directeur, tous les animaux sont privés de raison. . . Voir Descartes: théorie de l'animal-machine.

— Mon cher confrère, nous sommes ici pour faire un diction-naire et non pour prendre des positions métaphysiques. Que dit Littré?

Maurice Garçon ouvre Littré, qui trône sur la table centrale.

— «**Brute**: l'animal dans ce qu'il a de plus éloigné de l'homme.» Tempête désapprobative:

— Trop long. . . mal écrit. . . obscur. . .

— Le mot «**brute**», rappelle Jean Cocteau, s'applique beaucoup plus aux hommes qu'aux animaux. On dit: «Ce toréador est une brute.» On ne dit pas: «Ce taureau est une brute.»

— Parce que c'est évident!. . . Définissons «**brute**»: «Créature privée de raison. . .» Cela couvre les brutes humaines comme les brutes animales.

— Ah! cette fois, mon cher confrère, nous voici de nouveau en pleine métaphysique. . . Créature!. . . Mais y a-t-il eu création? L'Académie n'a pas à prendre position là-dessus.

---

[1] . . . *à la séance suivante* Le célèbre physicien appliqua la définition suivante: «qui est la couleur formée par la réunion de toutes celles du spectre solaire.»

On discute encore dix minutes, puis le mot est renvoyé à quinzaine. On ne peut résoudre à la légère de tels problèmes.

Jeudi 5 mai 1960
Séance de dictionnaire, semée de difficultés. «**Cela** se rapporte à ce qui précède, **ceci** à ce qui suit,» disait l'édition précédente. François-Poncet enchaîne:

— **Ceci** posé, nous concluons que...
Et il n'a pas tort.

Puis vient le problème de **c'est** suivi d'un pluriel: «**C'est**, ou **ce sont** des erreurs...» Quelques-uns s'indignent:

— «*C'est des erreurs*» est abominable!

Voici pourtant de grands exemples: «Qui racontera ces détails si je ne les révèle? Ce n'est pas les journaux» (CHATEAUBRIAND). —«C'est eux qui ont bâti ces douze palais» (BOSSUET). Et le peuple français dit volontiers: «C'est des méchants... C'est des menteries.»

— «Affreux» disent certains de nos confrères. Je ne suis pas de leur avis. Cette dissonance me plaît. Elle rejette ce pluriel à un mépris singulier.

— Quel est ce ramassis de canailles?
— C'est des méchants.

ANDRÉ MAUROIS *Choses nues* (*Chroniques*) NRF Gallimard, 1963 pp. 167–169; p. 176

INTELLIGENCE DU TEXTE

1 Pourquoi le rythme d'avancement du Dictionnaire est-il si lent?
2 Comment se fait-il que le Dictionnaire risque de ne servir jamais à rien?
3 «Il faut comme un génie particulier et une lumière naturelle capable de juger ce qu'il y a de plus caché dans l'éloquence.» Expliquez cette opinion, et essayez de définir la conception de la langue, et du rôle du Dictionnaire, qui en résulte.
4 Pourquoi les Académiciens n'acceptent-ils les mots nouveaux qu'avec un certain retard?
5 Analysez les discussions racontées par André Maurois, à la lumière de la conception du rôle du Dictionnaire que vous venez de discuter (question 3). Quelle est la nature des difficultés rencontrées, et des solutions apportées?

7 TEXTE POUR LA TRADUCTION

The winner of the Goncourt Prize is a woman
On Goncourt Prize day all Paris simmers with excitement. It is the

biggest literary event of the year, and although carrying little money, represents enormous prestige. Over the years it has acquired a ritual and a mystique. Taxi drivers, the dour lady in charge of the lavatories, students and bankers all participate passionately. Outside Drouant, the restaurant where by tradition the jury meet to vote and feast, a dense crowd collects. Frenzy mounts as agitated police battle to calm over-boiling reporters and T.V. vans weave tangles of electric cables.

This year's choice, *Oublier Palerme* aroused particular emotion; the author, Mme Edmonde Charles-Roux, until recently editor-in-chief of the French Vogue, is one of the best known figures of the Paris scene. Only five women have won the Goncourt; the jury's decision caught both author and publisher unprepared and there were not enough copies to meet the sudden demand. In the last lap this dark horse or outsider, for so she seemed, in spite of some enthusiastic reviews in widely divergent papers, crept up almost unperceived.

. . . In her apartment, converted from the servant quarters of an *Hôtel particulier* near the Seine, everything is as ordered as a French housewife's linen cupboard; but there is an efficient maid in the background too. After disconnecting the telephone she orders black coffee. 'Not much sleep last night—and tonight I've got a late T.V. to do. Put me out something suitable. Nothing fussy—the pink Chanel perhaps.' Such mechanics delegated she returns to opening her telegrams. One is from the King of Morocco, a friend since childhood. Another, in Cassius Clay terms, says, 'Bravo, you got them in the last round!' This is from the son of her plumber in the Normandy village where she has a week-end cottage. 'We're with you solid', wired the carpenter's family. These messages confirm Edmonde Charles-Roux's belief that literature—the written word—is still important to many people.

LESLEY BLANCH *The winner of the Goncourt Prize is a woman* in *The Sunday Times*, 27 November 1966

EXERCICES GÉNÉRAUX

Version: Brassens repart en guerre
Traduisez en anglais la première partie du récit, jusqu'à: «. . . n'eut jamais en quinze ans.»

Résumé: Le monde du livre
«*Les prix littéraires:* Ils apparaissent comme un phénomène superposé . . . aussi bien moralité de la création que de l'édition.»
Faites un résumé de cette partie du texte, en 200–250 mots.

Exercice de transformation de structure
Tout en gardant le sens, refaites chaque phrase en employant, *comme début*, l'expression indiquée. Il sera nécessaire de transformer certains éléments de la structure.

Exemple: Il faut au moins un siècle et demi pour venir à bout de l'ouvrage.

L'ouvrage ne sera pas terminé . . .

L'ouvrage ne sera pas terminé *avant au moins un siècle et demi.*

1 Il faut au moins un siècle et demi pour venir à bout de l'ouvrage. On ne viendra pas. . . .

2 Ce plaisir ne sera accordé qu'aux petits-enfants de nos petits-enfants. Ce seront . . .

3 Ce dictionnaire ne servirait jamais à rien et ces éminents écrivains perdraient leur temps tous les jeudis.
Il semblerait que . . .

4 Il a fallu attendre le 28 juin 1718 pour obtenir la seconde édition.
La seconde édition . . .

5 70% des habitants de l'agglomération lyonnaise n'étaient jamais entrés dans le théâtre.
Il n'y avait que . . .

6 Aucune troupe d'amateurs, si bien intentionnés soient-ils, ne pourra remplacer la vie culturelle qui naît d'un centre théâtral de professionnels.
Un centre théâtral de professionnels . . .

7 La plupart des théâtres ont besoin, pour vivre, d'une aide financière qui reste très chichement mesurée.
L'aide financière . . .

8 Il existe à Paris un phénomène inconnu dans les autres grandes capitales.
Aucune grande capitale . . .

9 Les Prix apportent aux Lettres le bénéfice d'une publicité dont profite toute la littérature.
Toute la littérature . . .

10 L'écrivain n'atteint pas à la richesse par ses seuls profits littéraires.
Les profits littéraires . . .

Sujets de réflexion, de discussion ou d'essai

1 Comment juger d'un niveau de culture? Acceptez-vous les critères adoptés par Michel Crozier pour son enquête?

2 Les artistes devraient-ils s'engager dans la vie publique, et faire connaître leurs opinions politiques? Considérez le cas de quelques artistes célèbres: Hugo, Sartre, Gide, Malraux . . .

3 Dans ce recueil de textes, mention est faite du besoin d'une aide financière accordée aux activités culturelles. Vous semble-t-il justifié que l'État aide les activités d'une minorité?

4 L'aspect commercial de l'art (problèmes du marché, de la distribution) tend-il à dévaloriser et à souiller l'art lui-même?

5 «Mon cher confrère, nous sommes ici pour faire un dictionnaire et non pour prendre des positions métaphysiques.» Pourquoi est-ce si difficile de séparer les deux activités?

6 *Baccalauréat, juin 1967: Épreuve de français.* Voici un des sujets proposés aux candidats:

«Le langage ne sert-il qu'à exprimer la pensée ou intervient-il déjà dans sa formation?»

Cette question vous aide-t-elle à aborder notre question 5?

DEUXIÈME PARTIE

La vie politique

À qui le pouvoir suprême?

1 LA RÉPUBLIQUE MODERNE

Constatant qu'aux dernières séances de l'Assemblée Nationale, sur le débat agricole et sur l'examen du budget, neuf députés sur dix étaient absents aux séances et quatre sur cinq absents des commissions,[1] M. Viansson-Ponté, dans *Le Monde*, se pose, et nous pose, cette question: «Après six ans d'abaissement croissant de l'institution parlementaire, on peut se demander s'il ne sonne pas le glas du régime représentatif dans notre pays.» La question n'est pas seulement française.

Quand M. Krouchtchev est remplacé par deux successeurs se partageant ses responsabilités, MM. Brejnev et Kossyguine, personne ne croit sérieusement que l'arrangement durera. On attend seulement que l'un des deux, ou un troisième, prenne

---

[1] *commission* Les commissions examinent les projets de lois (présentés par le gouvernement) et les propositions de lois (présentées par les députés). Elles rédigent des rapports ou émettent des avis sur ces textes.

de nouveau tout le pouvoir exécutif. Le tandem dit «B. et K.» rappelle celui d'il y a dix ans avec «K. et B.» (Boulganine) qui fut toujours un peu ridicule jusqu'au moment où il cessa d'être un tandem.

Quand M. Harold Wilson fait, pour la première fois dans l'histoire de l'Angleterre contemporaine, une campagne apparemment législative (pour élire 630 députés) entièrement et uniquement sur son programme et sa personne, ce n'est pas par mégalomanie, mais par souci de répondre au désir profond de l'opinion: choisir un homme plutôt qu'une académie.

Il ne gagne que par quatre sièges de majorité et l'on dit aussitôt —réflexe ancien—qu'il pourra difficilement gouverner. En moins d'une semaine, il fait la preuve du contraire. Il ne tient aucun compte du faible rapport des forces du Parlement; il est au poste de commandes, il commande, et plus il commandera, plus il sera protégé par l'opinion contre un accident parlementaire éventuel. Une dissolution suivie de nouvelles élections confirmerait avec éclat le goût, le besoin, d'un leader qui exerce vigoureusement le pouvoir sans être paralysé par les Communes. Il est tranquille; pourvu qu'il agisse.

Imagine-t-on qu'il y ait dans la «War Room» de Washington un comité qui débatte à la majorité s'il y a lieu ou non d'appuyer sur les fameux boutons de la guerre ou de la paix? Quel que soit l'homme responsable—et les derniers furent aussi divers qu'il est possible: Truman, Eisenhower, Kennedy, Johnson—ce qui rassure les Américains, et l'univers, c'est en définitive qu'il y ait un responsable.

Entre les partisans d'un régime parlementariste, d'une suprématie du Parlement, d'une Assemblée constituante, d'un retour à ce qu'on appelait—avec abus—la démocratie, et ceux qui jugent irréversibles le renforcement et la personnalisation de l'Exécutif, l'Histoire tranche chaque jour.

Certes, il y a toujours ce relent atavique, ce goût éternel du «chef» qui est vieux comme le monde. Mais aujourd'hui c'est avant tout une nécessité contraignante de la société moderne. Les puissances qui, en fait, commandent la vie des peuples sont les grandes firmes industrielles et les grands établissements financiers. C'est un lieu commun, et c'est une vérité, de constater que la General Motors, Krupp, la Standard Oil, Rothschild et tous les autres géants d'affaires font et défont, en toute liberté, en toute tranquillité, selon leurs intérêts propres, les accords, les traités, les fusions, les arrangements qui régissent en définitive notre vie quotidienne.

L'affaire Bull[1] n'a pas fini de nous enseigner les lois réelles du monde moderne.

Aussi puissant qu'apparemment il soit, le général de Gaulle n'a pas pesé lourd devant les intérêts formidables que représentent les géants internationaux de l'électronique et leurs associés financiers. La General Electric et la Banque de Paris ont laissé à de Gaulle l'illusion de l'avoir emporté, juste le temps nécessaire pour que les apparences soient à peu près sauves. Puis elles ont réglé ce problème décisif entre elles, en dehors de tout pouvoir politique.

Et le chaos automobile, dont tant de choses dépendent d'ici à 1970, qui imagine actuellement qu'il sera pris en main par les gouvernements, au mieux des intérêts des peuples concernés? La réalité c'est que Volkswagen, Fiat, Citroën vont se battre jusqu'au sang—notre sang—puis s'entendre le jour venu, non pas sur ordre politique, ni sous la pression des usagers, mais devant l'intervention d'autres géants de plus grande taille comme Ford et Chrysler.

Les nouveaux barons, les nouveaux ducs autonomes, séparatistes, hors de toute loi, sont aujourd'hui, en Occident, les maîtres de la finance et de l'industrie. Les parlements, quand ils existent, sont mis par eux en coupe réglée. Ils s'en servent comme d'un autre champ de bataille pour leurs rivalités. Le vieil instrument de progrès, le parlementarisme, est en ruine. Il n'est plus qu'un trompe-l'œil, et devient un mensonge.

Face aux barons, il faut un roi. Le problème politique de l'heure n'est plus de rêvasser sur les freins qu'il y a lieu d'imposer au chef politique élu, responsable du gouvernement d'une nation. Mais sur la réalité de son pouvoir pour qu'il puisse effectivement imposer l'intérêt public aux intérêts féodaux; sur la manière dont il doit être choisi pour que ce choix soit le meilleur, le plus démocratique, le plus éclairé possible; enfin, sur la durée de son mandat, qui doit—c'est ce qui fera la République—être rigoureusement fixe et limitée, sans exception.

J.-J. SERVAN-SCHREIBER *La République moderne* in *L'Express* no 697, 26 octobre-1 novembre 1964

INTELLIGENCE DU TEXTE

1 Pourquoi le problème de l'abaissement de l'institution parlementaire n'est-il pas seulement français?

2 Expliquez la signification de l'expression «ce relent atavique».

[1] *Bull* Société française d'électronique qui passa sous contrôle américain en 1964.

3 Quel rapport le texte établit-il entre le pouvoir politique et les grandes puissances industrielles?

4 Que veut dire l'auteur par: «Face aux barons, il faut un roi?»

2 LE PRÉSIDENT DE LA RÉPUBLIQUE

Phénomène nouveau dans la vie politique française: depuis quelques années, le président de la République a pris une place considérable, tandis que celle du Parlement diminuait. Cette place est mise en évidence par les textes constitutionnels. La Constitution de 1946 ne s'occupait du président que dans son cinquième chapitre: la constitution de 1958 s'en occupe dès le deuxième, le premier étant traditionnellement réservé à l'affirmation que la souveraineté appartient au peuple.

Sous la IVe République, le président de la République désignait le président du Conseil[1] et ne le nommait que lorsque celui-ci avait obtenu «l'investiture» de l'Assemblée. Actuellement, le président de la République nomme le Premier ministre[2] et celui-ci peut gouverner immédiatement sans attendre un vote d'approbation des députés (en fait, MM. Debré et Pompidou se sont tous deux présentés presque aussitôt devant l'Assemblée Nationale).

Le président de la République préside les Conseils des ministres, ce qui est une tradition française (dans d'autres pays, le chef de l'État n'assiste pas aux réunions du gouvernement). Même sous la IVe République où les pouvoirs du chef de l'État étaient limités, on a toujours considéré que, sans lui, le gouvernement ne pouvait tenir qu'un conseil interministériel, et non un véritable conseil des ministres. Les seules exceptions ont été enregistrées en 1964, pendant le voyage du général de Gaulle en Amérique latine et pendant son séjour à l'Hôpital Cochin: M. Pompidou a alors présidé deux conseils des ministres.

Enfin, depuis 1958, le président de la République a le droit de dissoudre l'Assemblée en toute liberté. Une seule condition: «il ne peut être procédé à une nouvelle dissolution dans l'année

---

[1] *désigner un président du Conseil* Lors d'une crise ministérielle sous la IVe République, un député était «pressenti» ou «appelé» par le président de la République, c'est-à-dire présenté à l'Assemblée comme candidat au poste de président du Conseil. Lorsque le président du Conseil ainsi «désigné» obtenait l'investiture de l'Assemblée, le président de la République le «nommait»: officiellement reconnu comme chef du gouvernement, il entrait alors en fonction.

[2] *Premier ministre* Chef du gouvernement sous la Ve République.

Article 16 Cet article de la Constitution de 1958 déclare que: «lorsque les institutions de la République, l'intégrité de son territoire ou l'exécution de ses engagements internationaux sont menacés d'une manière grave et immédiate et que le fonctionnement régulier des pouvoirs publics constitutionnels est interrompu, le Président de la République prend les mesures exigées par les circonstances, après consultation officielle du Premier Ministre, des Présidents des assemblées, ainsi que du Conseil Constitutionnel.» Cet article qui confère les pleins pouvoirs au Président de la République a été utilisé par le Général de Gaulle, pendant la guerre d'Algérie, au lendemain du putsch des généraux, le 22 avril 1961.

LE NOUVEAU JEU DE L'OIE ELECTORAL

Tous les candidats partent de la case n 1. S'ils tombent sur le n 2, ils vont directement au n 3 pour cinq ans. S'ils tombent sur le n 4, ils sautent automatiquement au n 5, puis au n 6, puis au n 7, puis au n 8. S'ils passent du n 8 au n 9, ils doivent aller au n 10, et ils y restent cinq ans. S'ils passent du n 8 au n 11, ils vont au n 12, puis au n 13. Si, du n 13, ils passent au n 14, ils vont au n 15, puis au n 16, et ils y restent cinq ans... a moins qu'ils n'utilisent une autre règle du jeu.

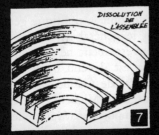

L'Express

qui suit» les élections résultant de la dissolution antérieure. Le général de Gaulle a usé de cette arme en 1962 et les électeurs lui ont donné raison puisqu'ils ont renvoyé au Palais-Bourbon une majorité très favorable à ses vues.

La Constitution donne aussi au Président un rôle important en matière de politique étrangère. Son article 52 dispose en effet que «le président de la République négocie et ratifie les traités. Il est informé de toute négociation tendant à la conclusion d'un accord international non soumis à ratification.» En appliquant à la lettre cet article, le général de Gaulle peut effectivement diriger la politique étrangère de la France.

En d'autres domaines, par contre, la constitution n'a pas été appliquée à la lettre. La popularité et la personnalité du général de Gaulle lui ont permis de tenir une place que la Constitution ne lui accordait pas totalement. Elle dit que «le gouvernement détermine et conduit la politique générale de la nation»; chacun sait qu'en fait le général de Gaulle est le véritable chef de l'exécutif. Le gouvernement ne fait qu'appliquer la politique qu'il a définie. Cela est devenu évident dès le 8 janvier 1959. Ce jour-là, le général de Gaulle étant devenu président de la République «a chargé M. Michel Debré de lui faire des propositions au sujet de la composition éventuelle du gouvernement.» Le communiqué officiel alors publié dit que M. Debré a soumis à l'approbation du général de Gaulle ses conceptions en ce qui concerne la politique générale et les noms des personnalités qui deviendraient, le cas échéant, ses collaborateurs au gouvernement.»

Une telle situation est très originale et les professeurs de droit s'échinent à la qualifier, car elle ne correspond à aucune de leurs distinctions habituelles entre les différents types de régime.

Tout le monde reconnaît cependant que l'on assiste à un phénomène de «personnalisation» du pouvoir. En fait, ce terme a deux sens. Il signifie d'abord que le pouvoir des assemblées parlementaires a diminué au profit du gouvernement, puis d'un homme qui a concentré les pouvoirs entre ses mains. Bien que la personnalité du général de Gaulle ait eu une influence déterminante, cette évolution n'est pas propre à la France; on la retrouve dans de nombreux pays. Deuxième sens: le pouvoir prend le visage d'un homme et non d'un groupe d'hommes: il semble que l'anonymat qui règne dans les sociétés industrielles ait provoqué le désir d'identifier le pouvoir à un visage connu. La télévision a évidemment contribué au phénomène. Et l'élection du Président de la République au suffrage universel va bien entendu le renforcer. Les peuples se passionnent plus volontiers pour des hommes que pour des idées ou des institutions. On peut s'en réjouir ou le regretter. Mais c'est ainsi. Reste à savoir ce qui se passera en France, avec un Président de la République n'ayant ni le prestige ni la personnalité du général de Gaulle.

JACQUES DUQUESNES *Sujet ou citoyen* Édns du Centurion pp. 120–124

INTELLIGENCE DU TEXTE

1 Pourquoi l'investiture accordée au Président du Conseil par l'Assemblée Nationale jouait-elle un rôle prépondérant sous la IVe République? S'il y a eu changement sous la Ve République, quel en est le bénéficiaire?

2 Pourquoi l'auteur qualifie-t-il d' «arme» au service du Président de la République le droit de dissoudre l'Assemblée en toute liberté?

3 Montrez comment les mots choisis par le général de Gaulle et M. Michel Debré dans leurs communiqués respectifs indiquent clairement quel est le véritable chef de l'exécutif.

4 Donnez des exemples de «personnalisation du pouvoir» dans d'autres pays que la France.

3 LE RÔLE DU PARLEMENT

Sous la IVe République, après la seconde guerre mondiale, on a vu se reproduire à bien peu de choses près l'expérience de l'entre-deux-guerres. La Constitution de 1946, malgré les efforts de ses auteurs pour tenter de renforcer le pouvoir gouvernemental, a consacré et élargi l'intervention de l'Assemblée nationale dans son établissement, en subordonnant la nomination du président du Conseil par le président de la République à un vote d'investiture jusqu'à 1954, puis ensuite à l'approbation expresse de son programme et de la composition du Gouvernement qu'il se proposait de constituer. Ainsi le pouvoir procédait-il désormais directement du Parlement devant lequel il allait être responsable. Dans la mesure où l'élaboration de sa politique échappait aux assemblées, c'était pour relever des partis politiques, qui n'étaient guère plus capables de le concevoir selon les critères de technicité et d'efficacité devenus indispensables. Les mêmes causes ont produit les mêmes effets. Faute de cohérence, faute de continuité, la politique française n'a pas été à la mesure des problèmes qu'elle aurait dû résoudre. La renaissance économique a sans doute été réalisée, mais dans le désordre financier et au prix d'une dégradation monétaire qui a supprimé une partie des effets psycho-sociologiques qu'elle aurait dû produire. Sauf dans le domaine de ses relations avec ses anciennes possessions d'outre-mer, la tendance à un certain effacement international de la France a pris la double forme de recours trop prolongés à l'aide extérieure et de la fuite en avant vers l'acceptation de formules supranationales sans doute prématurées. Le régime s'est écroulé lorsque les secousses de la décolonisation ont montré que l'opinion avait perdu confiance en ses principes, en ses institutions, et souvent en ses hommes; les votes des Assemblées, en juin 1958, ont dû consacrer cet écroulement.

Les tâches d'aujourd'hui

La Vᵉ République n'en comporte pas moins un Parlement. Mais, quelle que soit la peine qu'éprouve une partie de ses membres à l'admettre, ce Parlement n'est plus souverain. Ce n'est plus de lui que procède le pouvoir. Sa tâche n'est plus de le faire naître et de le remplacer périodiquement, comme il en avait pris l'habitude sous la IIIᵉ et la IVᵉ Républiques, et comme il a long-temps espéré qu'il lui serait possible de recommencer à le faire, une fois fermée la parenthèse des traumatismes dûs aux deux conflits mondiaux. Son rôle peut et doit cependant être important: rien ne serait plus faux que de le tenir pour le vestige d'une époque révolue, appelé par la force des choses à végéter misérable-ment en attendant de périr par atrophie.

Les assemblées élues, dans le monde d'aujourd'hui, sont inaptes à définir et à orienter elles-mêmes la politique suivie par le pouvoir. Trop de considérations techniques entrent en jeu, à l'égard desquelles la compétence des membres du Parlement ne peut se comparer, sinon à celle des ministres, du moins à celle de leurs services. La complexité de la société moderne fait qu'il n'est guère possible d'isoler certains domaines dans lesquels l'initiative parlementaire pourrait encore s'exercer pleinement.

Mais un contrôle de la politique gouvernementale n'en est pas moins indispensable, dans l'intérêt même de son efficacité. Les techniciens peuvent se tromper, comme les autres hommes, et parfois s'obstiner dans une voie mal choisie; les débats du Parle-ment, notamment la discussion du budget, présentent un avantage irremplaçable: ils obligent les ministres à répondre à des critiques, ils leur font ainsi connaître les erreurs et mesurer les échecs de l'administration; ils doivent les aider à exercer véritablement la direction de leurs services. Il est rare qu'au cours d'une discussion parlementaire, une solution pleinement satisfaisante d'un problème soit proposée par les orateurs au ministre. Mais il est fréquent que l'attention de celui-ci soit attirée sur les inconvénients des mesures engagées ou envisagées par les techniciens de son département. Le Parlement, interprète de l'opinion, élu par les usagers des services publics, a son rôle à jouer dans l'impulsion qui doit être donnée à ceux-ci et nul ne peut le remplacer dans ce rôle.

F. GOGUEL, A. GROSSER *La Politique en France* Armand Colin pp. 170–171

INTELLIGENCE DU TEXTE

1 Expliquez la phrase «Ainsi le pouvoir procédait-il désormais directement du Parlement devant lequel il allait être responsable.» Quels sont les mécanismes qui facilitent la subordination de fait du pouvoir exécutif au pouvoir législatif?
2 En vous servant des arguments avancés par F. Goguel au troisième paragraphe du texte, expliquez pourquoi et les partis politiques et les assemblées élues de nos jours sont inaptes à guider efficacement la politique suivie par le pouvoir.
3 Quels résultats «la faute de cohérence et de continuité de la politique française» a-t-elle eus?
4 Pourquoi le Parlement de la Ve République n'est-il plus souverain?
5 Quel rôle le Parlement doit-il jouer de nos jours?

4 LE GAULLISME ET LA DÉMOCRATIE

Débat entre Michel Debré et Pierre Mendès-France

M. DEBRÉ[1] Je ne résumerai pas la Constitution de 1958 et son complément de 1962. Ce que je veux dire, c'est l'esprit de la réforme. Quelle est la tendance qui a fait que la République

---

[1] *Michel Debré* Rejoint la Résistance en 1942, après avoir échappé aux Allemands qui l'avaient fait prisonnier. Membre de l'entourage du Général de Gaulle à la Libération, il fait partie du R.P.F. dès sa création en 1947. Élu sénateur d'Indre et Loire en 1948, il se fait remarquer par la vigueur de ses attaques contre le système parlementaire tel qu'il se pratique sous la IVe République. Nommé Garde des Sceaux par le Général de Gaulle en 1958, il sera le principal auteur de la Constitution de la Ve République. Le Général de Gaulle le choisit comme Premier ministre en janvier 1959 et il le restera jusqu'en avril 1962, date à laquelle il est remplacé par M. Georges Pompidou. Successivement Ministre de l'Économie et des Finances du gouvernement Pompidou, puis Ministre des Affaires étrangères du gouvernement Couve de Murville, il est actuellement Ministre de la Défense nationale du gouvernement Chaban-Delmas.

No. 5 est fondamentalement différente, non seulement de la IVe mais également de la IIIe?

La différence est la suivante: tout le monde avait constaté et Pierre Mendès-France le premier, ou en tout cas parmi bien d'autres, qu'il fallait mettre fin à l'impuissance. Mettre fin à l'impuissance des pouvoirs publics, c'était reconstituer l'autorité, la reconstituer non pas par goût du pouvoir mais, il faut bien le rappeler, parce qu'il n'y a pas de liberté sans autorité.

Dès lors, comment en France reconstituer l'autorité républicaine? Ce n'est pas un problème de philosophie, c'est un problème pratique.

Après réflexion, il a paru qu'il fallait établir un gouvernement sur les bases légitimes de l'accord populaire et qu'il était nécessaire de prendre l'exemple américain plutôt que l'exemple anglais, c'est-à-dire de faire en sorte que ce soit le chef de l'État qui soit désigné par le corps électoral, le chef de l'État étant alors l'appui, le soutien du gouvernement, le responsable des décisions fondamentales de l'exécutif.

Voilà qui n'empêche nullement l'existence d'un Parlement et de son rôle.

P. MENDÈS-FRANCE[1] Je crois comme M. Michel Debré que, plus encore que le détail des institutions, ce qui est important, c'est leur esprit. M. Michel Debré disait tout à l'heure: il n'y a pas de liberté sans autorité. Oui, mais j'ajouterai qu'il n'y a pas de liberté sans un équilibre des pouvoirs. Car, à partir du moment où il n'y a pas cet équilibre, où un pouvoir monopolise toutes les possibilités de décision et de détermination, l'abus est inévitable et la liberté est mise en danger. Ce qu'il faut, c'est associer, équilibrer deux facteurs, d'une part la volonté du peuple (car, au siècle où nous sommes, c'est la seule source de la loi, quelles que soient les modalités constitutionnelles) et d'autre part l'efficacité gouvernementale qui implique naturellement durée et stabilité.

---

[1] *Pierre Mendès-France* Député radical-socialiste de l'Eure de 1932 à 1958. Il est l'un des 77 députés non communistes qui refusent l'investiture au Général de Gaulle le 1er juin 1958. Commissaire aux Finances dans le gouvernement provisoire formé à Londres par le Général de Gaulle en 1943, il devient ministre de l'Économie nationale à la Libération. Il démissionnera de ce poste en 1945 lorsque la politique de rigueur financière qu'il préconise n'est pas retenue. Président du Conseil en juin 1954, il met un terme à la guerre d'Indochine et ouvre la voie à une solution libérale en Tunisie, il obtient de l'Assemblée Nationale une décision claire sur la C.E.D. N'ayant pas réussi à rénover le parti radical, il le quitte en 1959. Il est élu député P.S.U. de Grenoble en mars 1967. Les évènements de mai 1968 lui coûtèrent son siège aux élections législatives de juin 1968. Il était apparu à certains comme apportant sa caution d'homme politique aux gauchistes et à d'autres comme ayant bien prématurément fait acte de candidature au pouvoir à l'appel de François Mitterrand.

Cette conciliation, d'autres nations ont su la réaliser beaucoup mieux que nous: en France, nous n'y sommes pas parvenus à ce jour.

M. DEBRÉ   Je le conteste. Nous y sommes parvenus maintenant.

P. MENDÈS-FRANCE   Vous me permettrez d'exprimer non pas votre opinion, mais la mienne.

Cette conciliation, je prétends que nous n'avons pas su la réaliser jusqu'à ce jour. Sous la IVᵉ République, le pouvoir résidait exclusivement dans une assemblée—inévitablement divisée puisqu'elle était représentative des diverses tendances qui existent dans la nation. Le pouvoir était exclusivement dans cette assemblée au point qu'il n'y avait plus de véritable pouvoir exécutif, ayant son indépendance, sa personnalité, la possibilité de décider et de remplir sa mission. Il y avait monopole du pouvoir dans l'assemblée et en ce sens ce n'était pas la démocratie.

M. DEBRÉ   Je suis content de vous l'entendre dire.

P. MENDÈS-FRANCE   Vous serez moins content maintenant. Sous la Vᵉ République nous avons connu en effet très exactement l'extrême opposé. De nouveau, tous les pouvoirs sont dans une seule institution, un seul organe. Ce n'est plus l'assemblée, c'est l'exécutif ou plutôt c'est le président de l'État qui réunit en fait l'ensemble de tous les pouvoirs, de tous les droits de décision. C'est pourquoi on parle et à juste titre de pouvoir personnel.

Il y a bien un certain nombre de députés qui se réunissent dans

Le Canard de Poche

LA CONSTITUTION EXPLIQUÉE PAR L'IMAGE

—Alors, mon cher Pompidou, vous avez bien compris?
C'est vous qui conduisez, mais moi qui dirige

un palais national, mais nous savons qu'ils n'exercent aucun pouvoir et que la décision en toute circonstance revient en réalité à un seul homme qui est le chef de l'État.

Nous constatons aujourd'hui le même déséquilibre qu'hier, mais alors que tous les pouvoirs étaient monopolisés dans une assemblée, ils sont aujourd'hui monopolisés chez un homme.

Il ne peut y avoir de contestations là-dessus. Le général de Gaulle, dans un texte maintenant historique et qui résume sa philosophie et celle du régime actuel, a dit le 31 janvier 1964 comment il concevait l'État d'aujourd'hui en ces termes: «Il doit être entendu évidemment que l'autorité indivisible de l'État est confiée tout entière au Président par le peuple qui l'a élu, qu'il n'en existe aucune autre, ni ministérielle, ni civile, ni militaire, ni judiciaire qui ne soit conférée et maintenue par lui; enfin qu'il lui appartient d'ajuster le domaine suprême qui lui est propre avec ceux dont il attribue la gestion à d'autres.» C'est une allusion, je pense, à l'intendance.

Lorsqu'on est en présence d'un État ainsi organisé où tous les pouvoirs appartiennent à un seul homme et qui le proclame aussi solennellement, on ne se trouve plus en démocratie.

Le chef de l'État le conçoit bien ainsi puisque, dans plus d'une circonstance, il ne s'est pas contenté d'utiliser les droits que la Constitution lui conférait, ni même d'interpréter la Constitution complaisamment, mais bien de la violer.

Je peux vous donner des exemples. Lorsque, dans une circonstance qui remonte à peu d'années, la majorité des députés a demandé à se réunir pour discuter des problèmes agricoles qui étaient aigus, lorsque, selon les termes mêmes de la Constitution, la majorité des signatures des députés a été recueillie pour demander une session qui était dès lors de droit, le président de la République a refusé de convoquer l'Assemblée, il lui a interdit d'exercer l'un des rares droits qui lui restaient: se réunir! Il y a eu une violation constitutionnelle.

Quand la Constitution a été promulguée, il a été prévu que le Premier ministre et le gouvernement auraient par rapport au président de la République une certaine indépendance, une possibilité d'action, sans être complètement assujettis jusqu'au détail de la vie politique quotidienne à toutes les volontés du président de la République qui, lui, était, à un échelon supérieur, le gardien de la Constitution et de la légalité générale. À tel point que M. Capitant, de nouveau, affirmait: «Le Premier ministre ne pourra être révoqué par le Président.» Eh bien! Il semble que le président en a jugé autrement puisqu'un jour il a décidé, nous n'avons jamais d'ailleurs su pourquoi, de renvoyer un Premier ministre et de le remplacer par un autre.

M. DEBRÉ et P. MENDÈS F RANCE *Le Gaullisme et la démocratie* in *Le Nouvel Observateur no 56*, 8 décembre 1965

INTELLIGENCE DU TEXTE

1 Pourquoi était-il intéressant d'opposer dans un débat Michel Debré à Pierre Mendès-France?
2 Comment M. Debré explique-t-il la différence entre la Ve République, d'une part, la IIIe République et la IVe, d'autre part?
3 Que veut exactement dire P. Mendès-France lorsqu'il parle de «conciliation»?
4 Quelle distinction P. Mendès-France fait-il entre la monopolisation des pouvoirs sous la IVe République et sous la Ve?
5 Quelle a été l'argumentation de P. Mendès-France au cours de ce débat? Résumez-la en quelques phrases.

5 VIE POLITIQUE ET INFORMATION

Le Gouvernement a le devoir de s'informer. Il a le droit et le devoir d'informer. La tendance des Français est d'appeler propagande et de condamner tout effort gouvernemental d'information. Or le silence du pouvoir est assurément moins démocratique que la volonté d'expliquer, de s'expliquer, de convaincre. En outre, l'exercice du pouvoir comprend l'usage d'une pédagogie, la volonté de faire poser par les gouvernés les problèmes politiques dans les mêmes termes que les gouvernants.

Mais pédagogie ne veut pas dire autoritarisme ou monopole: à l'effort d'explication, de persuasion du Gouvernement doit pouvoir s'opposer librement, dans un régime qui se réclame du pluralisme, un effort équivalent de ceux qui aspirent à gouverner à sa place. À peu près réalisée dans la presse, cette condition n'a jamais été remplie en France pour l'information radiodiffusée et télévisée.

Depuis que la télévision est installée dans un nombre sans cesse croissant de foyers, depuis que le général de Gaulle a pris l' habitude de s'adresser aux Français par le moyen de la télévision, depuis que la croyance s'est répandue que la télévision influence de façon importante le comportement des citoyens, la discussion sur le statut juridique et sur le rôle politique de la Radiodiffusion-

Télévision française s'est beaucoup animée. En réalité, la donnée essentielle est longtemps restée sous la Vᵉ République ce qu'elle était sous la IVᵉ: la confusion entre la notion de collectivité nationale et celle de Gouvernement.

La radiodiffusion est en France le monopole de l'État. Les chaînes privées ne peuvent émettre sur le territoire français, même si, tels Radio-Luxembourg et Europe I, on les laisse installer leurs principaux bureaux à Paris. Ce monopole a été établi, comme les autres nationalisations, en vertu d'une conception qui s'exprime dans le préambule de la Constitution de 1946, préambule dont celle de 1958 proclame la validité: «Tout bien, toute entreprise dont l'exploitation a ou acquiert les caractères d'un service public national . . . doit devenir la propriété de la collectivité».

L'importance de la radiodiffusion et de la télévision en matière d'information est telle que la formule peut lui être appliquée, la préoccupation principale étant d'éviter la mainmise de l'argent, notamment par l'intermédiaire de la publicité. Mais la doctrine de tous les Gouvernements français depuis 1945 jusqu'en 1964 a été que «collectivité» et «gouvernement» étaient synonymes. Or, à l'étranger, notamment en Grande-Bretagne et en Allemagne, le Gouvernement passe pour l'expression de la majorité du moment, la collectivité nationale comprenant, elle, toutes les tendances qui s'expriment dans la vie publique. Aussi la B.B.C. à Londres et les diverses chaînes allemandes, à Cologne, à Hambourg ou à Munich, jouissent-elles d'un statut qui les rend indépendantes à la fois à l'égard de l'argent et à l'égard du Gouvernement. Dans les deux pays le «fair-play» est grandement facilité par l'absence de divergences profondes (que deviendrait le libéralisme allemand ou même anglais s'il fallait donner le micro à un puissant parti communiste?) et par l'existence d'une opposition clairement définie: c'est au parti conservateur de répondre au gouvernement travailliste, c'était au parti socialiste de répondre au chancelier Adenauer.

En France, le vrai directeur de la R.T.F. était le ministre de l'Information. Qu'il le voulût ou non, le plus libéral des ministres était obligé de peser sur l'information de la R.T.F., sur ses programmes culturels et artistiques: puisqu'il avait le pouvoir de choisir ou d'interdire, toute nouvelle, toute émission devait passer pour être diffusée avec sa permission, son approbation. Dans quelle mesure l'adoption et la mise en vigueur du statut de l'O.R.T.F. ont-elles modifié une situation que tout le monde disait déplorer, mais qu'aucun gouvernement antérieur n'avait eu la possibilité ou le courage de changer?

Tout d'abord, M. Alain Peyrefitte, qui a présenté et imposé le statut, a accepté une très sérieuse diminution de ses pouvoirs; le ministre de l'Information n'exerce plus qu'une tutelle, en principe semblable à celle de ses collègues des Transports ou de l'Industrie sur la S.N.C.F. ou sur la Régie Renault. Les responsabilités que le statut donne au Conseil d'Administration sont précises et importantes. Que ses membres soient nommés par le gouvernement n'est pas choquant en soi, puisqu'ils ont une certaine garantie de durée et puisque les «représentants de l'État» seront, le précédent ayant été créé d'emblée, des hauts fonctionnaires siégeant à titre personnel plutôt que des délégués de telle ou telle administration particulière. Encore l'âge de la plupart des membres nommés en 1964 et l'incompétence de bon nombre d'entre eux en matière de radio et de télévision limitent-elles fortement l'action d'un Conseil de toute façon sans grande prise sur le Directeur général.

Une partie de l'opposition aurait précisément voulu que ce dernier fût nommé par le Conseil. Elle n'a pas obtenu satisfaction. Le Directeur général est nommé par le gouvernement (ses adjoints aussi, ce qui limite inutilement son autorité) et, surtout, il est révocable à tout moment. On reste certes dans la tradition de tous les régimes français : même les recteurs des Universités se trouvent dans cette situation. Tout dépendait de l'application du statut et de la volonté d'indépendance qui serait manifestée par le Conseil et les directeurs. En théorie, rien n'empêchait d'arriver à la situation du recteur de l'Université de Paris ou du Directeur général de la B.B.C., tous deux pratiquement irrévocables et indépendants malgré la lettre de la loi.

Malheureusement les premières années de l'O.R.T.F. n'ont pas précisément donné l'impression d'un changement profond quant à l'objectivité et à l'ampleur de l'information, malgré l'apparition de quelques «tribunes» et débats. Pourquoi cette apparente incapacité de jouer le jeu du pluralisme, pourquoi cette timidité dans le choix des sujets abordés ? Ni le gouvernement, ni le Directeur général n'en portent la pleine responsabilité, encore que le rôle joué par le Service de liaison interministérielle pour l'information[1] soit absolument contraire à l'esprit du statut. Il faut

---

[1] *Service de liaison interministérielle pour l'information* Service spécial chargé d'homologuer et d'équilibrer les demandes de séquences télévisées formulées par les différents départements ministériels. En fait le S.L.I.I., fait savoir chaque jour ce qu'il a pensé des journaux télévisés de la veille et ce qu'il «souhaite» voir diffuser le soir même ou le lendemain. (*Libérer l'O.R.T.F.* par Claude Frédéric Seuil, 1968 pp. 23–24.)

tenir compte de deux autres éléments. Le premier, c'est la force de l'habitude. Même en l'absence d'une censure, d'un contrôle sur leur travail, beaucoup de journalistes et de commentateurs de la radio et de la télévision se sont si bien accoutumés à une certaine courtisanerie qu'ils cherchent, par l'autocensure et par l'infléchissement de leurs commentaires, à plaire aux puissants du jour, aujourd'hui comme naguère. Il est vrai qu'ils ont souvent été recrutés non en fonction de leurs capacités ou de leur prestige, mais grâce à des appuis politiques. Aux États-Unis et en Allemagne, la liberté du commentateur vient en première ligne du fait qu'il est, qu'il était dans bien des cas avant de passer à la presse parlée, un des grands de sa profession.

Le second élément, c'est la volonté d'aller dans le sens du plus grand nombre, de ne choquer personne. Ici l'O.R.T.F. n'est pas dans une situation très différente de celle de la plupart des journaux, d'autant plus qu'avec près de 8 millions de récepteurs en 1967 (contre 1 million en 1958, ce qui rend le problème beaucoup plus grave que sous la IVᵉ République), la télévision atteint toutes les régions, tous les groupes sociaux. Il est vain de demander au détenteur d'un moyen d'information de montrer beaucoup plus de vertu que les autres. Et la presse écrite donne-t-elle, dans son ensemble, l'information complète et courageuse dont elle déplore l'absence à l'O.R.T.F. ?

F. GOGUEL, A. GROSSER *La politique en France* Armand Colin pp. 167–170 (adapté)

INTELLIGENCE DU TEXTE

1 Le gouvernement est-il dans son droit lorsqu'il cherche à informer et à convaincre l'opinion publique?
2 D'où vient la puissance de la télévision en tant que moyen d'information?
3 Au nom de quel principe peut-on justifier le monopole de l'État en matière de radiodiffusion et de télévision?
4 Opposez la conception française du mot «collectivité» à la conception anglaise ou allemande.
5 Indiquez en quelques mots quelle est l'organisation de l'O.R.T.F. Le Directeur général est-il vraiment libre de ses décisions? L'indépendance de l'O.R.T.F. est-elle beaucoup plus grande que celle de l'ancienne R.T.F.?

6 TEXTE POUR LA TRADUCTION

France in dilemma

The part of President de Gaulle's political achievement which is most exclusively his own is certainly the creation of a more stable central authority within the Republic. It was for the lack of such an authority that the Fourth Republic broke down when faced with the Algerian problem. It took President de Gaulle more than four years to master the army, which he had first used to help him to power, but he did it in the end. He got the army out of Algeria, and in spite of all disappointments after the Evian settlement, few people doubted that he would be confirmed in power when the first presidential election by universal suffrage since December 10, 1848, took place at the end of 1965.

The President in a recent press conference described the essence of the Constitution as its spirit. Texts, he said, were merely the instrument for its application. From the start the spirit of the Fifth Republic has been the exaltation of the presidential function to the point of making the President, instead of the Assembly, the representative of national sovereignty. The amendment to the Constitution transferring the election of the President from the mayors of France, who elected President de Gaulle, to the nation as a whole is thus the logical conclusion of all the changes made since de Gaulle returned to power in 1958. But it could not bring into line with the new practice an essential part of any country's working institutions—the life of its political parties.

DARSIE GILLIE in *The Guardian*, 20 July, 1964

EXERCICES GÉNÉRAUX

Section 1
Version: La République moderne
Traduisez de français en anglais:
«Certes, il y a toujours . . . comme Ford et Chrysler.»

Résumé: Vie Politique et Information
Faites un résumé de 250 à 300 mots du texte.

Analyse de texte: Le rôle du Parlement
De «Les assemblées élues» à la fin.
1 Que veut dire exactement «orienter une politique»?
2 Lorsqu'à la troisième ligne les auteurs parlent de «considérations techniques», qu'ont-ils présent à l'esprit?
3 Qui sont ces techniciens dont on parle tant de nos jours?
4 Dans ce contexte que veut dire l'expression «les services publics»?
5 Quelle est la pensée des auteurs lorsqu'ils écrivent que les ministres

doivent être aidés à «exercer véritablement la direction de leurs services»?

6 Qu'est-ce qu'un budget? Indiquez quelques-uns des facteurs qu'il faut prendre en considération au moment de sa préparation.

7 La pensée exprimée par la phrase «Les assemblées élues . . . pouvoir» est-elle en contradiction avec l'affirmation contenue dans la phrase finale du texte: «Le Parlement, interprète . . . rôle»?

8 Expliquez l'emploi du subjonctif dans la phrase «mais il est fréquent que l'attention de celui-ci soit attirée . . .»

9 Construisez une phrase où vous contrasterez «sinon» et «du moins» comme le fait la phrase du texte «Trop de considérations techniques . . . leurs services.»

10 Remplacez les «mais» du texte par un synonyme, à chaque fois différent.

Sujets de réflexion, de discussion ou d'essai

1 Êtes-vous pour ou contre l'instruction religieuse dans les écoles publiques?

2 Croyez-vous qu'il soit vrai que «les peuples se passionnent plus volontiers pour des hommes que pour des idées ou des institutions»?

3 Commentez l'affirmation de M. Debré «Il n'y a pas de liberté sans autorité.»

4 Qu'est-ce qu'une démocratie?

SECTION II

Les partis politiques

1 UN JEUNE FRANÇAIS INTÉRESSÉ PAR LA CHOSE PUBLIQUE

Un jeune Français intéressé par la chose publique, désireux de prendre une responsabilité politique, soit de façon permanente, soit occasionnellement, est actuellement, s'il est exigeant, rebuté par les partis.

Son expérience la plus sensible et la plus immédiate, s'il a un peu connu un mouvement de jeunesse, un syndicat, une organisation culturelle, est de constater que, chez les militants de partis, la modestie, la tolérance, l'ouverture aux autres, la souplesse intellectuelle sont trop souvent masquées et bridées par un «pa-

159

triotisme de parti» qui les rend abrupts et crispés. C'est le premier choc.

S'il fréquente un peu plus assidûment les hommes de partis, il s'apercevra cependant qu'il existe dans ce milieu des hommes de réelle valeur humaine et ayant le goût du dialogue. Mais alors il constatera qu'il en trouve au M.R.P., à la S.F.I.O., au P.S.U., à l'U.D.S.R., chez les radicaux, au parti communiste. S'il les sonde un peu sur leurs positions et leurs aspirations politiques, s'il parvient à dialoguer avec eux, en confiance, des hommes et des événements, il s'étonnera de les trouver si semblables les uns et les autres, ayant cependant des installations partisanes si opposées, et parfois si profondément différents des militants et des dirigeants de leurs propres organisations respectives. Et pourtant, si notre jeune homme poursuit son expérience, il comprendra vite qu'il n' y a à peu près aucun espoir, dans l'état actuel des choses, pour que François, qui est M.R.P., l'abandonne pour la S.F.I.O. parce qu'il y serait apparemment mieux à sa place et que Maurice passe de la S.F.I.O. au P.S.U. puisqu'il ne s'y est pas décidé en 1961 quand il en a été vraiment tenté. On reste . . . parce qu'il est difficile de partir, parce qu'il y a une sensibilité et un patriotisme de parti, parce que les autres partis vous rebutent tout autant qu'ils vous tentent, parce qu'on n'espère pas, en changeant de parti, pouvoir accroître l'efficacité de son action. C'est le deuxième choc: les clivages de partis ne correspondent pas vraiment aux tendances, aux tempéraments, aux convictions. Et cependant les partis dépérissent lentement.

Notre jeune homme comprend alors pourquoi ses amis des syndicats, des clubs,[1] des mouvements, ne rejoignent pas un parti. Ils apportent leur vote, souvent avec embarras d'ailleurs, mais se gardent d'aller plus loin. Ainsi des forces réelles sont perdues pour les partis; eux-mêmes utilisent mal, quand ils ne stérilisent pas, les hommes généreux qui ont adhéré mais qui se sont vite sentis mal à l'aise.

CLUB JEAN MOULIN *Un parti pour la gauche* Édns du Seuil 1965, pp. 32–34

---

[1] *clubs* «Qu'ils soient de simples sociétés de pensée, des laboratoires de recherches doctrinales, des fractions politiques organisées, des organismes de stimulation des vieux partis, ou des lieux de rencontres et de discussions où se prépare le reclassement des forces sur des références historiques nouvelles, ils ont acquis en quelques années une influence réelle et la grande presse s'intéresse de plus en plus à leurs travaux.» (JEAN-ANDRÉ FAUCHER *Les Clubs Politiques en France*, Édns John Didier.)

INTELLIGENCE DU TEXTE

1 Qu'est-ce que c'est que la «chose publique»?
2 Que veut dire exactement «un patriotisme de parti»?
3 Pourquoi, d'après l'auteur, les militants de partis sont-ils «si semblables les uns et les autres»?
4 Pourquoi les jeunes se sentent-ils rebutés par les partis?
5 Tentez de décrire ce que c'est que la «souplesse intellectuelle».

2 LA COULEUR POLITIQUE

[a] Droite et Gauche

Après les élections législatives du 17 juin 1951 marquées par un succès net du R.P.F. (le parti gaulliste de cette époque), les députés de cette formation refusent de siéger sur les bancs de droite de l'hémicycle[1] du Palais-Bourbon. Il faut une décision de l'Assemblée pour les y contraindre, le 17 juillet 1951, à l'issue d'un débat passionné, au cours duquel Jacques Soustelle, porte-parole du groupe R.P.F., défend la motion préjudicielle suivante:
— L'Assemblée nationale décide de surseoir à la fixation de son ordre du jour jusqu'à ce que la répartition des places dans l'hémicycle ait été effectuée en conformité avec les usages parlementaires et la logique politique.

À l'appui de sa revendication, il déclare notamment:
— L'examen impartial des résultats de la dernière consultation électorale démontre à l'évidence que les suffrages qui se sont portés sur les candidats du Rassemblement du Peuple Français proviennent des secteurs les plus divers de l'opinion, mais essentiellement d'électeurs qui avaient voté, en 1946, pour le Mouvement Républicain Populaire, pour le Parti radical, pour le Parti socialiste et pour le Parti communiste.

Faire siéger à droite les élus qui ont obtenu ces voix relève, il faut l'avouer, d'une logique singulière. À qui fera-t-on croire, mesdames, messieurs, que les ouvriers, les employés, les petits commerçants de la région parisienne, de Villeurbanne, de Saint-Étienne, de Bordeaux, de Metz ou de Boulogne, qui ont voté pour nos listes malgré la présence le plus souvent de listes modérées

---

[1] *hémicycle* Salle où se réunissent au Palais-Bourbon les députés de l'Assemblée Nationale lors des délibérations. Elle doit son nom à la position, en demi-cercle, des gradins sur lesquels siègent les députés; voir le dessin de Tim: *le nouveau jeu de l'oie électoral.*

concurrentes, ont cessé *ipso facto* d'être ce qu'ils étaient politiquement et socialement? Il faudrait alors admettre une sorte de déclassement subit et massif de 4 millions d'électeurs.

RAYMOND BARRILLON, VICTOR CHAGNY *La vie politique en France* Armand Colin, 1965 pp. 115–116

INTELLIGENCE DU TEXTE

1 Si l'on retient les arguments de Jacques Soustelle, quels sont les critères permettant de décider de la couleur politique d'un parti?
2 Expliquez la phrase: «À qui fera-t-on croire qu'ils ont cessé *ipso facto* d'être ce qu'ils étaient politiquement et socialement?»

JACQUES FAIZANT *La ruée vers l'ordre* Denoël

[b] De l'extrême gauche à l'extrême droite

Aujourd'hui, en France, tout le monde accepte, au moins officiellement, les « principes de 89 ». On peut donc dire que la gauche libérale du XIX siècle a triomphé, et avec elle les idées démocratiques. Mail il n'en subsiste pas moins deux attitudes fondamentalement opposées, qui caractérisent l'homme de gauche et l'homme de droite.

L'« **homme de gauche** » est généralement rationaliste, universaliste, démocrate, anticolonialiste. Il croit au progrès, pense que le peuple peut se gouverner lui-même, il est contre la noblesse, l'Église, l'armée, la finance, bref contre toutes les autorités constituées. Toutefois le développement du marxisme a largement contribué à modifier ce portrait et a morcelé en plusieurs partis concurrents la gauche française.

Le parti communiste, créé en 1920, est un parti de masses, fortement organisé à partir de «cellules» de base fondées sur les *structures économiques* (usine, chantier, atelier, bureau), donc sur le lieu même du travail. Les responsables sont élus par la base, mais les dirigeants sont généralement choisis par cooptation, ce qui assure cohésion et efficacité, au comité central, organe suprême du parti. Celui-ci, qui exige des militants une adhésion totale au marxisme, a toujours été dans l'opposition, sauf pendant un court moment après la Libération.

Le parti socialiste unifié (P. S. U.), né du regroupement depuis 1958 de personnalités et de groupes venus du socialisme et du radicalisme, cherche sa doctrine à partir d'une nouvelle définition de la démocratie.

Le parti socialiste (S. F. I. O. Section Française de l'Internationale Ouvrière), créé en 1905, est, comme le parti communiste, un parti de masses. Mais ses «sections» locales comme ses «fédérations» départementales sont fondées sur les structures géographiques, et son comité directeur est élu par un congrès annuel. Marxiste et révolutionnaire à l'origine, resté longtemps dans l'opposition, le parti socialiste est devenu, depuis le Front populaire de 1936, un parti de gouvernement et a subi durant la IVe République l'usure du pouvoir. Ses principaux chefs furent, sous la IIIe République, Jaurès et Léon Blum.

Le parti radical, créé en 1901, est un parti de cadres (il n'a jamais compté plus de 50 000 adhérents) dont la clientèle électorale est constituée par la petite bourgeoisie et les classes moyennes. Partisan d'une politique à la fois nationale et laïque, voire anticléricale, il est depuis le début du siècle un parti de gouvernement.

Sa position lui a toujours imposé un jeu de bascule, oscillant entre la droite et la gauche. Son chef incontesté fut Édouard Herriot (1872–1957).

Depuis le triomphe des idées républicaines et démocratiques, la droite française a mauvaise conscience et n'ose pas dire son nom: aucun député ne s'avoue «de droite». Son attitude a été souvent négative et réactionnaire, plutôt que sagement modératrice, et ses divisions ont contribué à l'instabilité des gouvernements.

L'«**homme de droite**» est volontiers nationaliste, attaché aux traditions et notamment à l'Église. Pour lui la souveraineté vient d'en haut. Plein de défiance à l'égard du peuple, il est partisan d'un pouvoir autoritaire. Il garde des distances, aime commander et être obéi. Il est souvent lié aux milieux d'affaires. Pourtant le développement du fascisme en Europe a contribué à modifier ce portrait et a favorisé la naissance d'un extrémisme qui unit à des revendications sociales un antiparlementarisme agressif.

Le mouvement républicain populaire (M. R. P.), successeur du parti démocrate populaire, a été créé en 1944 au sortir de la Résistance. Il a voulu traduire l'idéal chrétien par une politique résolument sociale, ce qui l'a situé souvent à gauche du parti radical dans les débats parlementaires et devrait interdire de le classer parmi les partis de droite, s'il n'avait pas opéré un glissement dans ce sens au cours de la IVe République. Foncièrement démocrate, défenseur de la primauté du spirituel et de la justice sociale, il est très «européen» et favorable à l'enseignement libre.

L'Union pour la Nouvelle République (U. N. R.), née en 1958, a regroupé la plupart des partisans du général de Gaulle qui avaient constitué en 1947 autour de ce dernier le Rassemblement du Peuple Français (R. P. F.). Alliant à une politique résolument nationale des préoccupations sociales et réformistes, elle ne peut, elle non plus, être assimilée à la droite classique et constitue plutôt un parti du centre, qui détient l'essentiel du pouvoir depuis 1958. Les «gaullistes de gauche» se sont ralliés à l'U. N. R.

Les modérés représentent au contraire la droite classique. Leurs tendances ne leur permettant guère de susciter des militants, ils ne forment pas un véritable parti politique, mais plutôt un groupe électoral et parlementaire, constitué (1952) en Centre national des Indépendants et Paysans. Défenseurs des classes possédantes, ils pensent qu'une saine gestion financière est la condition de l'expansion économique et sont partisans de l'intégration européenne.

À l'extrême droite, le «poujadisme», fondé en 1954 par un petit papetier, Poujade, a constitué l'Union de Défense des Commerçants et Artisans (U. D. C. A.). Partisan de l'agitation de rues, après avoir obtenu aux élections de 1956 un succès inattendu, il s'est effondré par la suite.

GUY MICHAUD *Guide France* Hachette 1962.

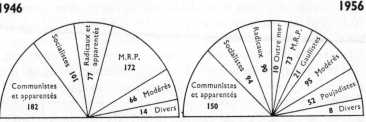

1946   **1956**

IVe République. Morcellement progressif des partis

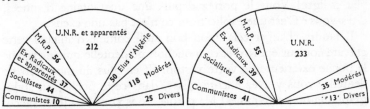

1958   **1962**

Ve République. Écrasement des partis traditionnels

INTELLIGENCE DU TEXTE

1 Que savez-vous des «principes de 89»?
2 Expliquez l'expression: «les autorités constituées.»
3 Quelle différence y a-t-il entre un parti de cadres et un parti de masses?
4 Expliquez la phrase: «pour lui la souveraineté vient d'en haut.»
5 Que signifie l'expression: «l'enseignement libre»? À quel problème politique français correspond-elle?

3 VADE-MECUM DU PETIT HOMME D'ÉTAT

Pour le devenir. . .

Une valise en faux crocodile

Ainsi, vous venez d'être élu député, Monsieur Tourniquet, et vous «montez» à Paris?

Non point, cette fois, pour visiter le Salon des Arts Ménagers et en rapporter un frigidaire du dernier modèle, mais pour vous lancer à la conquête du pouvoir.

Le train ralentit, il entre en gare d'Austerlitz et vous êtes ému. Ne dites pas le contraire, vous êtes ému.

Allons, du courage, vous allez voir comme c'est simple. Vous hélez un taxi et lancez une adresse au chauffeur. Bien entendu, votre première visite est pour la Chambre des Députés, je l'aurais parié. Non pour le cimetière du Père Lachaise car vous ne vous appelez pas Rastignac mais Tourniquet, Alfred Tourniquet. (J'ai lu votre nom sur la carte de visite fraîchement imprimée qui pendait à la poignée de votre valise en faux crocodile).

Permettez-moi de vous dire qu'avec une valise en faux crocodile et un nom pareil, c'est un mauvais départ: du bagage désormais, qui soit vraiment du bagage, que diable! du cuir, simple et classique, mais du cuir! Et ce nom d'Alfred Tourniquet! C'est un peu maigre! Vous le portez depuis une quarantaine d'années, dites-vous? C'est une explication, ce n'est pas une excuse.

Il faudra changer cela, mon bon ami, comme d'ailleurs cette cravate couleur épinard et ce mouchoir de dentelle qui émerge de la poche extérieure de votre veston. Et en plus du mouchoir de dentelle, vous y avez encore glissé, dans cette poche, un stylographe et un porte-mines! Ma parole, vous vous êtes juré d'accumuler les circonstances aggravantes! Rangez-moi vite tout cela à l'intérieur et me faites le plaisir, à partir d'aujourd'hui, d'accoler au moins un prénom supplémentaire à votre prénom usuel; mieux encore, à votre nom de famille: avec le ruban rouge, c'est ce qui se porte à Paris.

Alfred-Gustave TOURNIQUET, c'est déjà moins mal, ne trouvez-vous pas? Mais *Alfred* GUSTAVE-TOURNIQEUT fait imcomparablement plus distingué.

Quant à A.-G. TOURNIQUET, cela vous aurait même un petit air anglo-saxon de nature, à lui seul, à vous faire prêter une certaine compétence en matière internationale et confier, plus tard, des missions à l'étranger. On est allé très loin dans cet ordre d'idées. Nous connaissons tels marchands de tapis d'Afrique du Nord qui ont pu étendre considérablement le champ de leur activité en s'appropriant des prénoms illustres. Il est évident que toutes les portes s'ouvrent devant vous, lorsqu'un huissier chamarré vous annonce en ces termes:

Monsieur *Abdalah-Winston* Ben Couscous,

ou Monsieur *Mohamed-Franklin-Delanoe* Abd-el Kadar.

Donc c'est au Palais Bourbon que vous vous êtes fait conduire au débotté. Vous avez visité la bibliothèque, la buvette, la salle des Pas Perdus—où vous aurez l'occasion d'en perdre bien d'autres, ainsi que peut-être un certain nombre d'illusions—et vous avez obtenu qu'on vous permette de glisser un oeil dans le Saint des Saints, autrement dit, l'hémicycle.[1]

Recueillez-vous car l'heure est grave. L'instant approche où vous allez avoir à prendre une décision dont va dépendre tout votre avenir:

celle du choix de vos opinions politiques,

.. dans la mesure, toutefois, où vous n'êtes pas déjà embrigadé dans un Parti qui vous aura épargné la peine d'avoir à exercer personnellement ce choix.

Des opinions et du choix d'un groupe

La règle est facile à retenir: c'est la même au Palais-Bourbon que chez le tailleur. Elle souffre aussi peu d'exceptions là qu'ici:

Les opinions se portent à gauche.

Vous avez compris par conséquent de quel côté de l'hémicycle il faudra essayer de vous asseoir? Mais attendez-vous à avoir à jouer des coudes, des poings et de la fesse, car il y aura de la bousculade.

À défaut de la gauche topographique, arrangez-vous pour vous insérer, à tout le moins, dans la *gauche terminologique*.

Expliquons-nous:

Comme tout le monde ne peut pas s'installer, faute de places, dans les travées situées à la gauche du président, on a imaginé de pallier cette insuffisance de ressources matérielles en bancs, tabourets et fauteuils, par celles du Langage. Ainsi, le futur petit homme d'État pourra-t-il sans inconvénient siéger très loin à droite, à la seule condition que ce soit au sein d'un groupe, sous-groupe, intergroupe, supergroupe, groupillon ou groupuscule qui porte une étiquette de gauche:

> Centre gauche
> Gauche républicaine
> Gauche radicale
> Républicains de gauche
> Gauche indépendante (à ne pas confondre avec les
>   indépendants de gauche!)
> etc... etc...

En d'autres termes, afin d'éviter les faux pas, il se pénétrera de

---

[1] *hémicycle* Voir note 1, texte 2(a). *Droite et gauche.*

cette vérité politique, que nous sommes un peu confus d'avoir à rappeler tant elle est élémentaire:

qu'il n'est pas d'ennemis à gauche.

Principe dont l'expression a été rajeunie, il est vrai, au congrès de Castelnaudary, et le laconisme un peu brutal assorti d'une nuance qui rend heureusement, désormais, son application inoffensive:

à gôche, toujours à gôche[1]... MAIS PAS PLUS LOIN!

Donc, se classer d'entrée à gauche. Envers et contre tous. Contre tous, et en premier lieu, s'il le faut, contre ses convictions intimes: même si, par exemple, à la question «aurais-je voté la mort de Louis XVI»? qui est encore le test caractériel le plus révélateur en la matière, on ne peut répondre, si l'on est vraiment sincère avec soi-même, que par la négative.

Par contre, une fois que vous vous serez fait cataloguer officiellement de cette façon, mais à cette condition seulement, vous n'userez jamais assez, dans l'expression écrite ou verbale de votre pensée, de termes, vocables, images et expressions dont l'aspect martial et quelque peu réactionnaire ne pourrait surprendre de votre part—étant donné votre classification politique—que des esprits peu faits aux usages de la maison.

Ainsi, les «ressources humaines et spirituelles du pays» deviendront dans votre bouche et sous votre plume, le *capital* humain et spirituel (ou intellectuel, *ad libitum*). *Patrimoine culturel,* ne fera pas mal non plus.

Sur le *front* de la laïcité, vous aurez à *combattre* l'intolérance avec les *armes* de la bonne foi et de la raison (et au besoin à *boulets rouges*), afin d'*écraser* l'obscurantisme qui livre ses *assauts* (sournois) à la République, et vous mépriserez les *attaques de diversion* (sur votre vie privée, par exemple) en vous gardant de tomber dans de telles *embuscades.* Vous opposerez à l'*offensive cléricale* et aux *assauts* de la réaction, la *défense* (fixe ou mobile, selon ce qu'en aura décidé l'*état-major* du Parti) des *formations* de la jeunesse laïque et des *militants,* et vous menacerez de *mobiliser,* au besoin, les *masses* prolétariennes au cours de la prochaine *campagne* électorale qui, grâce à une *stratégie* et une *tactique* appropriées, jointes à l'*habileté manœuvrière* de la vieille *infanterie* républicaine, vous donnera finalement la *victoire.*

PIERRE GATÉRAT *Vade-mecum du petit homme d'État* Édns du Seuil, 1952 pp. 17–25.

---

[1] *à gôche* Transcription de la prononciation méridionale du mot «gauche» et allusion au fait que la France du Midi est, traditionnellement, plus à gauche que la France du Nord.

INTELLIGENCE DU TEXTE

1 Pourquoi Pierre Gatérat critique-t-il avec ironie la tenue et les bagages du nouveau député?

2 Faites ressortir l'ironie et le sérieux du passage se rapportant à son nom.

3 Expliquez le jeu de mots qui se trouve dans la phrase: «. . . les Pas Perdus—où vous aurez l'occasion d'en perdre bien d'autres», et, plus loin, le sort fait au mot «groupe».

4 Que veut dire l'auteur par: «la gauche terminologique»?

5 Pourquoi dans le langage de la gauche trouve-t-on tant de termes militaires?

4 UNE FAMILLE DE COMMUNISTES

C'était une bonne idée, cette émission télévisée du programme Zoom sur une famille de communistes. Appartenir au «Parti», c'est se situer dans une histoire, collaborer à quelque chose qui survive. On ne comprend rien à la persistance du communisme en France si l'on oublie qu'il ne relève pas exactement du «politique», mais de l'«organique», comme disait Péguy: on y trouve une fidélité, un compagnonnage, un honneur. On y est par destination sociale, ou familiale, de même qu'on peut y entrer par vocation ou conversion, en choisissant un nouvel ordre. C'est pourquoi il existe des lignages communistes, des familles communistes, comme il y a des familles catholiques.

Le vieux Lucien Midol entra au Parti avant même que le Parti fût: en 1920. Curieusement, le mobile de sa décision révolutionnaire, telle qu'il la raconte, semble avoir été surtout patriotique. Issu d'une famille ouvrière de gauche, où le souvenir de la Bastille et de la Commune[1] de Paris était encore vivant, il s'est dit: «Si des moujiks illettrés font une révolution, pourquoi pas nous, les Français, héritiers de la première révolution du monde?» Mais le fils, lui, n'avait pas la même vision des choses en 1935, lorsque Thorez[2] décida que le Parti adopterait la Marseillaise et le drapeau tricolore. Ce tricolore ne passait pas; le fils Midol se résigna à coudre deux petits carrés, bleu et blanc, sur le grand drapeau rouge qu'il conservait chez lui. Piété des symboles. Transaction respectueuse, mais un peu casuiste, cependant.

---

[1] *Commune* Voir note 1, p. 179.

[2] *Thorez* Demeura secrétaire général du parti communiste français de 1930 à 1964. À sa mort, Waldeck Rochet fut élu secrétaire général.

Le ton religieux des propos du père et du fils est frappant. Ils ont réponse à toutes les objections. Chaque détour et retour du Parti, ils l'ont suivi et mûri; et ils se sont convaincus des explications que les chefs leur ont données. Comme les curés d'autrefois, ils attribuent les ruptures à des défaillances morales: dans les moments difficiles, n'est-ce pas, les faibles lâchent le Parti, ils n'osent pas affronter la persécution. Il y a comme un orgueil, chez eux, d'avoir tenu bon, trente ans, quarante ans, malgré le pacte germano-soviétique, et la consigne de rendre les armes, et Budapest... En écoutant ces hommes, on se dit que les militants révolutionnaires du XIXe siècle n'auraient pas aimé cette dévotion, qu'il est humiliant pour des combattants de la liberté de s'aliéner ainsi pendant une vie. Mais aussi, dans notre monde de la distraction, où un spectacle chasse l'autre, où plus personne ne veut s'engager longtemps, on ne se retient pas d'admirer tant de fidélité, de solidité, de générosité: ce sont de tels militants qui aident à tenir quand ça va mal, et à recommencer toujours la bataille; ils possèdent un espoir indéracinable, et ils ne verront pas eux-mêmes le socialisme en France, mais sûrement, disent-ils, leurs enfants le verront...

Les enfants... ils sont sous nos yeux. La petite-fille, qui a 21 ans, vient d'adhérer au Parti, le fils nous l'annonce avec des sanglots; et il ne l'a pas poussée, pas plus que le père ne l'avait poussé, lui, car le Parti, c'est difficile, il ne faut pas y entrer pour faire plaisir à ses parents. Elle vient de se marier. Pourquoi ils sont au Parti, elle et son jeune époux? Ils montrent le bébé: «Il ne faut pas qu'il connaisse la guerre... Nous voulons la sécurité.» Est-ce qu'ils ont lu Marx? Non. Même pas le *Manifeste communiste*. «Oh non, on n'a pas le temps.» Ce n'est pourtant pas bien long le *Manifeste*. Le brave Andrieu, qui commente l'émission au nom du Parti communiste, fait ce qu'il peut pour nous rassurer: ce sont toujours les mêmes de père en fils, toujours des communistes... Mais le père avait parlé de révolution, et la petite-fille parle de sécurité. «La France prospère», comme dit Waldeck Rochet. Et pourquoi ne profiterait-on pas du bien-être, dit Andrieu? En effet, ne faisons pas les Spartiates, ne faisons pas les Chinois. Mais quand même, la sécurité, ça ne va pas lever de nouveaux révolutionnaires. La sécurité, M. Pompidou se vante aussi de nous la donner, mais il ne se vante pas de succéder à Saint-Just[1] ou à

---

[1] *Saint-Just* «Député de l'Aisne à la Convention (1792-95), puis membre influent du Comité de Salut Public, un jeune homme de 25 ans, aux convictions rigides, l'intransigeance même.» (A. MALET et ISAAC, *Histoire de France*, Hachette 1929.)

Organisation du P.C.F.

Le P.C.F. est assurément le mieux organisé des partis français. Il se réclame du «centralisme démocratique». Le schéma ci-dessous ne fait pas entrer en ligne de compte la dimension internationale. Pour 1962, le parti annonçait 17 287 cellules, dont la plupart sont des cellules locales (les adhérents sont regroupés selon leur domicile); 4 690 des cellules d'entreprise et quelques centaines de cellules rurales. 10 000 cellules ont constitué leur bureau. 1 200 cellules environ publient un «journal de cellule».

F. GOGUEL, A. GROSSER *La Politique en France* Armand Colin p. 127

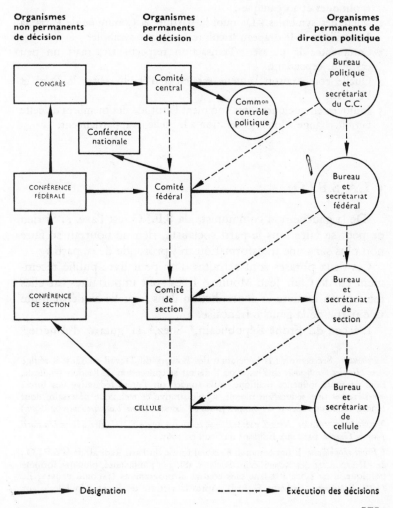

Organismes non permanents de décision	Organismes permanents de décision	Organismes permanents de direction politique

———▶ Désignation   - - - - -▶ Exécution des décisions

Pelloutier.[1] Triste langage commun. Pourquoi donc refuser de l'entendre, et de voir cette société telle qu'elle est, et ce que le Parti devient, heureusement peut-être, si c'est le chemin de cette «sociale-démocratisation» où G. Laveau (*Esprit*, octobre 1966) voit sa seule issue?

Réfléchissons à tout cela, et espérons dans l'arrière-petit-fils.

JEAN-MARIE DOMENACH in *Esprit no 358*, mars 1967 pp. 507–508

INTELLIGENCE DU TEXTE

1 Dans le premier paragraphe, faites ressortir la distinction entre «politique» et «organique».
2 «Piété des symboles.» De quoi la Bastille, la Commune de Paris, la Marseillaise et le drapeau tricolore sont-ils le symbole?
3 Commentez la phrase: «Transaction respectueuse, mais un peu casuiste, cependant.»
4 Quelle comparaison l'auteur essaie-t-il d'établir entre le Parti et l'Église?
5 Indiquez en quelques mots comment l'attitude des membres de cette famille change selon la génération à laquelle ils appartiennent.

5 LA S.F.I.O.

«De la gauche non communiste, la S.F.I.O. est l'axe... Si rien ne peut se faire sans le parti socialiste, rien ne pourrait se faire non plus sans une transformation très profonde de ce parti.»

Ces deux phrases sont extraites d'un petit livre publié récemment par le Club Jean Moulin.[2] Elles sont importantes car elles mettent en lumière la contradiction dans laquelle se débat toute une partie de la gauche française.

L'échec du Front Républicain,[3] Suez,[4] la guerre d'Algérie,[5]

---

[1] *Pelloutier* Secrétaire de la Fédération des Bourses du Travail en 1895; il rédige une *Histoire des Bourses du Travail* où il définit sa conception de l'action syndicale, hors de toute influence politique, mais fondée sur l'unité fédérative des forces ouvrières et une «éducation morale, administrative et technique nécessaire pour rendre viable une société d'hommes frères et libres.» (*Grand Larousse Encyclopédique*.)

[2] CLUB JEAN MOULIN Voir *La vie politique*, section 2, texte 1. Il s'agit du livre *Un Parti pour la Gauche*, paru aux Éditions du Seuil en 1965.

[3] *Front républicain* Front commun électoral formé du Parti Radical, de la S.F.I.O., de l'U.D.S.R. et des Républicains Sociaux. «Slogan publicitaire, plus que formule politique, il est lancé à la hâte sans contrat ni programme» (JACQUES FAUVET, *La IVme République*, Arthème Fayard). Après la victoire du Front Républicain aux

Lacoste et Max Lejeune, Mollet ministre de la Ve République, puis «l'homme trompé par de Gaulle», enfin les combinaisons municipales qui ont permis d'une ville à l'autre, de s'allier soit avec les communistes, soit avec la droite la plus réactionnaire; ce passé encore tout chaud n'incite pas à l'adhésion, c'est le moins qu'on puisse dire. Et cependant, la S.F.I.O., c'est l'une des grandes traditions de la gauche française. Or, sans absorber tout ou partie de la tradition, on ne construit rien de puissant et de durable, du moins sur ce continent. Voyez les partis communistes européens: ils ne se sont développés que là où ils sont nés d'une scission de l'organisation socialiste; dans les pays où cette scission n'a pas eu lieu (Angleterre, Belgique, Scandinavie), ils ne représentent que des petits groupes sans influence.

Ainsi, d'un côté, on répugne à joindre les rangs de la S.F.I.O., et de l'autre on estime qu'aucun renversement de politique ne pourra avoir lieu sans elle. Comment sortir de ce dilemme? Le Club Jean Moulin pense avoir trouvé la solution: «il faut que le parti socialiste se transforme d'une manière très profonde.»

Mais la S.F.I.O. peut-elle se transformer?[1] C'est là toute la question: une question à laquelle on ne peut répondre avant de savoir ce qu'est réellement ce parti. Bien peu de Français connaissent aujourd'hui la vie intérieure de la S.F.I.O. Il y a d'abord à cela une raison géographique. Examinez ces deux cartes. Elles montrent la répartition des effectifs en 1947 et en 1964. La première nous donne l'image d'un parti qui a encore un rayonnement national; la seconde, celle d'une organisation qui s'est repliée sur un certain nombre de régions privilégiées.

Il existe encore une autre raison qui explique la méconnaissance que l'on peut avoir de la S.F.I.O.: elle tient au fait que ce parti constitue une société particulièrement fermée. La S.F.I.O. c'est d'abord une grande famille. Une famille qui a, bien entendu, ses disputes et ses querelles d'intérêt, mais où l'on se sent toujours entre soi, gens de même origine et de même comportement. Le

élections de janvier 1956, Guy Mollet devient Président du Conseil. Élu, avec Pierre Mendès-France, pour mettre fin au problème algérien, il s'en révèle incapable.

[4] *Suez* L'intervention américaine et l'ultimatum soviétique mirent rapidement fin à l'expédition militaire franco-britannique à Suez en 1956.

[5] *la guerre d'Algérie* Dura du 1er novembre 1954 au 18 mars 1962. (Signature des Accords d'Evian et reconnaissance par la France de l'indépendance de l'Algérie.) Elle divisa profondément et douloureusement l'opinion française.

[1] Un nouveau parti socialiste a été créé en juillet 1969 dont le premier secrétaire est M. Alain Savary. Nul ne sait s'il sera vraiment très différent de l'ancien et la question de Gilles Martinet demeure d'actualité.

1947

Fédérations Comptant

■ plus de 10 000 adhérents

▨ entre 5000 et 10 000 adhérents

▦ entre 2000 et 5000 adhérents

▒ entre 1000 et 2000 adhérents

░ entre 500 et 1000 adhérents

□ moins de 500 adhérents

Les effectifs de la S.F.I.O. en 1947

1964

Les effectifs de la S.F.I.O. en 1964

Le Nouvel Observateur

milieu est homogène, il ne l'a pas toujours été, il l'est devenu. On n'y voit plus guère d'ouvriers—sauf dans le Nord—et encore moins de grands universitaires, d'artistes et d'étudiants. La dominante est plébéienne et petite-bourgeoise. On est employé, fonctionnaire, instituteur, professeur de collège technique, cadre moyen, artisan ou commerçant. On est parfois «aisé», mais on tient à rappeler, dans ce cas, que ses parents ne l'étaient pas. Socialement homogène, la famille est relativement unie sur le plan idéologique. Les vieilles divisions de jadis se sont peu à peu effacées. Le marxisme a toujours droit à un coup de chapeau, mais on ne connaît guère de Marx que *Le Manifeste Communiste*. Depuis la mort de Léon Blum, il n'y a plus de théoricien dans le parti: seulement des camarades qui rappellent quelques principes généraux auxquels on tient d'ailleurs beaucoup. On est républicain, on est laïque, on est pour les nationalisations, on est contre tous les totalitarismes, on est passionnément attaché au régime parlementaire ... sans pour autant écarter l'hypothèse d'une révolution violente. Nous trouvons ici l'un des traits qui déconcertent le plus les observateurs, à commencer par les socialistes étrangers. Même lorsqu'il consent au plus médiocre compromis, le notable S.F.I.O. conserve une petite flamme révolutionnaire au fond de son cœur.

C'est la gestion de ses municipalités qui donne à la S.F.I.O. la plupart de ses contacts avec le reste de la population. La vie un peu endormie de ses sections est faite de tâches routinières, de vieille camaraderie et d'anecdotes. L'atmosphère n'est pas dépourvue de chaleur et de sympathie, mais pour ceux qui ne participent pas à la tradition, elle sent terriblement le renfermé.

GILLES MARTINET *La S.F.I.O. peut-elle se transformer?* in *Le Nouvel Observateur*, 15 avril 1965 (abrégé)

INTELLIGENCE DU TEXTE

1 Quelle est l'importance politique de la S.F.I.O.?
2 Le Front Républicain, Suez, la guerre d'Algérie: expliquez l'importance de ces trois événements.
3 Pourquoi la S.F.I.O. se trouve-t-elle actuellement si affaiblie?
4 Indiquez, en les résumant, quelles sont les bases idéologiques de ce parti.

JACQUES FAIZANT *La ruée vers l'ordre* Denoël

6 LA LAÏCITÉ

La laïcité? Une vieille histoire dépassée! Dépassée? Pourtant, le 18 juin 1965, à 2 heures du matin, c'est sur cet iceberg de la vie politique française que le navire de la Fédération[1] s'est brisé. Les

---

[1] *la Fédération* Dirigée par Gaston Deferre, ce fut la première tentative d'union des forces de gauche en vue des élections présidentielles de décembre 1965.

Anglais, les Allemands, les Américains ne comprennent pas ce que c'est. Les Français ne le savent pas toujours. Ils le sentent. C'est plus grave.

Le 18 juin, dix-sept hommes étaient parvenus à se mettre d'accord sur les principaux problèmes. Le secrétaire de séance dit alors: «Il ne reste plus que la laïcité.» Et ce fut la fin de la Fédération. Les Socialistes et les Radicaux, exigeant qu'elle ne soit pas mise entre «parenthèses», les M.R.P. affirment que même s'ils acceptaient un armistice sur la question scolaire, ils ne seraient pas suivis. M. Guy Mollet,[1] tapi dans son coin avec un greffier, enregistre l'échec, qu'il a prévu depuis le moment où il a remis le petit mot de «laïcité» dans la motion sortie du Congrès socialiste. C'est la deuxième fois en dix ans qu'une entreprise de réconciliation échoue sur cette «querelle dépassée».

Pour comprendre la nature du drame, il faut remonter à sa source. La Révolution française, la Vendée,[2] Voltaire? Sans doute. L'alliance de l'Église et de la monarchie, l'échec de la Constitution civile du clergé,[3] les massacres de 1793[4] et la Chouannerie,[5] ont, dès cette époque, coupé l'Église de la République. Au XIXe siècle, cependant, la bourgeoisie voltairienne envoie ses fils à l'école des Pères. Le conservatisme tend à réconcilier les propriétaires, ces nouveaux seigneurs et l'Église. La guerre devient alors idéologique. Il faut faire disparaître les superstitions et leur forme suprême, c'est-à-dire la religion, pour faire naître un homme nouveau. Victor Hugo chante la gloire de Dieu, mais d'un Dieu arraché aux griffes de l'Église, à la richesse des prélats, à la collusion entre l'ordre des riches et l'ordre mensonger des prêtres, ces confiscateurs de la divinité. La Révolution, pour Michelet, c'est ce grand éclair de la raison frappant en plein cœur le monde noir de la sorcellerie, des prêtres et des prélats, ces oppresseurs intellectuels de l'homme. C'est un assaut formidable. On ne peut rien

---

[1] *Guy Mollet* Secrétaire général du parti socialiste S.F.I.O. de 1946 à 1969.

[2] *la Vendée* «Soulèvement provoqué en 1793 chez les paysans de Bretagne, du Poitou et de l'Anjou par la Constitution Civile du Clergé et la levée en masse» (*Petit Larousse Illustré*). Ce soulèvement ne prit fin qu'au début de 1801 après que le Premier Consul eut promis aux Chouans l'amnistie et la liberté du culte.

[3] *Constitution civile du clergé* Votée par l'Assemblée Constituante le 12 juillet 1790. D'inspiration gallicane, elle réformait l'organisation et la discipline de l'Église de France sans avoir préalablement consulté le Pape. De plus «l'Assemblée exigea des ecclésiastiques le serment d'accepter la nouvelle organisation de l'Église de France. C'était leur donner à choisir entre leur fidélité à Rome, leur foi religieuse et l'obéissance à la loi» JACQUES MADAULE *Histoire de France*.

[4] *1793* Année qui marque le début de la Terreur.

[5] *la Chouannerie* Insurrection des monarchistes vendéens en 1791.

saisir de la violence des réflexes que déchaîne le mot «laïcité» si l'on perd de vue cet arrière-fond.

Sous Napoléon III, un Concordat est signé entre l'Église et l'État. Au lendemain de la Commune,[1] la République naissante se garde bien de toucher au château de cartes des rapports entre Rome et Paris. Les catholiques sont monarchistes, les laïques sont républicains. Mais tous sont bourgeois et les mains des uns et des autres sont poisseuses du même sang ouvrier.

Le coup de canon, c'est Dreyfus.[2] À partir de cette date, tout s'enchaîne avec une logique absolue. C'est parce que Dreyfus est juif et que l'honneur de l'armée est en question, que le catholicisme tout entier se dresse derrière *La Croix*,[3] les grandes familles nobles, pauvres et militaires. Tout ce beau monde en rangs serrés, demande la tête du capitaine. Jaurès arrache le socialisme à son indifférence pour cette bataille entre bourgeois. Il le jette dans la guerre pour les droits de l'Individu. Zola lance les intellectuels dans le combat. Désormais, la France est divisée en deux. La République sait le nom de son ennemi: elle contre-attaque.

En 1901, le premier coup de poing: la loi sur les Congrégations déclenche une véritable guerre de religion. Les religieux doivent abandonner leur maison, quitter leurs amis, s'exiler. Les officiers catholiques démissionnent et refusent d'obéir à un État qui «piétine leurs croyances». Un refus maladroit du Vatican de recevoir le président de la République entraîne la rupture entre le Vatican et le gouvernement de la République. Désormais la voie est libre à la séparation de l'Église et de l'État. Après un an de débats, le 3 juillet 1905, à minuit, la Chambre des Députés, par 341 voix contre 233, vote l'ensemble du projet. Le texte a subi 320 amendements. Ce fut l'un des plus longs débats de l'histoire de la République.

Le 5 juillet 1905, *La Croix* titre: «Jour de deuil». Pour les catholiques, en effet, la loi paraît terrible: les prêtres ne toucheront plus de traitements, les Églises ne seront plus subventionnées,

---

[1] *la Commune* Insurrection qui dura du 18 mars au 28 mai 1871. Le peuple de Paris (la population ouvrière en particulier) s'insurgea contre le gouvernement de Thiers qui avait accepté la défaite. La Commune fut écrasée sans pitié. Et longtemps «cette répression rendit à peu près impossible à combler le fossé entre la bourgeoisie et la classe ouvrière». (JACQUES MADAULE *Histoire de France*.)

[2] *Dreyfus* «Officier français, né à Mulhouse (1859–1935). Israélite, accusé et condamné à tort pour espionnage (1894). Il fut grâcié (1899) et réhabilité (1906) après une violente campagne de révision (1897–99) dénaturée par les passions politiques et religieuses.» (*Petit Larousse Illustré*.)

[3] *La Croix* Organe de presse catholique.

l'État ne veut plus connaître les nominations d'évêques, toutes les réunions (et les messes sont des réunions) ne peuvent avoir lieu qu'après une autorisation de la police. Pourtant cette loi va ouvrir le chemin d'une double libération: celle de l'État, d'une part; celle du catholicisme, d'autre part. Celui-ci, loin de mourir du coup qui le frappe, va progressivement retrouver sa dimension, s'affirmer d'une manière autonome, se refaire petit à petit une place dans la nation. Une fois la loi votée, aucune des catastrophes prévues ne se déclenche. Les catholiques s'organisent tant bien que mal, le clergé fait la découverte d'une certaine pauvreté. Les catholiques français, raidis contre la République, écoutent la voix de Maurras.[1] Ils vont se réconcilier dix ans plus tard avec les instituteurs, quelque part sous un déluge de ferraille, qui refait de la France une nation unifiée.

Cette guerre de religion des premières années du siècle, a trouvé ses meilleurs combattants chez les instituteurs. Ce sont eux qui ont mené une triple bataille jour après jour. Bataille pour l'enseignement d'abord. Ces hommes mal payés, perdus dans les écoles de campagne qui sentaient la pluie et la craie, ont liquidé en moins de dix ans l'analphabétisme. Les instituteurs du début de ce siècle se sont comportés comme des moines. Ils ont voulu l'école du peuple et ils l'ont faite envers et contre tous. Le deuxième acte de leur effort a été d'enseigner la République. Ce n'étaient pas des hommes neutres; ils croyaient profondément aux mythes de 1789. On n'accepte pas une vie aussi dépouillée sans une espèce de foi. La République était leur Dieu; les catholiques ne l'ont pas compris. Ils ont accusé ces hommes d'être francs-maçons et athées. Pas une minute ils n'ont vu qu'ils se trouvaient en face de nouveaux croyants. Troisième ressort des instituteurs: l'anticléricalisme. Pour une grande partie de ces hommes, la religion catholique, était l'ennemie. C'était elle qui avait combattu la Révolution, soutenu les rois et les riches. C'était Rome, ce pouvoir mystérieux, qui, au centre d'une toile d'araignée immense, secrétait cette religiosité pour les femmes qui maintenait le peuple en esclavage. Voilà toute l'ambiguïté. La laïcité au moment où elle fonde la République et lui donne sa force, n'est pas une tolérance, c'est un combat pour le règne de la Raison et l'avène-ment des Lumières que le XVIIIᵉ siècle avait annoncées. Il y

[1] *Maurras* 1868–1952, auteur de *l'Enquête sur la Monarchie*, *l'Avenir de l'Intelligence*, etc., directeur du journal *l'Action Française*. «Il oppose au mensonge démocratique le retour aux institutions vraiment françaises, c'est-à-dire à une monarchie héréditaire antiparlementaire et décentralisée.» (JACQUES DROZ *Histoire des Doctrines Politiques en France*.)

aura donc perpétuellement deux définitions de la laïcité: l'une entachée d'esprit mystique, fondamentalement inacceptable pour le catholicisme. C'est contre elle qu'il mènera une guerre défensive. L'autre, faite d'esprit de tolérance, de respect de toutes les opinions, qui apparaîtra progressivement au lendemain de la guerre 1914–18. En fait, les deux idées sont utilisées simultanément.

Pendant plus de trente ans, les deux camps restent sur leurs positions. Aux alentours de 1949, le problème commence à se poser en termes nouveaux. La République est laïque, personne ne le conteste plus, mais les écoles catholiques ne peuvent plus vivre sans être financées. Une commission est créée qui doit trouver une solution à ce problème. Elle ne réussira pas à terminer ses travaux. Le général de Gaulle lance le R.P.F. dans une campagne pour les subventions aux écoles libres; le M.R.P. se précipite à la rescousse pour ne pas se faire déborder à droite, et c'est la loi Barangé[1] qui rallume la vieille bataille. Les catholiques vont désormais obtenir une série de dispositions qui leur sont favorables. Le camp laïc n'a plus la vigueur d'autrefois. Le schisme communiste le gêne. Le bloc des instituteurs est divisé sur tous les autres problèmes.

Rien n'est plus long à éteindre qu'une guerre de religion. Les hommes tiennent plus à leurs idées qu'à tout autre bien. C'est leur cohérence mentale qui est en jeu. Pourtant, demain, de Gaulle disparaîtra. La France se trouvera confrontée à des problèmes gigantesques que le vieil homme prestigieux a couverts d'un manteau de mots, puisés simultanément dans la tradition de la monarchie et celle de la République. Il faudra faire vivre ce pays, lui donner sa place dans l'ensemble européen, lui faire déplacer la hauteur des clochers pour l'amener au niveau des centrales nucléaires. Tout cela ne sera possible qu'en liquidant les séquelles du conflit qui, au début du siècle, a coupé la France en deux. Mais. . . «Là querelle de la laïcité durera, parce qu'elle permet de rallier les troupes. Vous, Messieurs de la religion catholique, vous n'êtes pas contents de la manière dont les modérés gèrent les affaires de la nation! Peu importe! La crainte d'un laïcisme virulent vous fera mettre dans l'urne les bulletins que souhaitent les princes, et vous votez pour eux malgré vos inquiétudes. Vous autres, Messieurs du socialisme, vous savez ce que représente le soi-disant allié communiste. Mais allez-vous contre lui faire passer cet homme qui a peut-être le secret désir de faire entrer le prêtre à

---

[1] *loi Barangé* Loi du 28 septembre 1951 qui «inaugure la participation de l'État au fonctionnement des établissements confessionnels» (BERNARD MEGRINE, *La Question Scolaire en France.*)

l'école? Vous préférez vous allier au communisme et vos princes socialistes gagneront ainsi quelques places de plus.» Irréfutable. Ces lignes sont de M. Michel Debré. Il était expert. Il a utilisé lui-même le mécanisme qu'il dénonçait si bien.

La Laïcité in *L'Express*, 5 juillet 1965

INTELLIGENCE DU TEXTE

1 Pourquoi «cette querelle dépassée» joue-t-elle un rôle si important dans la politique de nos jours?
2 En quelques phrases indiquez quelles sont les raisons de la violence des réflexes que déchaîne le mot «laïcité».
3 Expliquez et commentez en détail «la triple bataille» menée par les instituteurs.
4 Comment se fait-il, d'après vous, que le mot «laïcité» ait acquis un deuxième sens au lendemain de la guerre 1914–1918?
5 Expliquez la signification de la citation de Michel Debré.

7 LA FIN D'UN SCHISME?

La décision du parti communiste sur l'élection présidentielle[1] est importante, non seulement pour lui, mais pour toute la vie politique française. Depuis la rupture du tripartisme,[2] le 6 mai 1947, celle-ci est dominée par le schisme de la gauche. À cause de lui, ni la IVe République ni la Ve République n'ont pu connaître ces alliances de type bloc, cartel ou front populaire, qui sous la Troisième ont souvent gouverné et presque toujours rendu plus clair le choix des électeurs. À cause de lui l'alternance des majorités suivant une oscillation pendulaire, qu'André Siegfried décrivait avant 1939, n'a pu reprendre après la guerre: le balancier s'est trouvé bloqué à droite sans pouvoir revenir dans l'autre sens, même si les citoyens souhaitaient qu'il le fasse (comme en 1956). À cause de lui, le parti socialiste a été condamné à faire le jeu des conservateurs ou à s'enfermer dans l'opposition. À cause de lui, les efforts de rajeunissement de la gauche n'ont abouti qu'à des discussions stériles, en de petites chapelles confinées.

Pendant longtemps cette division de la gauche correspondait

---

[1] *L'élection présidentielle* Il s'agit de celle de décembre 1965 où la gauche présenta un candidat unique, François Mitterrand.

[2] *tripartisme* Coalition gouvernementale formée des partis Communiste, S.F.I.O. et M.R.P. d'octobre 1945 à mai 1947.

à une situation que les états-majors des partis ne pouvaient pas modifier. Elle exprimait la guerre froide qui déchirait alors l'Europe, le rideau de fer qui la séparait en deux moitiés hostiles et isolées, la peur de voir la domination soviétique s'étendre jusqu'aux rives de l'Atlantique, la rancœur des socialistes occidentaux devant le traitement infligé à leurs frères des démocraties populaires. Tout rapprochement avec les communistes était impossible, et ceux qui le tentaient malgré tout se trouvaient désavoués par l'opinion, qui considérait comme des naïfs ou des traîtres ceux qu'elle nommait des «compagnons de routes».

Depuis plusieurs années déjà la situation a changé. La guerre froide s'est assoupie, le rideau de fer s'est entr'ouvert, les démocraties populaires sont plus ou moins entrées dans la voie de la libéralisation. Le communisme a pris un nouveau visage, moins dur que celui de Staline. Le polycentrisme l'a rendu plus indépendant. À l'heure où Moscou et Washington se rapprochent, le mot de Guy Mollet—«Les communistes ne sont pas à gauche, ils sont à l'Est»—a moins de sens. Surtout, il est devenu clair aux yeux des Français que leur pays ne risque point d'être soviétisé dans un avenir prévisible, pas plus que le reste de l'Europe occidentale. La grande peur des années 50 s'est dissipée: elle constituait le fondement le plus solide du schisme de la gauche.

Il en reste toujours quelques souvenirs, certes, que la propagande de droite s'applique à entretenir. Le parti communiste n'est pas encore considéré comme un parti semblable aux autres. Cela tient peut-être moins désormais à ses liaisons extérieures et à ses positions internationales qu'à sa rigidité interne et à sa puissance. On appréhende moins qu'il fasse le jeu de Moscou. On craint plutôt que ce pot de fer ne détruise les pots de terre qui s'allieraient avec lui, d'autant qu'ils se fêlent un peu plus chaque jour. Quoi qu'il en soit, ce reste de méfiance ne peut être négligé. Il serait aussi peu réaliste de l'ignorer que d'ignorer l'évolution en sens contraire accomplie depuis dix ans.

La décision du comité central du P.C. de soutenir François Mitterrand constituera un changement d'orientation important. Au moment où beaucoup prétendent que l'élection présidentielle au suffrage universel n'a pas les conséquences annoncées par ses partisans—comme si l'on pouvait en juger si tôt les effets—il faut bien souligner que celle-là au moins serait exactement conforme aux prévisions. Les communistes ne peuvent guère se permettre de perdre la face dans un scrutin national en présentant un candidat qui réunirait probablement beaucoup moins de voix que leur pourcentage habituel d'électeurs. Dans ces conditions ils doivent presque nécessairement se rallier à un candidat non communiste sans pouvoir exiger de lui des engagements, mais seulement qu'il ne prenne pas une attitude inacceptable.

Nul ne croit que la décision communiste mette totalement fin au schisme de 1947. Il est trop profond pour s'effacer si vite, et les conditions de son entière disparition ne sont pas encore mûres. Mais il pourrait désormais s'atténuer suffisamment pour que la gauche cesse d'être paralysée et que le balancier politique puisse reprendre son mouvement pendulaire au lieu de rester bloqué vers la droite.

De toute façon, les cartes sont maintenant distribuées, et la partie engagée.

MAURICE DUVERGER *La fin d'un schisme?* in *Le Monde*, 24 septembre 1965 (abrégé)

JACQUES FAIZANT *La ruée vers l'ordre* Denoël

INTELLIGENCE DU TEXTE

1 Quel a été le résultat de ce schisme de la gauche?
2 Expliquez la signification de l'expression: «le balancier s'est trouvé bloqué à droite.»
3 Pourquoi la guerre froide a-t-elle exercé tant d'influence sur la gauche française?
4 Commentez le mot de Guy Mollet: «Les communistes ne sont pas à gauche, ils sont à l'Est.»
5 Faites ressortir l'importance des changements survenus dans les rapports entre la gauche traditionnelle et le P.C.

8 EXPRESSIONS POPULAIRES DU GAULLISME

Des sondages d'opinion nous informent de temps en temps du niveau de popularité du général de Gaulle et de sa politique. Ces informations, communiquées en pourcentages, indiquent sans doute exactement la quantité d'adhésions à celui-là, mais en exprime mal la nature.

Les réponses à une question telle que: «Quel personnage célèbre admirez-vous le plus et pourquoi?» peuvent être plus descriptives. Cette question a été posée, lors d'examens d'embauche, à une population de candidats soit à des emplois de vente, soit à des emplois de bureau d'une grande entreprise. Elle ne présupposait, bien sûr, nulle intention d'investigation politique. Cette question s'adresse à des gens officiellement scolarisés, entre certificat d'études et brevet ou niveau de l'ex-première partie du baccalauréat. D'origines sociales en général très modestes, comme on dit. Majorité de femmes.

Victor Hugo sort vainqueur de cette élection des gloires avec 12% de suffrages. Ensuite, brillant second avec 11%, l'homme dont le poète a si brillamment servi le prestige posthume: Napoléon. Et le troisième: Pasteur? Piaf?[1] Non! De Gaulle. Avec 6%! C'est beaucoup. La question est très générale, concerne aussi bien les célébrités des deux sexes de tous les temps, de n'importe quel domaine, sans la moindre orientation.

Donc, de Gaulle s'en tire bien. Des personnages politiques vivants, il est même le seul élu.

Voyons maintenant ce qui lui vaut une telle faveur.

[1] *Piaf* Édith Piaf, célèbre chanteuse de charme.

La qualité, plus exactement, la vertu, la plus souvent nommée est le courage. Puis viennent l'intelligence et la personnalité, au sens de force de caractère, de volonté.

On ne s'étonnera pas d'un tel accord sur le courage. Cette vertu, peut-être dédaignée dans certains milieux, est la plus populaire. Politiquement, le courage paie.

La seconde qualité reconnue et appréciée: l'intelligence. Cette intelligence n'est pas soupçonnée de ruse. C'est assez surprenant. Elle est même parfois mise en compagnie de la loyauté: «Homme loyal, franc . . . et extraordinairement intelligent en toutes circonstances,» ou de l'honnêteté.

La force de caractère est fréquemment estimée. On vante cette «personnalité d'une rare fermeté». Fermeté soutenue, constante, inflexible: «Homme énergique et qui poursuit coûte que coûte un idéal dans lequel il est sincère.» Des termes comme ce «coûte que coûte», comme «en dépit de tout», des bernes tels que maintenir, s'évertuer, défendre, redresser, imposer, persévérer, expriment bien la vigueur inlassable de ce caractère. On peut en discuter, objecter de spectaculaires revirements, dont certains, exécutés par d'autres, eussent même passé pour de la soumission; peu importe, rien ne fera que de Gaulle, aux yeux des gens un roc, leur paraisse une girouette.

En dehors de ces quatre grandes qualités, courage, intelligence, caractère et tout ce qui correspond à l'honnêteté désintéressée, quelques autres sont citées, mais d'une façon trop occasionnelle pour être significative et parfois d'une sorte qui laisse un peu rêveur: «J'ai beaucoup d'admiration pour le général de Gaulle, pour son esprit de libéralisme et d'égalité, en même temps que de fraternité.»

La rareté de certaines appréciations peut être aussi révélatrice que leur fréquence. La loyauté, nous l'avons vu, n'est pas complètement oubliée; la bonté, l'honnêteté, ne sont pas non plus tout à fait exclues de notre florilège gaulliste. En revanche, la justice l'est. Totalement! Grande absente. On ne peut s'étonner que le président monarque ne lui manifeste pas plus d'intérêt si on en juge à l'omission de ses admirateurs. Mais si ses sujets ne citent pas la justice, sans doute n'en ont-ils guère cure. Autrement, ils la lui prêteraient.

Mais alors qu'attendent-ils donc de Charles de Gaulle? Quelles fonctions désire-t-on qu'il assume? La plus fréquemment signalée, la plus appréciée, est cette défense du pays envers et contre tout au service de laquelle il met cette force de caractère tant admirée et que soutient un patriotisme possédé par les exigences de l'amour. Ce patriotisme garantit la volonté de la défense: «Il est Français avant tout.» «Il est pour le redressement de notre pays.» On a même l'impression que les auteurs de ces déclarations pensent qu'être pour le redressement de ce pays, qu'être Français avant tout, bien loin d'une position répandue, constitue un peu une exception. Ils en font en tout cas un grand mérite, car ils considèrent manifestement que la chose est difficile: «Le général de Gaulle qui, malgré son grand âge et les attaques tant de l'intérieur que de l'extérieur, reste à la tête de la France pour lui rendre sa grandeur et une place éminente.» Plus encore que de cette place, il s'agit de l'existence même de la nation. Certes, il l'a déjà «sauvée deux fois en 1940 et en 1958.» L'issue de la lutte n'en reste pas moins incertaine: «Charles de Gaulle, c'est un homme qui s'évertue à sauver son peuple, qu'il y arrive ou non.» Que cet «évertue» est expressif! Sentiment d'un âpre effort, dont l'enjeu serait, bien davantage que le prestige, la gloire ou la gloriole, le salut tout simplement de la nation.

Enfin, très important, de Gaulle paraît un sûr combattant de la paix. Mis à part son grade, qui dans son cas est devenu un titre, il n'est pas perçu par les gens comme un militaire, mais comme un chef d'État; et un chef d'État somme toute pacifique, ainsi que l'indiquent clairement ces deux citations: «Le général de Gaulle, parce qu'il sait diriger son pays et éviter les guerres». Le général de Gaulle, pour son humanité et sa compréhension dans les relations entre les peuples.»

La bravoure semble à l'esprit populaire faire pour une fois bon ménage avec la quiétude. Comment veut-on, comment peut-on penser que des critiques (fussent-elles émises dans le meilleur esprit démocratique) à l'égard des interprétations abusives de tel ou tel article de la Constitution dont se serait rendu coupable le pouvoir puissent prévaloir contre une pareille alliance de la roide vaillance et de la douce pantoufle?

On perçoit aussi un besoin d'un état qui soit l'État, comme dirait le Général. «J'admire beaucoup de Gaulle sur le plan politique car, sans lui, nous irions directement vers un désastre bien connu. . .» Cette opinion a au moins le mérite du bon sens et de se tenir au sens des mots, qu'il faut que le gouvernement gouverne, que le dirigeant dirige. Ces mots répétés: diriger, gouverner, mener, décider, vouloir, entreprendre, l'indiquent explicitement: «. . . sait mener ses affaires à un but précis et n'attend pas après les autres pour se décider.» Sans doute n'est-il pas certain que celui qui a écrit: «Charles de Gaulle, pour ses qualités de polytechnicien et de chef d'État,» sache très bien ce qu'est Polytechnique, mais il est douteux qu'on puisse lui arracher de l'esprit qu'un chef est nécessaire à l'État et que de grandes qualités sont indispensables à ce chef.

Toutes ces réponses, qui ne représentent sûrement pas la pensée du corps électoral dans son entier, expriment vraisemblablement assez bien ce qu'attend l'électeur populaire d'un successeur, tant au point de vue des qualités que du rôle. Il s'agit d'opinions simplistes, de gens simples, pensera-t-on avec un rien de dédain, même peut-être si on est de gauche. Ce n'en est justement que plus intéressant. La mentalité populaire en France est devenue un monde assez ignoré des classes, disons intellectualisées, éclairées ou qui se flattent de l'être. À lire la plupart des exposés politiques sur ce que devrait être le successeur à la présidence, on s'aperçoit qu'un gouffre sépare ces descriptions de portraits présidentiels idéaux et la représentation qu'en donnent bien plus maladroitement mais plus vigoureusement les expressions populaires que nous avons collectionnées.

BERNARD LHOTE in *Le Monde*, 22 septembre 1965

INTELLIGENCE DU TEXTE

1 Faites un portrait du général de Gaulle grâce aux réponses citées dans le texte.

2 Bernard Lhote est-il d'accord avec le portrait du général de Gaulle tel qu'il apparaît à l'issue de cette enquête? Justifiez votre réponse.

3 Citez quelques exemples historiques qui mettent en évidence «la grandeur de la France» mentionnée dans le texte.

4 Que savez-vous des circonstances dans lesquelles le «général de Gaulle a déjà sauvé la France deux fois, en 1940 et 1958»?

5 Quel est le monde «assez ignoré, disons, des classes intellectualisées» sur lequel ce texte attire l'attention? Quel enseignement politique peut-on tirer de cette enquête?

9 LA DROITE MODÉRÉE

À mesure qu'elle voyait fondre ses effectifs, la droite ultra développait son penchant doctrinaire et son activité de plume: inversement, la droite modérée, qui a un passé brillant de réflexion, s'est laissé progressivement détourner de l'effort intellectuel par l'exercice du pouvoir, la défense des intérêts, l'attention aux contingences. Elle fait aujourd'hui piètre figure au plan de la pensée politique, et est à peine représentée parmi les revues et hebdomadaires. Aussi semble-t-il qu'il y ait peu à dire sur son compte; mais elle a ce qui manquera de plus en plus à l'extrême droite, le nombre.

Son unité n'apparaît pas d'emblée. On s'égare dans le dédale des groupes parlementaires, on se perd dans le lacis de leurs réconciliations et de leurs ruptures. Rivalités de personnes entre les candidats possibles à la présidence, désaccords sur la participation ont toujours fait obstacle à la constitution d'un grand parti conservateur intelligent, raisonnable, libéral dont l'absence est un thème traditionnel de déploration sous la plume des observateurs modérés: la dislocation du Centre national des Indépendants à la fin de 1962 vient couronner une longue série d'entreprises manquées. Mais ce n'est pas sur ce plan, au niveau des organisations, que se dégage l'unité fondamentale de cette droite: il faut prendre un peu de hauteur par rapport aux vicissitudes des groupements. Dès qu'on envisage les thèmes de sa pensée et de son action, l'unité profonde, sous-jacente aux dissentiments tactiques, s'impose comme une évidence indiscutable. Et du même coup se dégage la continuité de la tradition qui la relie à l'orléanisme[1] par le relais des républicains de gouvernement. Ce sont les mêmes thèmes, avec le même mélange d'implications, tantôt positives, tantôt négatives.

De cette droite, la liberté, comme en 1830 ou en 1895, reste toujours le maître mot; mais la signification de la référence varie en fonction de la situation: quand la droite la revendique contre le tripartisme,[2] elle se charge d'un contenu nettement conservateur; si elle l'affirme contre les prétentions d'un pouvoir personnel ou les tentations activistes, elle prend un tour incontestablement démocratique. Telle est l'ambiguïté intrinsèque de cette droite qu'on ne saurait mieux définir qu'en lui appliquant la double étiquette de libérale et de conservatrice. C'est l'interdépendance même de ces deux aspects qui la constitue et la singularise. Liberté pour l'électeur de choisir son député comme il l'entend, en dehors de listes toute faites dressées par des états-majors, d'où la campagne pour le retour au scrutin d'arrondissement;

---

[1] *orléanisme* «Parti ou attitude de tous ceux qui désiraient le rétablissement d'une monarchie constitutionnelle fondée sur le consentement du peuple, appuyée sur la richesse et les capacités, et ayant pour but l'expansion économique dans le respect de l'ordre établi.» (*Grand Larousse Encyclopédique*.) Le mouvement tire son nom de la branche cadette de la maison de France. Le premier duc d'Orléans, Philippe II, était le frère de Louis XIV. Louis-Philippe (1773–1850) devint roi des Français en 1830, après avoir confisqué à son profit la révolution de 1830.

[2] *tripartisme* Voir texte 6 (*La fin d'un schisme?*), note 1.

liberté pour l'élu de voter selon sa conscience, sans avoir à se lier à la dictature des partis (les indépendants sont sortis d'une réaction de protestation contre le régime des partis); liberté de l'enseignement contre les possibilités de monopole étatique; liberté du producteur contre le dirigisme bureaucratique et l'inquisition fiscale; liberté du travail contre l'organisation de la grève par les syndicats: autant de revendications qui rendent un son conservateur. Mais aussi liberté des parlementaires contre les interventions trop pesantes du pouvoir: liberté de la presse contre la censure ou l'arbitraire; liberté de la justice et respect des droits de la défense contre les procédures d'exception; toutes positions qui s'inscrivent dans une perspective opposée. Si, à l'intérieur de cette droite, il est des hommes qui penchent davantage vers les conséquences les plus conservatrices ou d'autres au contraire qui se laissent davantage solliciter par une interprétation plus avancée, il n'est pas possible de présenter la doctrine comme toute libérale ou purement réactionnaire. C'est la situation politique qui met tantôt l'accent sur le côté défense de l'ordre, et tantôt sur la face défense des libertés.

L'ambiguïté de la notion fondamentale se répercute au plan de la stratégie, dans le choix des alliés et des adversaires. Les modérés combattent sur deux fronts: ils refusent également les extrêmes. La devise «ni réaction ni révolution» qui définissait la ligne des républicains progressistes au temps de Méline, caractérise encore très exactement la position moyenne de nos indépendants. Même s'ils penchent à droite, ils sont un centre. Ils repoussent du même mouvement la démagogie et l'autoritarisme, la dictature des masses et celle d'un homme, le communisme et le fascisme.

Après cela doute-t-on encore qu'ils soient les héritiers directs de l'orléanisme libéral et conservateur? Examinons leur politique financière et économique: quels en sont les axiomes? Protéger la propriété et les fruits du travail: encourager l'initiative privée; défendre l'épargne; combattre l'inflation; conserver à la monnaie son pouvoir d'achat; préférer l'emprunt à l'impôt; rétablir la confiance. Le tout lié à un climat de défiance à l'égard de l'État et à la religion de l'équilibre budgétaire. La politique qui rendit M. Pinay[1] si populaire auprès d'une importante fraction de l'opinion, parce qu'elle y vit un retour au bon sens et la revanche de maximes éprouvées sur les illusions, ressemble comme une

[1] *Pinay* «Cette 'expérience' Pinay (mars–décembre 1952) visait à l'apaisement des conflits sociaux par la stabilisation et l'affichage des prix, la non-augmentation des impôts, l'émission d'un emprunt 3,5 p. 100 à garantie-or, politique favorablement accueillie par l'opinion.» (*Grand Larousse Encyclopédique*.)

sœur à celle du président Poincaré qui ne différait guère de celle appliquée par les ministres des Finances de la république opportuniste,[1] elle-même héritière de celle de la monarchie bourgeoise. En ce domaine tenu pour essentiel par les classes dirigeantes la continuité est éclatante.

Elle se vérifie jusque dans les contradictions internes. L'adhésion aux thèses libérales avait toujours comporté quelques dérogations intéressées: nos indépendants s'opposent aux ingérences de l'État, sauf s'il s'agit de venir en aide à l'agriculture ou à l'artisanat, pour maintenir artificiellement le niveau des cours; de même leur libéralisme s'arrête-t-il souvent aux frontières du marché national; et la liberté de l'enseignement signifie pour eux l'aide financière de l'État aux établissements privés; enfin leur attachement à la liberté des partis ne va pas toujours jusqu'à les dissuader de réclamer l'interdiction du parti communiste.

C'est surtout la même morale bourgeoise fondée sur l'exaltation des vertus du Français moyen. Pareil souci de l'ordre et de la stabilité, même éloge du bon sens contre les utopies. La droite modérée réprouve l'aventure, toutes les aventures, tant intérieures qu'extérieures. Elle prend parti pour le possible, le raisonnable, le moindre mal, contre la politique du pire, le recours aux grands moyens. De là son incompatibilité d'humeur avec les doctrinaires de l'extrême droite; de là aussi, son aversion pour la ligne et les procédés du R.P.F. Elle prêche la mesure, respecte la légalité, préfère à tout coup les pis-allers aux solutions radicales. Elle est fondamentalement opposée aux extrémismes. Tous ces traits qui composent, autant qu'un système, un portrait moral et un type d'homme ressemblent étrangement à la description de l'orléaniste ou du républicain à la Méline ou à la Poincaré. Sous les régimes successifs, à travers des dénominations changeantes, nous saisissons la continuité d'une tradition essentielle dont le fond n'a guère changé depuis cent trente ans. D'autres points corroborent la thèse de la filiation: la ressemblance géographique et sociologique des clientèles électorales, l'analogie des structures ou plus exactement leur absence parallèle, la sympathie pour les mêmes institutions politiques: assemblées représentatives, existence d'une seconde Chambre en mesure de faire contrepoids aux humeurs de l'assemblée élue au suffrage universel, équilibre des pouvoirs, responsabilités de l'exécutif devant le Parlement, mode de scrutin

---

[1] *république opportuniste* Les historiens nomment ainsi la période qui, sous la IIIème République, s'étend de 1879 à 1899.

permettant aux personnalités de jouer un rôle et préservant l'influence des notables.

La persistance sans altération de cette idéologie pendant près d'un siècle et demi, le fait qu'elle ait résisté aux bouleversements politiques, survécu aux transformations de la société, imposent peu à peu comme une certitude une réflexion qui n'était d'abord qu'une conjecture: l'orléanisme serait-il comme la seconde nature du corps politique français? Tous les régimes paraissent voués à y retourner: la IIe République après quelques mois, le second Empire sur sa fin; la IIIe République à sa façon pendant la majeure partie; la IVe République elle-même, malgré un bouleversement d'une ampleur insolite, y revient en 1952 avec l'expérience Pinay. Sous réserve des conclusions que nous tirerons de l'analyse du gaullisme, du succès de l'U.N.R. et du cours suivi par la Ve République, il n'est pas excessif de constater que cette droite à la fois libérale et conservatrice, pareillement attachée à l'ordre et à la liberté, exprime une des aspirations permanentes du corps politique français et que tout se passe comme si elle correspondait au centre de gravité de notre vie politique.

RENÉ RÉMOND *La droite en France* Aubier, 1967 pp. 268–272

INTELLIGENCE DU TEXTE

1 Quel visage présente, à première vue, la droite modérée en France?
2 Expliquez et justifiez l'expression «l'ambiguïté intrinsèque de la droite modérée.» Comment se traduit-elle sur le plan politique?
3 Les contradictions internes de la droite modérée se retrouvent-elles dans sa politique financière et économique?
4 «Pareil souci de l'ordre et de la stabilité . . . le recours aux grands moyens.» Relisez les paragraphes qui précèdent ce passage et voyez si les attitudes et les choix qui y sont décrits correspondent bien à la psychologie et à la morale du «Français moyen» dont parle l'auteur.
5 Que signifie l'expression «le centre de gravité de notre vie politique»? La comparaison vous semble-t-elle heureuse?

10 TEXTE POUR LA TRADUCTION

Crisis and compromise

These changes, however, did nothing to solve the problem of a political authority which still appeared as remote, as impersonal and as arbitrary as ever. There were a number of useful and important administrative measures taken to strengthen the machinery of the state, but the changes designed to harness popular political energies proved a total disappointment. The Fourth Republic did no more than the Third (or the Fifth) to encourage genuine political participation. Assiduously though the deputy might cultivate his constituents, they continued to regard him not as an agent for the enactment of policies they had had a hand in deciding but as a local ambassador, or rather consul, performing services and seeking benefits from a foreign body over whose inexplicable whims they had no control. How could it be otherwise when the result of general elections bore no visible relationship to the composition of governments which still seemed to be arbitrarily made and unmade by the politicians in the course of their endless private game? But this game, 'the System' as General de Gaulle called it, and the *immobilisme* which it protected received shorter shrift from the citizens of the Fourth Republic than from those of the Third. In the post-war years society was no longer in stalemate and the enemies of the System could sometimes command a third of the seats and nearly half the votes. In their insistence that representative government must mean their own dominance over the cabinet, the deputies did not merely degrade government: they themselves ceased to represent.

PHILIP M. WILLIAMS *Crisis and Compromise* Longmans, 1964 pp. 15–16

EXERCICES GÉNÉRAUX

Version: Une famille de communistes
Traduisez de français en anglais:
«Le ton religieux . . . leurs enfants le verront.»

Résumé:
Faites un résumé de 250 à 300 mots du texte: *La fin d'un schisme.*

Dialogue
Imaginez les réponses du communiste dans ce dialogue entre deux jeunes Français, l'un avec des tendances conservatrices, l'autre nouvel adhérent du P.C.F.

LE CONSERVATEUR   Quand je dis gouverner, je veux dire diriger les affaires de l'État avec fermeté et courage.

LE COMMUNISTE

LE CONSERVATEUR   Le fascisme? Mais non, vous parlez du régime de Vichy peut-être—la droite d'aujourd'hui n'est nullement fasciste.

LE COMMUNISTE

LE CONSERVATEUR   Oui, oui, d'accord—l'affaire O.A.S. nous a coûté cher. Mais quand même, nous ne sommes pas tous des terroristes!

LE COMMUNISTE

LE CONSERVATEUR   Cela prête à l'équivoque—n'oubliez pas la Hongrie.

LE COMMUNISTE

LE CONSERVATEUR   Vous vous trompez, mon vieux: le souci de la liberté n'existe pas uniquement au P.C.

LE COMMUNISTE

LE CONSERVATEUR   Bien sûr, mais il y en a, quand même, des nôtres qui sont morts en 1940–45. Depuis, d'ailleurs, nous avons fait de notre mieux pour améliorer le niveau de vie de tous les Français, et non pas uniquement celui d'une seule classe.

LE COMMUNISTE

LE CONSERVATEUR   Plus vite? Selon vous, le paradis terrestre n'arrivera que si le P.C. se trouve au pouvoir. Mais je vous l'assure: avec vos méthodes révolutionnaires, vous ne parviendrez qu'à la destruction de notre pays.

LE COMMUNISTE

LE CONSERVATEUR   Mais c'est précisément la nature humaine qu'il faut changer pour agir de la sorte.

LE COMMUNISTE

LE CONSERVATEUR   Mon pauvre vieux, vous êtes par trop idéaliste!

LE COMMUNISTE

LE CONSERVATEUR   Vous avez peut-être raison, mais nous y arriverons plus sûrement.

LE COMMUNISTE

Sujets de réflexion, de discussion ou d'essai

1 Quel personnage célèbre admirez-vous le plus et pourquoi?
2 Pourquoi devient-on député?
3 «La France contemporaine s'explique par son histoire.» Discutez.
4 «La prospérité est l'ennemie du communisme.» Discutez.

Groupes d'intérêt et groupes de pression

1 LES CORPS INTERMÉDIAIRES

Le développement économique peut être mesuré en tonnes
d'acier et en kilowatt-heures ou en revenu par tête d'habitant.
Mais ces indices—ou bien d'autres qu'on peut leur substituer—ne
donnent pas la clé du mouvement lui-même. La création, le
travail, l'investissement, l'innovation sont œuvre humaine. Les
acteurs économiques ne se réduisent pas aux fictions commodes
qui permettent d'écrire les équations de l'équilibre. Ils ont une
perspective, une volonté, un plan, ils se rencontrent, ils cherchent
à se répondre par des stratégies adaptées ou à concerter leur effort.

Ces acteurs peuvent être des individus. Mais aussi, et le plus
souvent, des groupes. Les personnalités éminentes inscrivent leur
œuvre propre dans un destin collectif: elles servent d'exemple,
elles persuadent, entraînent ou contraignent; elles mettent en
marche des organisations complexes qui seules peuvent traduire
l'impulsion reçue aux dimensions d'une économie moderne.

Parmi ces acteurs collectifs, les syndicats sont peut-être les plus importants après l'État. Lieux de rencontre et de concertation des employeurs et des salariés, ils sont leurs porte-parole et, plus largement, un de leurs principaux moyens d'action. Si l'économie s'organise, c'est en grande partie grâce à eux. Leurs conflits ou leurs dialogues—grèves, conventions collectives, planification—ne déterminent certes pas l'ensemble des investissements, des salaires et de la consommation. Mais ils inscrivent dans les fluctuations de la vie économique une part de volonté humaine et de prévision.

Ils donnent une forme cohérente aux espoirs, parfois lointains, des partenaires sociaux. Les entrepreneurs sont peut-être d'abord des individualistes. Mais ils ont toujours cherché à fonder sur l'expérience de leur succès et l'exemple de leur initiative une morale économique à prétention universelle. Réciproquement, la société idéale qu'ont esquissée et cherché à construire les syndicats de salariés, république sociale ou association des travailleurs, a inspiré plus d'une réforme profonde et les vues les plus utopiques ont cependant eu quelque influence sur l'évolution des faits.

Politiquement, pourrait-on concevoir une démocratie sans ces corps intermédiaires? Égoïstes souvent, toujours particuliers, ils sont cependant la garantie la plus sûre pour ceux qu'ils rassemblent que leurs intérêts, leurs singularités, leur existence même seront défendus. Il n'y a pas de formule idéale qui définisse la relation entre ces collectivités privés et l'intérêt général. Il est certain, en revanche, que l'intérêt général qui ne sortirait pas d'une discussion entre interprétations et prétentions rivales risquerait fort d'être arbitraire ou oppressif. Si, contrairement à une vieille tradition, le rôle du citoyen n'est pas d'être contre les pouvoirs, mais d'y participer sous garantie et de collaborer à l'œuvre commune, il faut bien qu'entre l'homme seul et l'État des relais se constituent; de même, entre l'homme économique et ceux qui ont la responsabilité dernière de la communauté, les syndicats sont un médiateur indispensable.

J.-D. REYNAUD *Les Syndicats en France* Armand Colin, 1963 pp. 5–6

INTELLIGENCE DU TEXTE

1 Pourquoi les «acteurs économiques ne se réduisent-ils pas aux fictions commodes qui permettent d'écrire les équations de l'équilibre»?

2 Expliquez la phrase «Les personnalités éminentes inscrivent leur œuvre propre dans un destin collectif» et citez quelques exemples.

3 Pourquoi le rôle joué par les syndicats dans la vie économique est-il si important?

4 Formulez quelques-uns des principes de «la morale à prétention universelle» que les entrepreneurs ont cherché «à fonder sur l'expérience de leur succès et l'exemple de leur réussite».

5 Quels reproches peut-on formuler contre les corps intermédiaires? Pourquoi, cependant, ne pourrait-on pas «concevoir une démocratie sans eux»?

2 CLASSES SOCIALES ET GROUPES D'INTÉRÊT

Les syndicats professionnels sont-ils seulement une expression de la lutte des classes sociales?

Plus d'un argument pourrait être invoqué à l'appui de cette thèse. Ne serait-ce que le fait majeur que les trois grandes organisations ouvrières en France parlent ce langage. Même si l'on accorde une grande importance à la distinction entre la lutte des classes comme principe et comme fait, toutes trois, bien qu'avec des différences qui sont plus que des nuances, considèrent le conflit qui les oppose en permanence aux représentants patronaux comme un conflit de classe. Il fait peu de doute également que ce vocabulaire n'est pas seulement de façade: le sentiment de classe reste vif, et il n'est pas certain qu'il existe seulement du côté des salariés.

L'évolution même des métiers et de la population active pourrait être interprétée en ce sens. Certes, on ne peut plus parler de classe ouvrière au sens strict du terme, sans exclure une part importante des salariés. Mais les employés voient fondre leurs privilèges: leurs avantages de salaires sont de plus en plus minces et souvent le sens de la différence s'inverse, au moins dans les régions économiquement les plus actives. Le travail des employés se rationalise à son tour, se divise et parfois se mécanise. Où est le temps où chacun avait dans sa serviette un bâton de directeur? La coupure s'accroît entre chefs et exécutants, entre diplômés et tout-venant porteur du brevet élémentaire. Les ouvriers accèdent parfois au statut de mensuel. La retraite, le mois de vacances ne sont plus réservés aux «cols blancs». N'y a-t-il pas une uniformisa-

Méfaits des quarante heures

—Ah! jeune homme, l'ordre existant est boulversé, la morale bafouée, les lois de la nature contrariées et tout et tout! Cette semaine de 40 heures est un cataclysme! Ainsi, tenez . . .

Si on avait depuis toujours appliqué cette loi, Dieu, qui a fait le monde en 6 jours aur obligé de s'arrêter le cinquième et son œu serait pas achevée.

L'oeil qui sans cesse regardait Caïn pour lui reprocher son crime aurait été contraint de se fermer deux jours par semaine. Vous trouvez cela moral?

Le palais du Louvre dont François Ier a p première pierre et qui a été terminé sous Napo serait encore en chantier aujourd'hui, et il n même pas été prêt pour l'Exposition.

Et vous pensez bien que les 40 rois qui en mille ans firent la France ne seraient jamais venus à bout d'un pareil travail s'ils avaient dû respecter le loi de 40 heures.

Ah! Je vous le dis, jeune homme, cette loi e monstruosité. Et j'en mourrai d'épuisement s faut le répéter quarante heures par semaine!

Fille du front populaire, la loi des quarante heures de travail hebdomadaire fait ses premiers pas. Nous sommes en 1937. . . .

Méfaits des vacances payées

—Les wagons de troisième classe sont bondés!
—C'est intolérable! Tous ces gens en congé payé
urchargent dangereusement les trains!

—Quelle peste, ces vacances populaires! Tu sens
celle là comme elle empoisonne la route avec son
parfum bon marché?

—Oh! Horreur! Impossible de rester ici! Ils se
ougent dans notre océan, ils respirent notre air
: se font brunir par notre soleil!

—Kiki, n'approche pas ces individus, tu vas attraper
des puces!

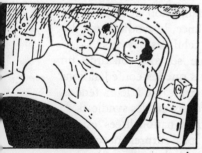

—Je n'y comprends rien! Le coq chante bien avant
: lever du jour.
—Parbleu! Tu penses bien que ces salopards ne
ont pas à travers le pays sans propager lèurs
iées de désordre!

—Tu vois! Je te le disais à vouloir prendre des
vacances parmi ces gens aux idées rouges, on
risque d'être l'objet d'une pénible confusion!

J. MAYEUR 100 *ans d'esprit republicain* N.L.F.

... D'autant plus que les travailleurs, ayant obtenu le congé payé, se
répandent à travers le pays.

tion des conditions et des espérances qui préfigure un grand regroupement entre travailleurs des ateliers et travailleurs des bureaux? La minutieuse division du travail entre les dessinateurs est-elle si différente de celle de l'atelier? Et, même pour les cadres, les grands bureaux d'études où cohabitent plus de cent ingénieurs n'offrent-ils pas *mutatis mutandis* les mêmes raisons de frustration individuelle et ne poussent-ils pas à la même action collective que les chaînes de montage? En un mot, sous des formes différentes de celles que Marx avait prévues dans le *Capital*, le groupement des salariés ne va-t-il pas retrouver l'unité de la classe marxiste?

Qu'explique-t-on, dans ce cas, en parlant de la lutte des classes? Au mieux, on rend compte de l'âpreté de certains conflits et de leur permanence. Mais peut-on tirer de ce schéma une prédiction? La lutte des classes, dans la doctrine marxiste, est le fondement même de leur existence. Le rapport d'exploitation n'est pas le résultat de la différence des conditions économiques, de l'inégalité des revenus ou des vies professionnelles, mais leur fondement. Parce que cette exploitation s'aiguise, que le nombre des exploitants se restreint et que celui des prolétaires augmente, que la condition de ces derniers se détériore du fait d'une armée de réserve de chômeurs, les forces en jeu dans la société se réduisent finalement à une opposition simple, toutes les catégories intermédiaires, paysans, petite bourgeoisie, commerçants, venant rejoindre l'un des deux camps. La simplification de l'opposition s'exprime dans la simplification des intérêts à défendre.

Il est difficile de reconnaître ce schéma à l'œuvre dans le tableau actuel du syndicalisme professionnel. Toutes les tendances récentes vont dans le sens de la diversification syndicale. Où mettra-t-on, dans cette opposition simplifiée, le syndicalisme des médecins, celui des étudiants ou même celui des paysans? Comment explique-t-on non seulement que se soit constitué un syndicalisme de cadres indépendant, mais que les confédérations «ouvrières» aient donné une autonomie croissante à leurs fédérations de cadres et de techniciens? La force même des syndicats de fonctionnaires ou de certaines entreprises nationalisées est un argument à double tranchant: n'est-il pas surprenant que les syndicats soient particulièrement forts là où il n'y a pas de plus-value à approprier parce qu'il n'y a pas de production de biens matériels ou là où cette appropriation n'est pas privée?

Bien plus, le nivellement entre employés et ouvriers se fait autant par le haut que par le bas, par l'égalisation des avantages que par l'extension de la dépendance. Plus généralement, notre société de consommation de masse fait décroître, sinon toujours les différences de revenus, du moins les différences de style de vie. Elle n'égalise pas les consommations. À court terme, il paraît même bien établi que les écarts de salaires entre qualifiés et non qualifiés, et plus encore entre exécutants et cadres s'accroissent (encore le phénomène est-il probablement dû à la pénurie de qualifiés et peut être en ce sens temporaire. La tendance à long terme est sans doute inverse). Mais les groupes de consommation ne se définissent plus comme des groupes sociaux séparés. A budget égal, M. Halbwachs, sociologue, en 1913, relevait une structure différente du budget des employés et des ouvriers. Aujourd'hui, les seules différences importantes sont des différences de revenu, non seulement entre les salariés, mais pour toutes les catégories sociales (les paysans mis à part). De ce point de vue, notre société est stratifiée plutôt que divisée et l'image d'une échelle continue est plus juste que celle d'une opposition de styles de vie et de cultures.

Le syndicalisme professionnel peut, bien entendu, refléter une opposition de classes sociales. Mais cette liaison n'est pas nécessaire, pas plus que l'exaspération de la lutte de classes. Toutes deux peuvent se produire, probablement moins pour des raisons économiques que pour des raisons politiques: pour répondre à une immobilisation des structures, à une conjoncture politique menaçante pour les salariés ou à une crise internationale. Mais cet événement, toujours possible, n'est pas inéluctable. Et, dans l'immédiat, la notion de classe sociale explique sans doute la sympathie des syndicats ouvriers pour les partis de gauche, la place éventuelle de ces organisations sur l'échiquier politique. Elle n'explique que faiblement leur action quotidienne ou à long terme et n'éclaire guère les grands problèmes qui leur sont posés.

JEAN-DANIEL REYNAUD *Les syndicats en France* Armand Colin, 1963 pp. 25–27

INTELLIGENCE DU TEXTE

1 Résumez les arguments que peuvent invoquer ceux qui soutiennent que les syndicats professionnels ne sont «qu'une expression de la lutte des classes sociales.»
2 D'après l'auteur, la diversité et la diversification croissante du syndicalisme français correspondent-elles au schéma marxiste de la lutte des classes?
3 Expliquez pourquoi, pour décrire la société française, «l'image d'une échelle continue est plus juste que celle d'une opposition de styles de vie et de cultures».

4 Que signifie la phrase: «Le rapport d'exploitation n'est pas le résultat de la différence des conditions économiques, de l'inégalité des revenus ou des vies professionnelles, mais leur fondement»?

5 Quelles sont les conclusions de J. D. Reynaud? La notion de classe sociale explique-t-elle vraiment l'action quotidienne des syndicats?

3 LE FRONT POPULAIRE: TÉMOIGNAGES

Juin 1936: un grand mouvement de masse
«Le mouvement s'est déclenché sans qu'on sût exactement comment et où. Nous avons assisté à une explosion du mécontentement des masses populaires qui, pendant des années et des années, brimées, comprimées, avaient remâché leur mécontentement et qui, dans l'atmosphère libre qui découlait de l'affirmation du 3 mai, trouvaient la possibilité d'exprimer ce mécontentement.»

(LÉON JOUHAUX, *secrétaire général de la C.G.T., 15 juin 1936*)

Ce que Jouhaux appelle «l'affirmation du 3 mai», c'est le second tour des élections législatives qui a donné 378 sièges aux partis du Front populaire contre 220 à la droite.

Au lendemain des élections, les masses populaires, et singulièrement ouvrières, eurent le sentiment qu'elles avaient gagné: socialistes et communistes ne réunissaient-ils pas à eux seuls plus d'un tiers des suffrages? Que l'agitation profonde des masses ouvrières était bien révolutionnaire, les grèves devaient le prouver qui commencèrent sans attendre que Léon Blum se soit installé à l'Hôtel Matignon. Ce mouvement de grève touche un nombre d'ouvriers exceptionnel, près de deux millions. Surtout il revêt une forme particulière et impressionnante: l'occupation des usines. Cet acte symbolisait une prise de possession qui, à elle seule, était la révolution. Se considérant chez eux dans l'usine occupée, les ouvriers organisaient leur existence: sous l'autorité suprême d'un Comité de grève qui réunissait tous les jours une assemblée générale des grévistes, se mettent en place des piquets de grève, des rondes de prévention d'incendie, des équipes de nettoyage de locaux, des services de surveillance qui délivrent laissez-passer ou bons de sortie. Quant aux machines, et par là les grévistes attestaient que, se considérant comme propriétaires, ils n'entendaient pas se faire tort à eux-mêmes—ils les entretenaient soigneusement ainsi que tout le matériel; dans les grands magasins les vendeuses couchaient par terre à côté des fauteuils neufs qu'il ne fallait pas abîmer. La fin que visaient les grévistes était bien—spontanément—la nationalisation des usines. L'occupation des usines signifiait ainsi pacifiquement une véritable révolution: la fin du pouvoir patronal. Le rêve ouvrier du grand soir se réalisait sans effusion de sang, l'on débouchait soudain sur un monde nouveau: dans les tièdes soirées du mois de juin 1936, la vie n'était plus qu'une grande kermesse.

«Cette grève est en elle-même une joie. Une joie pure. Une joie sans mélange. Oui, une joie. J'ai été voir des copains dans une usine où j'ai travaillé pendant quelques mois. Joie de pénétrer dans l'usine avec l'autorisation souriante d'un ouvrier qui garde la porte. Joie de trouver tant de sourires, tant de paroles d'accueil fraternel. Joie de parcourir librement ces ateliers où on était rivé sur sa machine, de former des groupes, de causer, de casser la croûte. Joie d'entendre, au lieu du fracas impitoyable des machines, de la musique, des chants et des rires... Joie de passer devant les chefs la tête haute, de les voir attendre docilement leur tour pour avoir le bon de sortie que le comité de grève consent à leur accorder. Joie de vivre, parmi ces machines muettes, au rythme de la vie humaine. Bien sûr, cette vie si dure recommencera dans quelques jours. Mais on n'y pense pas.. Enfin, pour la première fois, et pour toujours, il flottera autour de ces lourdes machines d'autres souvenirs que le silence, la contrainte, la soumission. Des souvenirs qui mettront un peu de fierté au cœur, qui laisseront un peu de chaleur humaine sur tout ce métal...»

SIMONE WEIL *La vie et la grève des ouvrières métallos 10 juin 1936* in *La condition ouvrière* Gallimard, pp. 169–173

Si les visées révolutionnaires les plus profondes s'étaient ainsi exprimées et révélées dans la grève, l'action du gouvernement permit d'aboutir à des résultats substantiels. Au total, les ouvriers se sentirent affranchis. L'esprit de juin 1936 est ainsi avant tout le sentiment d'une libération. Et l'on n'a pas souligné assez à quel point la conquête des loisirs et des congés payés est pour les ouvriers beaucoup plus qu'une amélioration—pourtant réelle— de leurs conditions de vie, la suppression d'un privilège social. C'est vraiment une barrière qui saute, un monde où d'autres avaient déjà accès qui s'ouvre aux travailleurs.

Et, peu à peu, les grèves cessent. L'été est là. Par centaines de milliers les travailleurs partent en vacances, pour la première fois de leur vie. À l'hôtel Matignon arrivent, en masses, des cartes postales: «Merci pour nos vacances...»

Une conversation d'industriels entendue par Simone Weil traduit bien le sentiment qu'avaient les patrons d'être totalement isolés dans la société, puisque même la bourgeoisie dans sa peur d'une révolution reproche aux industriels d'avoir provoqué cette catastrophe par leur égoïsme et leur lâcheté:

«Voilà qu'on reparle du contrôle de l'embauche et de la débauche. Dans les mines, on met des commissions paritaires, oui, avec les représentants ouvriers à côté du patron. Vous vous rendez compte? On ne va plus pouvoir prendre et renvoyer qui on veut?

— Oh! c'est incontestablement une violation de la liberté.

— C'est la fin de tout!

Oui, vous avez raison; comme vous disiez tout à l'heure, ils font si bien qu'on est complètement dégoûté, *si dégoûté qu'on ne prend plus les commandes, même si on en a.*

— Le patron est l'être le plus détesté. Détesté de tout le monde. Et c'est lui pourtant qui fait vivre tout le monde. Comme c'est étrange, cette injustice.

— Autrefois, au moins, il y avait des égards. Je me souviens, dans ma jeunesse...

— C'est fini ça.

— Oui, même là où la maîtrise est bonne.

— Oh! les salopards ont fait tout ce qu'il fallait pour nous amener là, mais ils le paieront.

— Oui, on n'a plus rien à perdre.

— Oh! non, rien du tout, autant crever.

— Oui, s'il faut crever, autant crever en beauté.

— J'ai bien l'impression que cela va être maintenant la bataille de la Marne des patrons.»

«La bataille de la Marne[1] des patrons», l'expression est de celles qu'on n'invente pas; elle définit la volonté de résistance d'un patronat qui se sent acculé.

Dans cette volonté de résistance, le patronat devait retrouver assez vite le soutien de l'ensemble de la bourgeoisie. Le mal n'avait pas été mortel: il s'agissait désormais de tout faire pour empêcher qu'il ne progresse de nouveau, voire même pour reprendre une partie du terrain perdu. Ce faisant, toute la bourgeoisie française pense, avec la plus entière bonne foi, car elle a peur, sauver la France du péril bolchévique et défendre la civilisation occidentale et chrétienne. Tant que Léon Blum est au pouvoir, les patrons continuent à vivre sous la hantise d'une socialisation définitive. Pendant la conversation citée ci-dessus Simone Weil entend l'un des patrons déclarer: «On est tellement dégoûté que l'on ne prend même plus les commandes si on en a» et cela exprime bien l'état d'esprit général. Contre leur propre intérêt les

---

[1] *bataille de la Marne* L'armée française venait de subir une série de défaites et avait dû se replier sur Paris. La capitale, que le gouvernement avait évacuée, était menacée. Pendant six jours, sur un front de 300 kilomètres de Paris à Verdun, la bataille de la Marne (septembre 1914) vit s'affronter en de violents combats les armées françaises et allemandes. La victoire redonna confiance en elle-même à la France.

patrons freinent la production. C'est que le plus important, psychologiquement, n'est pas pour eux de préserver leur bénéfice, c'est de rester une classe dirigeante, de ne plus être à la merci d'une grève, de ne plus craindre la révolution. Ainsi tout se passe comme si le patronat avait saboté la production pour obliger les gouvernements à lui accorder satisfaction. Certes, il ne s'agit pas d'un sabotage conscient: plus qu'une manœuvre délibérée, c'est une réaction instinctive et personnelle.

A. PROST *De la République menacée à la Libération* in *Histoire du Peuple français: Cent ans d'esprit républicain* Nouvelle Librairie de France, 1964 pp. 404–412 (adapté)

INTELLIGENCE DU TEXTE

1 D'où les masses populaires tiraient-elles leur confiance en Juin 1936?
2 Pourquoi l'occupation des usines accomplissait-elle pacifiquement une véritable révolution?
3 D'où vient la joie dont parle Simone Weil? Pouvez-vous, en explicitant les sous-entendus, reconstituer la vie en usine dans les années trente?
4 Expliquez l'expression «la bataille de la Marne des patrons».
5 Pourquoi les patrons français freinèrent-ils la production contre leur propre intérêt?

4 PATRONS ET OUVRIERS À VIENNE SUR LE RHÔNE EN 1950

Une situation où l'insatisfaction ne mène pas à des conflits violents

Deux blocs, patronat et masse ouvrière, aux intérêts nettement opposés, se trouvent en présence. Entre eux, la classe moyenne individualiste et inorganisée ne joue nullement le rôle d'une «troisième force»; elle se tient simplement hors du débat.

Le patronat cherche non seulement à réaliser des gains substantiels, mais il est encore incité à payer peu par la nécessité de maintenir coûte que coûte de bas prix de vente: les tissus en laine cardée ne trouvent de débouchés qu'à cette condition. Or, l'ancienneté des machines pèse sur la fabrication; la concurrence d'un centre de production similaire plus moderne dans le Sud-Ouest est une menace chaque jour ressentie par les industriels qui n'ont pas su s'équiper à temps et qui maintenant ne voient de

Quatre cartes syndicales

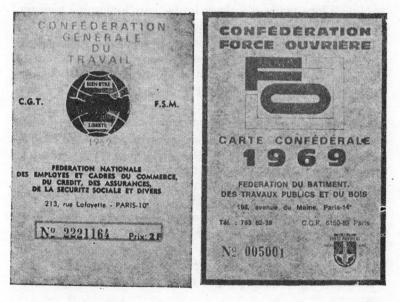

solution à l'équilibre prix de revient-prix de vente que dans la compression ou tout au moins le maintien à un bas niveau des salaires.

Les ouvriers astreints à de dures conditions de vie peuvent mieux qu'autrefois comparer leur situation à celle des travailleurs d'autres centres industriels et la conscience d'être déshérités ajoute à leur amertume. Habitués à la lutte ils pourraient trouver là une raison de plus au maintien de leur tradition de combat.

Le dialogue entre patrons et ouvriers est difficile, même lorsqu'il s'agit d'innovations qui pourraient profiter aux deux parties.

Lorsqu'un patron veut réaliser quelque chose de neuf, cela suscite immédiatement la méfiance: les ouvriers pensent qu'aucune mesure ne peut leur être favorable, qui ne soit accordée sous la pression syndicale et la menace de grève.

Nous devons signaler, cependant, qu'un certain nombre de jeunes patrons semblent chercher sincèrement à instaurer dans leurs usines des relations plus humaines avec les ouvriers. Mais pris entre le désir réel d'améliorer la condition ouvrière et la solidarité de fait qui les lie au Syndicat patronal, leur position est difficile et provoque souvent les critiques des uns et des autres.

Pourtant, alors que tout semblerait devoir mener à des conflits violents, on constate que l'insatisfaction ne s'exprime nullement sous cette forme; elle reste contenue, presque acceptée, serait-on tenté d'écrire, tant l'atmosphère est peu agitée.

Nous allons tenter d'analyser les facteurs locaux qui peuvent contribuer à déterminer la situation actuelle.

Les patrons, nous l'avons dit, sont puissamment organisés dans leur syndicat; ils opposent un front unique aux revendications. Ils sont peu nombreux et une ou deux personnalités de valeur suffisent d'autant plus aisément à souder le groupe que les opposants sont plus faibles. Si quelques discordes intestines profitent parfois aux ouvriers, un coup de barre est vite donné dans les situations critiques; la communauté des intérêts économiques est si évidente dans ce groupe restreint qu'elle s'impose d'elle-même comme prédominante et de bon gré ou à contrecœur, les uns et les autres se rallient aux décisions de la majorité lorsqu'il s'agit de discuter avec les syndicats ouvriers.

La politique patronale est souvent réactionnaire. Dans telle usine, un employé socialiste hésite à s'inscrire à la S.F.I.O. de peur d'être «mal vu» de la direction. Dans une autre, on nous dit: «En 1936, il y a eu quelques grèves, à la suite desquelles on a éliminé les meneurs; depuis, il règne un «excellent esprit», les ouvriers sont bien payés et fort heureux maintenant qu'ils sont raisonnables». . .

La classe ouvrière est divisée, peut-être plus divisée qu'elle ne l'a jamais été. Les luttes syndicales donnent à l'action une démarche incertaine.[1] Des responsables syndicaux attribuent cette apparente passivité à une plus grande maturité de la classe ouvrière: la lutte serait maintenant moins passionnelle, plus réfléchie et plus disciplinée.

Il est bien évident que les patrons profitent largement des dissensions syndicales. Traitant habilement avec les uns, puis avec les autres, ils s'efforcent d'accentuer les oppositions et de diviser pour régner.

Certains observateurs qu'on peut croire impartiaux, disent: «Les responsables syndicaux ne se rendent pas compte qu'ils font ainsi le jeu des patrons. Ceux-ci, même quand ils ne sont pas d'accord entre eux, sont assez intelligents pour mener toujours une politique unique.»

Ces luttes syndicales ont, de plus, lassé les militants de base qui se détournent d'un jeu trop complexe pour être bien suivi, où l'on engage beaucoup pour récolter peu dans l'immédiat.

Lorsqu'il s'agit de présenter des revendications, peu de militants osent parler fort devant le patron. Un responsable nous disait: «Quand on va en délégation, ils sont tous gonflés à bloc avant d'entrer. Dès qu'ils sont dans le bureau du directeur, il n'y a plus personne.»

C'est que l'industrie viennoise a encore un caractère familial tel que nombre d'ouvriers ont probablement vis-à-vis du patron des sentiments ambivalents d'hostilité et de respect qui leur enlèvent toute assurance. À Vienne on dit parfois encore, non pas «Je travaille aux Établissements X», mais «Je travaille chez M. X. . .»

Il faut se rappeler que la classe ouvrière est en majorité composée de manœuvres. Dans le textile et la chaussure, il y a peu de postes qualifiés et ils offrent des débouchés insuffisants aux éléments capables; il en a toujours été ainsi mais il semble de plus que l'ère d'or du «self-made man», qui a permis à toute une génération d'ouvriers de percer, soit close aujourd'hui. Le coût de la vie a augmenté et les ouvriers ou petits façonniers n'ont plus

---

[1] *Les luttes . . . incertaine* En 1950, il existait à Vienne trois syndicates ouvriers: C.G.T. (Confédération générale du Travail; direction communisante); C.G.T.-F.O. (Force ouvrière; tendance socialiste, mais plus apolitique que le précédent); C.F.T.C. (Confédération française des Travailleurs chrétiens; d'inspiration chrétienne). La nécessité de suivre les consignes des Centrales, la divergence de leurs tendances politiques, handicapaient lourdement leur communauté d'action.

les moyens d'économiser suffisamment pour acheter des machines. Chacun reconnaît, en outre, sur la place, que les conditions ont changé: la concentration des entreprises est telle qu'il faut maintenant des capitaux importants pour monter une usine qui «puisse se défendre contre la concurrence des gros». L'avenir apparaît donc maintenant comme bouché aux ouvriers plus encore qu'il ne l'était il y a 25 ans. Aussi est-il courant qu'ils émigrent à Lyon ou ailleurs à la recherche d'un avenir meilleur; il s'opère ainsi un véritable écrémage permanent de la classe ouvrière qui perd ses bons éléments au détriment de ses possibilités d'organisation et de lutte.

À un patronat bien organisé s'oppose une masse ouvrière isolée des autres groupes lainiers, divisée organiquement sur le plan syndical, plus profondément encore peut-être parce que la conscience d'être des prolétaires manque à certains, dévitalisée de plus par l'exode des plus actifs qui subissent l'attrait d'un travail meilleur dans d'autres centres industriels.

Des œuvres sociales largement développées, des relations en général satisfaisantes dans la vie professionnelle entre chefs et subordonnés, l'accoutumance au travail de série et ses conséquences psychologiques déprimantes, contribuent à affaiblir l'esprit revendicatif tout autant que l'action tempérante du clergé catholique, l'intervention d'un maire soucieux du bon ordre de sa cité, ou la possible dérivation que constitue le rugby.

Ce n'est d'ailleurs pas du seul milieu ouvrier que se dégage une impression d'atonie. Si les patrons savent s'unir pour faire face aux revendications, leurs réalisations ne semblent pas toujours à la mesure des exigences économiques actuelles.

Cette atonie est-elle définitive ou passagère, l'industrie viennoise surmontera-t-elle ses difficultés actuelles, la classe ouvrière renouera-t-elle avec sa tradition révolutionnaire? Il est impossible de répondre aujourd'hui à ces questions.

PIERRE CLEMENT et NELLY XYDIAS *Vienne sur le Rhône*
Armand Colin, 1955 pp. 90–93; 103

INTELLIGENCE DU TEXTE

1 Quel visage le patronat présente-t-il à Vienne sur le Rhône? (Cherchez les éléments de votre réponse dans diverses parties du texte.)

2 De quoi se compose «l'excellent esprit» dont parlent les patrons de Vienne?

3 L'auteur pense-t-il que les responsables syndicaux ont raison qui attribuent «cette apparente passivité» de la classe ouvrière «à plus de maturité»?

4 Quelles sont les causes du «véritable écrémage permanent de la classe ouvrière» de Vienne?

5 Récapitulez en quelques phrases les multiples raisons de l'absence d'esprit revendicatif chez les ouvriers de Vienne sur le Rhône.

5 M. DORGÈRES[1] ET LES BOUILLEURS DE CRU

L'action directe remplace la diplomatie syndicale

Avant la guerre déjà, M. Dorgères n'avait pas été étranger aux émeutes qui empêchèrent l'administration des Contributions d'exercer son contrôle dans certaines régions de Normandie ou de Bretagne où la liberté de distiller devint totale. On sait comment se posait alors le problème: l'État a supprimé, en 1916, l'allocation en franchise dont bénéficient les bouilleurs. Puis, de 1919 à 1923, il a été contraint de rétablir le privilège par paliers, le montant de l'allocation en franchise étant finalement fixé à dix litres. Enfin, devant l'agitation qui s'organise et les émeutes qui éclatent çà et là, un décret-loi de 1935 organise un système permettant aux bouilleurs de cru de distiller librement, moyennant le paiement par l'ensemble du département ou d'une fraction de département, d'une contribution forfaitaire. Mais c'est pour obtenir la liberté totale que luttent les bouilleurs du sud de la Normandie et de la haute Bretagne auxquels M. Dorgères fait allusion dans *Haut les fourches*: «Une vingtaine de cantons sont en révolte ouverte contre le fisc et la régie. Un régiment de gardes mobiles occupe la région.» «Dans toutes ces manifestations,» précise M. Dorgères, «je ne parais jamais. Invité plusieurs fois, j'ai entendu les laisser se dérouler hors de mon influence, bien que les approuvant entièrement.» Mais il indique pourtant que l'on trouve ses amis parmi les chefs du mouvement: ce sont eux qui ont provoqué la démission de la plupart des municipalités de la région. «Il ne faut pas croire, conclut M. Dorgères (qui donne pourtant la lutte des bouilleurs de cru en exemple à toute la paysannerie), que derrière tous les mouvements illégaux on trouve 'l'agitateur Dorgères'.»

Après la Libération, M. Dorgères se fera pour de bon, dans ce secteur, l'«agitateur» qu'il prétendait ne pas être avant-guerre. La situation a bien changé, surtout après 1953. Le privilège, aboli par

---

[1] M. DORGÈRES   Voir *la vie économique*, section 2, texte 5.

le régime de Vichy, a bien été rétabli, mais avec quelques atténuations. Une loi de 1953 exige des bouilleurs de cru le paiement d'un droit de licence et un décret de 1954 l'immatriculation aux Assurances sociales agricoles. Toutes ces mesures ont donné lieu dans la paysannerie à des campagnes violentes. M. Dorgères en profita au maximum. Il s'efforça de faire de sa *Gazette agricole*, le meilleur organe de défense des bouilleurs de cru. Aux campagnes contre «le lobby de l'alcool», il réplique en dénonçant la collusion des ligues anti-alcooliques avec les grands trusts pétroliers. On ne parlera jamais dans la *Gazette agricole* de la campagne anti-alcoolique sans rappeler que «le faux y rejoint la félonie sous le masque hideux d'une croisade morale.» On retournera de même contre les adversaires leur argument sur l'alcool, cause de la folie: M. Dorgères rappelle sans cesse que les troubles mentaux sont infiniment plus fréquents en ville qu'à la campagne. On montrera enfin dans l'anti-alcoolisme un complot de fonctionnaires: un dessin d'Edith Jean, paru dans la *Gazette agricole*, montre une nuée de fonctionnaires (manchettes de lustrine, calottes noires et lorgnons) brandissant une bannière «À mort les bouilleurs de cru». En face, deux paysans (casquettes, sabots, fourches et «l'air honnête»); légende: «Ils veulent tuer les bouilleurs de cru!— Pour mieux vendre leur whisky et leur gin!»

Et surtout on dénonce le mal fait au pays (le régime de l'alcool étant la clef de voûte de l'agriculture française) par les «élucubrations de quelques polytechniciens dont le cerveau est en pleine fermentation et pour lesquels l'exploitation des statistiques est la forme la plus raffinée du mensonge.» Contre MM. Sauvy et Lédermann, ici visés, on mobilise le «professeur» Andrieu, «régent de la Fondation scientifique de Recherches anthropologiques et directeur de l'Institut français pour l'Étude des problèmes humains», qui explique que le rapport de M. Brunaud sur le coût de l'alcoolisme pour la nation est «totalement groteste (sic) et sans la moindre valeur scientifique», que MM. Sully Lédermann et Georges Malignac sont «de sinistres crétins cyniques», et enfin que le vin n'est pour rien dans l'alcoolisme (qui a, en définitive les mêmes causes que le cancer: «des abus de technicisme en matières alimentaires et industrielles).» Des dizaines de pages de la *Gazette agricole* seront consacrées à ce thème. La défense paysanne organisera, en 1955, de nombreuses réunions où les masses bouilleuses viendront entendre le professeur Andrieu et le lutteur M! Dorgères.

Mais M. Dorgères utilisera des arguments plus frappants pour prouver aux bouilleurs qu'il est leur meilleur défenseur. Les

premiers incidents eurent lieu dans ce pays d'Auge, particulièrement fertile en pommiers, où M. Dorgères avait eu avant-
guerre quelques-uns de ses plus beaux succès. Dès 1952, l'agitation
s'y développe: les dirigeants de la Défense paysanne locale
réclament le retour à la liberté totale de bouillir et font circuler des
imprimés dont les signataires s'engagent à desceller leurs alambics
et à bouillir sans déclaration. Près de 4000 paysans du Calvados
et des régions voisines signent la circulaire, et parmi eux de
nombreux maires. À une réunion tenue près de Lisieux, le 1er
août 1952—réunion qui se terminera par des bagarres avec les
C.R.S.[1]—les scellés des alambics furent brûlés en grande cérémonie. Une autre fois, à Pont-l'Évêque, les bureaux de la Régie
furent, cette fois, mis à sac, le receveur blessé et les dossiers
administratifs brûlés.

   Au terme de trois ans de campagne, les bouilleurs obtinrent
gain de cause: un mois avant de se séparer, l'Assemblée revint sur
les mesures qu'elle avait votées ou tolérées au début de la légis-
lature. M. Dorgères pourra alors se vanter d'avoir montré que
l'action directe était plus «payante» que la diplomatie syndicale.
M. Christian Guy pourra écrire: «Dans la Normandie et la
Bretagne, Dorgères est roi, car il a derrière lui tous les bouilleurs
de cru qu'il défend et sauve des embûches avec une dextérité
remarquable.»

JEAN-MICHEL ROYER *De Dorgères à Poujade* in *Les Paysans et la
Politique Association française de Science politique* Armand Colin, 1958
pp. 167–170

INTELLIGENCE DU TEXTE

1 Quelles sont les données du problème?
2 À quels sentiments fait appel le dessin d'Edith Jean?
3 Résumez les arguments avancés par M. Dorgères et qui prouvent,
  selon lui, que dans la campagne anti-alcoolique «le faux rejoint la
  félonie sous le masque hideux d'une croisade morale.»
4 Que pensez-vous de la nature et de la valeur de ces arguments?
5 Quels sont les «arguments plus frappants» dont parle le texte? (Expliquez le jeu de mots.)

---

[1] *C.R.S.* Compagnies Républicaines de Sécurité, unités de police créées en 1945 et
chargées du maintien de l'ordre.

6 QUAND LA GRÈVE NE SUFFIT PLUS

Une manifestation, organisée par la C.G.T. et la C.F.D.T., devait se dérouler à Paris, le 23 novembre, entre la gare de l'Est et la place de la République. Le préfet de police l'a interdite. Motif: elle aurait gêné la circulation automobile... Pour les syndicats, le fait de manifester dans la rue avait un double objet: montrer leur nombre et leur force aux salariés qui les suivent; et, surtout, alerter l'opinion sur tous les problèmes sociaux qui restent à résoudre. C'est maintenant plus difficile: les meetings épars à travers la capitale, les débrayages, dépôts de pétitions, délégations, etc., qui se déroulent à l'occasion de la journée revendicative du 23 novembre ne peuvent avoir qu'une portée beaucoup plus réduite.

La difficulté pour les syndicats est d'obtenir le moyen de négocier. Apparemment, rien de plus facile. Les responsables administratifs acceptent éventuellement un contact. M. Pompidou lui-même «consulte» les uns après les autres les dirigeants des grandes centrales syndicales. Mais ceux-ci constatent, la plupart du temps, lorsque les décisions sont prises, qu'on a pratiquement négligé leurs suggestions. Dernier exemple en date: le «train» de mesures spéciales adoptées par le gouvernement. Tout n'y est sans doute pas négatif. On annonce qu'un effort va être fait pour améliorer la situation des «personnes défavorisées» (des vieillards, notamment) qu'on va étudier le problème des licenciements dus aux concentrations d'entreprises, que le reclassement des cadres «âgés» va être amélioré, etc. Mais, d'une part, tout cela reste du domaine **du** futur; d'autre part, le gouvernement ne se prononce pas sur l'essentiel: l'amélioration du niveau de vie de la masse des salariés. Rien pour le facteur, l'instituteur ou le cantonnier «de base». «La France, dit Eugène Descamps, secrétaire général de la C.F.D.T., est un des rares pays où il faut d'abord faire grève pour avoir le droit de négocier.»

Mais la grève suffit-elle? Il y en a eu de nombreuses tout au long du premier semestre 1966, qui ont été, sur le plan de la participation du personnel, des réussites incontestables; mais elles n'ont pas fait évoluer d'un iota la politique sociale du gouvernement. Le secteur public, le plus touché par les grèves, n'aura obtenu, fin 1966, que 4% d'augmentation alors que, dans les entreprises privées, plus souples, moins directement soumises à la pression gouvernementale, le taux d'augmentation atteindra 7%.

Il y a plusieurs raisons à cette quasi-impuissance des syndicats. D'abord leur division: l'accord d'unité d'action C.G.T.-C.F.D.T.

n'a pas fait tache d'huile, loin de là. Pour Force ouvrière, la
C.G.T. est devenue quasiment pestiférée depuis qu'elle a réussi
à circonvenir la C.F.D.T.; à la Fédération de l'Education nationale
(autonome), c'est la C.F.D.T., organisme clérical camouflé, qui
est mise à l'index par les autres. Quand, par hasard, dans un
secteur donné, on arrive à lever un obstacle, d'autres surgissent
immédiatement: dans l'industrie chimique, le rapprochement
C.G.T.-F.O. s'est traduit par une rupture de fait entre la C.G.T.
et la C.F.D.T.

Même si elle était réalisée, l'unité d'action entre tous les syndicats importants ne suffirait pas à emporter la décision. En fait, les
syndicats sont pris dans un réseau de contradictions auquel ils
peuvent difficilement échapper. Limitées à un ou deux jours, les
grèves sont insuffisantes pour obliger le gouvernement à modifier
sa politique: mais il n'est pas possible de les prolonger dans les
secteurs clés du secteur national sans indisposer gravement le
public. C'est pourtant devant l'opinion publique que doit se
livrer maintenant la grande bataille des syndicats. Puisque le
gouvernement est sourd, c'est elle qu'il faut essayer de convaincre.

LUCIEN RIOUX in *Le Nouvel Observateur*, 23–29 novembre 1966
pp. 7–8

INTELLIGENCE DU TEXTE

1 Que pensez-vous de la validité du motif invoqué par le préfet de
police pour interdire la manifestation?
2 Pour quelles raisons les syndicats avaient-ils organisé cette manifestation?
3 La facilité de contact entre gouvernement et salariés, l'efficacité des
«consultations» est-elle théorique ou réelle?
4 De quel ordre sont les motifs qui empêchent l'unité d'action entre
les divers syndicats français?
5 Pourquoi les syndicats du secteur public ne peuvent-ils pas faire une
grève illimitée? Quelles sont les conséquences de cette situation?

7 PLUS RIEN NE SERA COMME AVANT

Ce n'est pas un chef de l'opposition mais Georges Pompidou
lui-même qui l'a reconnu. Les pavés des étudiants ont réveillé la
société de son sommeil dogmatique. Ce que la France a vécu au
mois de mai ce n'est pas une révolution, c'est une éruption, c'est

la protestation d'une génération qui refuse de prendre pour argent comptant les contraintes politiques, syndicales, universitaires acceptées par ses aînés.

Mais ce n'est pas une révolution parce qu'aucun pays occidental, sorti de l'ordre politique pré-industriel pour entrer dans l'ordre économique, ne peut plus faire de révolution. Abolir des privilèges héréditaires comme en 89, abattre une ploutocratie comme en 48, ces brusques ruptures de direction sont devenues impossibles, dès lors que la pensée commune voit dans la richesse non une somme fixe, mais une masse en expansion ouverte à tous et que le souci commun est de ne pas casser la machine; dès lors aussi que l'interdépendance interdit aux nations les chevauchées solitaires, sous peine d'un formidable abaissement du niveau de vie, dont personne, communistes inclus, ne voudrait endosser l'impopularité.

Ce que la France a vécu c'est un immense et salutaire psychodrame où tout le monde parle à tout le monde, un défoulement collectif où quelque chose est passé d'un rêve de fraternité. La volonté scandaleuse, manifestée par des groupes extrémistes, de noyer ce rêve dans l'émeute ne doit pas faire oublier que cette crise de mai 1968 fut psychologique avant d'être sociale ou politique. Dans la France de demain les relations humaines ne seront plus ce qu'elles étaient hier. Ce qui s'écroule, c'est une société fondée, à tous les échelons, sur le monologue.

Qu'y aura-t-il de changé?

Politique: de l'octroi à la négociation

Le Pouvoir a joué depuis dix ans l'effacement des corps intermédiaires, considérés comme autant de féodalités. Qu'il y ait eu des abus et que certains aient campé sur la République comme sur une chose personnelle, nul ne le nie. Mais si la démocratie directe a des vertus, elle a deux inconvénients redoutables: le pouvoir s'isole dans sa tour d'ivoire et, quand l'orage imprévu se lève, plus rien ne peut le canaliser. Qu'en aurait-il été cette fois-ci, si les syndicats, seuls pouvoirs intermédiaires encore doués de prestige, n'avaient pas existé? Des bonnes choses ont été faites, mais, comme on dit, la manière de donner vaut autant que ce qu'on donne. Le paternalisme a fait son temps. Les Français attendent désormais de leurs gouvernants qu'ils écoutent les responsables, qu'ils consultent l'opposition, qu'ils négocient avec la majorité et qu'ils favorisent une libre circulation d'idées dans ce grand corps, hier avachi, aujourd'hui révolté ou inquiet.

Information: plus d'O.R.T.F. Réservé

Le test décisif sera le régime de l'O.R.T.F. La liberté d'information est le pain d'un peuple libre. Il ne peut pas y avoir de domaine réservé dans l'information. Comme la B.B.C., la télévision française ne saurait être au service du seul gouvernement, mais de toute la nation. Plus le peuple sera informé, plus il sera majeur, moins il se laissera tenter par l'aventure. L'information ne peut pas éclater soudain, comme ce fut le cas pour les élections présidentielles ou depuis la mi-mai. Sinon, le peuple abasourdi découvre des réalités qu'il ne soupçonnait pas. Le silence se paie, tantôt du ballotage, tantôt de la grève générale. Tel est le second résultat de la crise: le goût du mystère et la politique du secret ont vécu. L'information doit être permanente, complète et illimitée.

Entreprises: réconcilier le travail et les travailleurs

Ce qui est vrai du corps politique est vrai du corps social. Le travail confère le droit d'être associé à l'œuvre commune. Au temps de l'outil, l'artisan ne faisait qu'un avec son travail. La machine, par son prix, a introduit une coupure. Ce que la société cherche désespérément aujourd'hui, c'est à recoller les morceaux. Car l'homme coupé de son travail, n'en percevant plus la signification, ne s'y intéresse plus. D'où vient donc le désespoir du bagnard sinon de ce que son coup de pioche lui paraît absurde? Les nationalisations n'ont rien modifié, car elles ont remplacé le patron, socialement distant, par le haut fonctionnaire intellectuellement lointain. Or ce qui est apparu dans le drame actuel c'est la volonté de ressouder l'homme à l'œuvre. Malgré l'effort de la C.G.T. pour limiter les revendications à leur côté matériel, le mouvement soutenu par d'autres centrales syndicales comme la C.F.D.T., par les jeunes, et nullement désapprouvé par l'Église ou par de Gaulle, pour sortir la condition ouvrière de son ghetto, est maintenant lancé et ne s'arrêtera plus. C'est la dignité de l'homme qui est en cause. Il n'y a pas de véritable liberté sans responsabilité.

Université: remettre la pensée dans la vie

C'est aussi ce qu'exprime le mouvement étudiant dans ce qu'il a de meilleur. La soi-disant indifférence dont on accusait les étudiants n'était que le malaise devant la nonparticipation, l'exclusive qu'ils assimilaient au mépris. Comment déplorer que des garçons de vingt ans veuillent assumer leur avenir? Le nihilisme de quelques-uns, les Saturnales des autres ne doivent pas cacher le travail en profondeur d'une réforme, que seule l'action et non pas les textes pouvait déclencher. Jusqu'où peut-elle aller? Jusqu'au point où serait mise en question la liberté d'enseigner, c'est-à-dire la liberté de l'esprit, par l'instauration de méthodes ou d'idéologies totalitaires. Mais rien n'indique que la pensée étudiante aille dans ce sens. En tout cas l'autonomie en sera le meilleur empêchement. C'est la présence du gendarme—et du recteur--qui force les raisonnables à suivre les révoltés. Mais surtout l'Université, rénovée par l'intérieur, doit ouvrir toutes grandes ses fenêtres sur l'extérieur. La concurrence est son salut. Elle doit chercher la conciliation entre sa vocation intellectuelle traditionnelle et sa fonction sociale nouvelle, en s'imposant par des réalisations concrètes dans le fonctionnement de la vie réelle et en ouvrant son enseignement à des hommes que la vie a formés et qui sauront y préparer la jeunesse. L'Amérique ici a des leçons à donner.

Société: le défi des jeunes

Si, au-delà de l'Université, les étudiants remettent en cause la Société, ce n'est pas parce que ce sont des intellectuels, mais parce que ce sont des jeunes. Rien ne serait plus inexact que de limiter la révolte des jeunes au cercle universitaire. Dès l'année prochaine le quart de la population active aura moins de vingt-cinq ans. Le phénomène est général et il s'agit d'une mutation globale. Bien entendu il y a un côté intéressé. C'est l'éternel «ôte-toi de là que je m'y mette». Mais on aurait tort de n'y voir que cela. Une génération fatiguée et sceptique, heureuse d'avoir échappé à la guerre, aux tortures, aux privations, n'a su proposer comme idéal que la poursuite du bonheur matériel. Elle s'aperçoit un peu tard que la société de consommation ne comporte pas en elle-même sa propre finalité. D'abord parce qu'elle repose sur une dialectique: création de besoins-satisfaction qui, faute de moyens, est aussi celle de la frustration. Ensuite, parce que l'homme ne vit pas que de pain. Simultanément elle découvre, ébahie, la révolte contre la civilisation de l'ordinateur, de la planification, des sondages, de l'automaticité fût-ce dans l'augmentation du niveau de vie, toutes choses dont elle était si fière, mais où, péché impardonnable, tout semble joué d'avance, où la liberté humaine est niée. C'est pourquoi la pensée chrétienne authentique, tout comme l'énergie vitale de la jeunesse ne peuvent supporter cela. Ce que le jeune conteste c'est cette cage, fût-elle dorée, pour se prouver qu'il existe encore. Il y a du romantisme là-dedans, mais aussi de la fierté de vivre. Et de la générosité, dans cette main tendue à travers les classes. Le cloisonnement de la société française a toujours ruiné ses possibilités de rénovation. On comprend pourquoi la C.G.T. n'aime pas voir fraterniser jeunes ouvriers et étudiants. La lutte des classes postule leur maintien. Mais c'est le vent du large qui apporte la libération.

De cette tempête que retenir?

La «révolution» née un 3 mai au Quartier latin est morte aux Champs-Élysées le 30 du même mois, après une admonestation du général. La joie, à l'annonce que l'essence allait couler pour la Pentecôte, montrait bien que la civilisation des loisirs était majoritaire. Mais on aurait tort d'oublier que ce qui fut mis en question, c'est le matérialisme d'une société et l'adoration de soi-même d'un État, où mercantiles et technocrates trouvent chacun leur compte, mais où les âmes les plus ardentes demeurent insatisfaites. Première constatation.

Deuxième constatation. Le problème de la jeunesse est désormais posé. Elle est dure, exigeante, pas très heureuse. Elle a peur d'être dupée: par les discours, par les chiffres, par les symboles. Elle est empêtrée dans sa force démographique qui la pousse à agir et elle ne sait pas vers quelles valeurs canaliser sa propre fuite en avant. Elle est en grand désarroi, à la C.G.T. comme à la Sorbonne ou en Bretagne. Il faut lui demander d'aider à bâtir la maison commune. En pleine responsabilité. Il faut faire taire le monologue. Sans quoi s'instaurera le pire mal de la jeunesse, la désespérance, et les révoltes de 1968 n'auront été que le prélude à des désordres encore plus grands.

ROBERT SALMON in *Réalités no 269*, juin 1968 pp. 9–10

INTELLIGENCE DU TEXTE

1 Pourquoi l'auteur pense-t-il que les évènements de mai 1968 ne constituent pas une révolution?

2 Pourquoi les corps intermédiaires sont-ils nécessaires au bon fonctionnement de la démocratie?

3 Quelles leçons l'Amérique peut-elle, d'après l'auteur, donner à la France?

4 Pour quelles raisons les jeunes remettent-ils en cause la Société?

5 «C'est la dignité de l'homme qui est en cause.» Montrez en quoi cette phrase résume tout aussi bien le paragraphe sur le pouvoir politique que celui sur l'O.R.T.F., sur la vie dans les entreprises ou celle à l'université.

8 TEXTE POUR LA TRADUCTION

The action of groups

France was peculiar because so many social groups resorted so readily to methods which elsewhere were an exclusive weapon of the industrial workers. They too did so to force concessions from a reluctant state. In the post-war scarcity economy, rival groups jostling for position had found that a harassed government listened only to those it could not ignore, and the lesson that the strike was the best way to attract attention was learned too well and applied too widely. Peasants withheld supplies from the market to force the government to change its policy over taxes, prices or imports. Shopkeepers demonstrated violently against controls, refused to pay taxes, and rioted against proper examination of their books. Customs officials became expert at go-slow tactics. The habits persisted after the scarcities. In a not particularly troubled period in 1951 there were serious or token strikes of butchers and bakers, university students and their examiners, mayors and milk producers and bank clerks. In 1950 the bishop of Luçon, on behalf of other western bishops, publicly urged his flock to 'postpone' tax payments till their grievances over the schools question were remedied (though M.R.P. intervened at Rome and he was disavowed). Wine-growers had been encouraged by two victories over the authorities in 1946–47, won by withholding supplies and threatening to refuse taxes and paralyse local administration; in August 1953, led by their mayors and deputies, they barricaded every road in four departments (but without much success). At the same time the public services were stopped by huge strikes erupting spontaneously throughout the country.

PHILIP M. WILLIAMS *Crisis and Compromise* Longmans, 1954 p. 382

EXERCICES GÉNÉRAUX

Version: Un jeune Français intéressé par la chose publique
Traduisez de français en anglais «les acteurs . . . l'évolution des faits».

Résumé: Classes sociales et groupes d'intérêt
Faites un résumé de 300 à 350 mots du texte.

Exercices de style
1 Selon le sens, remplacez les mots en italique par «en effet» ou «en fait». «En effet» peut, soit exprimer une constatation qui entraîne une conviction, soit expliquer l'origine d'un fait. «En fait» implique un contraste entre la réalité et la vue que l'on en a.

  a Les syndicats jouent un rôle important. *On constate qu'*ils aident l'économie à s'organiser.

  b Certains pensent que les syndicats sont inutiles, mais ce sont, *en réalité*, des relais indispensables entre l'homme et l'État.

c En 1935, le patronat français a eu très peur. *En voici la raison*: la grève générale avait été suivie d'occupations d'usine.

d En 1936, le patronat français a eu très peur. *Contrairement à ce qu'il croyait*, cette peur d'une révolution violente était sans fondement.

2 Selon le sens, remplacez les mots en italique par «ainsi» ou «aussi». «Ainsi», équivalent de «donc», peut exprimer la conséquence, ou, synonyme de «de cette façon», indiquer la manière ou le moyen. Finalement il peut servir à illustrer et prendre le sens de «par exemple». «Aussi» placé en début de phrase signifie «C'est pourquoi». Placé ailleurs qu'en tête de phrase, il a pour sens «également».

a L'appartenance à un groupe social influe sur l'attitude politique des Français. *C'est la raison pour laquelle* les ouvriers ont tendance à voter à gauche.

b Le gouvernement a cédé devant les bouilleurs de cru et *par conséquent* encouragé les autres groupes de pression à utiliser la violence.

c Certains patrons entretiennent les divisions syndicales et, *grâce à cette politique*, évitent les mouvements revendicatifs violents.

d L'industrie viennoise a encore un caractère familial. *En effet* l'on entend souvent dire «Je travaille chez M. X.»

3 Voici un dialogue. Remplacez les mots en italique par «du moins, au moins, néanmoins» selon ce que commande le sens. Changez la construction de la phrase si nécessaire. «Du moins» nuance une affirmation, l'atténue. «Au moins» possède un sens quantitatif ou bien souligne la force d'une conviction. «Néanmoins», synonyme de «cependant, toutefois» exprime l'acceptation partielle du point de vue de l'interlocuteur.

a Il y aura grève générale Mardi.

— *N'en soyez pas si sûr*, c'est ce que l'on dit mais ce n'est pas encore une nouvelle officielle.

b Combien de temps croyez-vous qu'elle durera?

— *Un minimum* de vingt-quatre heures.

c Le gouvernement menace de lancer un ordre de réquisition.

— *Oui, mais malgré tout* les syndicats semblent décidés à tenir bon.

d *Eh bien vraiment* on ne peut pas cette fois-ci douter de la combativité des travailleurs!

Sujets de réflexion, de discussion ou d'essai

1 La grève dure depuis plus d'un mois. Imaginez les sentiments d'un gréviste devant les problèmes auxquels il se heurte.

2 Les employés du secteur public ont-ils le droit de faire la grève?

3 «L'exploitation des statistiques est la forme la plus raffinée du mensonge au XXe siècle.» Discutez.

4 «Groupes d'intérêt et groupes de pression sont sources de danger pour la démocratie et cependant ils sont nécessaires à son bon fonctionnement.» Discutez.

La vie administrative

1 LES COMMUNES ET LE PAYS

38 000 communes, cela signifie notamment qu'il y a en France plus de 470 000 conseillers municipaux, soit plus de 1,5% de la population d'âge adulte de ce pays. À une pareille échelle, la participation municipale demeure, en France tout au moins, une forme efficace d'éducation civique. Ce nombre de conseillers municipaux semble notamment supérieur de beaucoup au nombre total des membres de tous les partis politiques français. L'effectif des conseillers, membres ou apparentés à la S.F.I.O., représente plus de la moitié des effectifs de ce parti. Dans le cas du parti radical, la proportion atteint probablement les trois quarts.

Les Conseils municipaux demeurent la principale école de démocratie dans ce pays, et l'endroit privilégié où, en dehors des partis, peuvent se former des hommes politiques de carrure nationale. L'insuffisance des pouvoirs, la minceur des ressources, l'extension de la tutelle ne changent rien à cette situation. Bien au contraire, c'est dans la mesure même où la structure des partis perd de son importance et de son aptitude à représenter correctement le pays que le réseau des Conseils municipaux est susceptible de prendre une importance croissante pour l'orientation des institutions politiques. Sur les 465 députés que comportait la première Assemblée de la Ve République, 300 cumulaient le mandat parlementaire avec un mandat municipal ou départemental, et 41 autres avaient exercé préalablement de telles fonctions. Si l'on ne tient pas compte du département de la Seine, la proportion devient encore plus forte.

La France est sans doute le seul pays d'Europe dont le personnel politique se forme, dans une aussi grande mesure, par l'exercice de responsabilités locales. En Grande-Bretagne et en Allemagne, la proportion est beaucoup moins forte ; les partis y sont, semble-t-il, suffisamment structurés pour assurer directement la formation et la promotion de leurs représentants aux assemblées nationales. En Italie, la proportion est encore plus faible : la loi italienne interdit, d'ailleurs, le cumul entre le mandat parlementaire et le mandat de maire d'une ville de plus de 30 000 habitants.

Quelle que soit, par ailleurs, l'influence de l'action municipale, elle est donc, et restera, en France, l'endroit par excellence où pourront se former les élites politiques nouvelles dont le pays a besoin.

La commune est donc une école de démocratie. Pourquoi l'est-elle ? Diversité des responsabilités, développement de l'esprit de synthèse, nécessité d'un dialogue avec l'opinion et les citoyens, connaissance d'un monde administratif et financier, contact avec les représentants de l'État ou avec des entités de cet État, tels sont les atouts que doit posséder le conseiller municipal ou le maire dans l'exercice d'un mandat. Encore faut-il y accéder. Et c'est là à nouveau que l'on rencontre les liens avec la «politique». Sans doute, la situation est-elle très différente en milieu rural (dans les petites communes) ou en milieu urbain. Dans ce dernier, il est possible presque partout de préciser la «couleur politique» du maire, c'est-à-dire la manière dont il se situe dans le cadre de la vie nationale et de ses préoccupations majeures. Il est souvent l'élu d'un parti ou d'une coalition de partis. C'est pourquoi, par exemple, la loi électorale municipale intéresse les hommes politiques. C'est pourquoi, par exemple, on essaye de déchiffrer les résultats d'une élection qui constitue un test pour l'équipe au pouvoir.

La commune, école de démocratie au niveau du pays, n'est-elle qu'un moyen de formation ou n'est-elle associée aux grands courants qu'au moment de l'élection ? Rien n'est moins sûr. Une réglementation assez stricte interdit aux communes les prises de position politique. Mais les faits autorisent ce que la loi ne permet pas. L'attitude des municipalités les définit politiquement, et cela non pas seulement par leurs choix dans la politique sociale ou fiscale : tous les actes de la vie communale portent des dimensions politiques. L'urbanisme d'une ville est l'expression d'une manière de vivre. Tout est politique : le baptême d'une rue, l'attitude vis-à-vis de telle ou telle cérémonie nationale, le jumelage de la ville, les vœux rédigés par le Conseil municipal, les déclarations à la presse, la manière de recevoir un chef d'État ou des personnalités étrangères, le choix d'une association d'élus, l'éventail des subventions accordées. Ce sont là quelques moyens réels d'insertion dans la vie politique dont, à vrai dire (par action ou abstention) aucune commune ne se prive.

ROGER AUBIN *Communes et démocratie* Édns Ouvrières, pp. 190–192 (adapté)

INTELLIGENCE DU TEXTE

1 Pourquoi la participation à la vie municipale représente-t-elle en France une forme efficace d'éducation civique?
2 Pourquoi les élites politiques se forment-elles principalement en France par l'exercice des responsabilités locales, alors qu'il n'en est de même nulle part ailleurs en Europe?
3 L'auteur cite brièvement cinq raisons pour lesquelles la commune est une école de démocratie. Développez ses arguments en vous appuyant sur des exemples concrets.
4 Expliquez pourquoi la loi électorale municipale intéresse les hommes politiques.
5 «Tous les actes de la vie communale portent des dimensions politiques.» Commentez à l'aide du texte.

2 LES COMMUNES ENCHAÎNÉES

La démocratie, paraît-il, s'apprend au niveau de la commune. Tout le monde le dit. Parce que la commune est (ou était) l'environnement où les hommes vivent non pas juxtaposés, mais en communauté.

Si la démocratie s'apprend au niveau de la commune, il est sûr qu'elle s'apprend mal, en France. «Qu'est-ce qu'un maire?» a-t-on demandé aux conscrits lors d'un récent sondage. «C'est quelqu'un qui fait les papiers» ont répondu 60% des jeunes gens. Un sondage auprès de candidats bacheliers, à Paris et en province, ne donnait pas de résultat meilleur. «Que fait une mairie?» leur demandait-on. Pour 38% «elle enregistre l'état civil»; pour 32% «elle résout administrativement les problèmes qui se posent.»

Bref, il semble que deux tiers environ des jeunes Français abordent leur vie civique à la manière de sujets: sujets qu'on administre, dont on fait les papiers, qui font la queue devant des guichets et subissent l'autorité du fonctionnaire. Être citoyen, pour eux, dès le niveau de la commune, c'est devoir répondre aux questions que l'on vous pose, sans pouvoir les retourner.

Image vraie ou fausse? Fausse en apparence. Car aux élections municipales un électeur sur vingt-huit est candidat. Après les élections municipales, un Français sur cinquante-trois sera élu. N'est-ce pas le signe d'une vie démocratique intense? Ce le serait si la collectivité locale était le lieu où se débattent et se décident, publiquement et démocratiquement, toutes les mesures qui tendent à façonner un milieu de vie, afin que les hommes y vivent et s'y développent à leur aise.

Est-ce bien ainsi que la commune entend sa tâche en France? Sur le papier, certainement: elle peut construire des logements, des écoles, des hôpitaux, des crèches; elle peut créer des maisons de jeunes, des stades, des piscines, des théâtres, des bibliothèques. Elle peut mettre en place des services publics ou des régies municipales (en matière de distribution et de transports, notamment). L'urbanisme, l'hygiène, l'assistance sociale, la voirie etc., sont du ressort des communes; et même, jusqu'à un certain point, la création d'emplois et de l'industrialisation, par le biais des zones industrielles qu'il appartient aux communes de créer.

Cette étendue des tâches et des responsabilités communales devrait aboutir logiquement à des équipements communaux excellents en quantité et en qualité. Est-ce le cas? Voici quelques chiffres:

— Selon les dernières données publiées, il manque 3 200 gymnases, 720 piscines, 2 000 pistes pour que soient remplies les normes officielles d'équipement des seuls établissements secondaires.

— Sur 70 grandes villes françaises, 46 ont un terrain de sport, 24 une piscine. Il y a une piscine couverte pour 350 000 habitants.

— Sur ces 70 grandes villes françaises, 28 n'ont pas de bibliothèque municipale; en Allemagne occidentale, sur 220 villes de plus de 20 000 habitants, seules 15 n'en ont pas.

Comment expliquer ce sous-équipement des communes? La Ve République croit en avoir découvert la cause. La France compte 3 423 communes de moins de 100 habitants; 34 881 communes de moins de 2 000 habitants. «Que peut le maire d'une commune qui dispose, par exemple d'un budget annuel de 10 000 F?» vient de demander le journal gouvernemental *la Nation*. Le ministre de l'Intérieur en a conclu qu'il faut inciter les communes à la fusion; ensemble, elles pourront réaliser (avec des subventions spéciales promises par l'État) ce qui, séparément, dépasse leurs moyens.

Le remède est-il adapté au mal? Que la France compte trop de communes exsangues en raison de leur exiguïté, c'est un fait. Mais même regroupées jusqu'à ce qu'elles atteignent la taille moyenne des 70 grandes villes françaises, la plupart manqueront toujours des moyens pour créer des équipements culturels, scolaires, sportifs, etc., dont même les grandes villes manquent, sans que leur taille soit en cause.

Qu'est-ce donc qui est en cause? En gros, la vieille tradition française de la centralisation administrative. Dans la plupart des pays modernes, 50% des impôts vont aux municipalités. Celles-ci, du coup, disposent d'un budget suffisant pour voir loin et grand, planifier à long terme le développement et l'équipement de la cité, proposer aux citoyens des options d'autant plus distinctes qu'elles portent sur des objectifs distants de dix ou vingt ans.

À cette échéance-là, les différences d'orientation apparaissent clairement dans leur impact sur le mode et le milieu de vie; et la signification politique des orientations proposées devient évidente. En France, ce ne sont pas 50%, mais 10% des ressources fiscales qui vont aux collectivités locales. Du coup, celles-ci ne sont relativement autonomes que dans leurs options au jour le jour, dont la portée politique est minime. En fait, il n'est pas de réalisations de quelque importance pour laquelle elles ne doivent solliciter l'aide de l'État.

Aberration? Retard de la législation (fiscale, notamment) sur les réalités? Nullement: il s'agit d'une volonté bien arrêtée du Pouvoir central: pas une école, pas un hôpital, pas une piscine, etc. ni surtout, un plan d'urbanisme ne doit voir le jour sur le territoire de la République sans que les subventions aient à être sollicitées, c'est-à-dire sans que les représentants locaux et régionaux des divers ministères et, finalement, ces ministères eux-mêmes—tous soumis au contrôle des Finances—n'aient été consultés et aient donné leur visa (ou mis leur veto). Grâce à cet excellent système, le gouvernement est assuré qu'aucune commune n'adoptera une orientation contraire, si peu que ce soit, à la politique du régime.

L'inverse est tout aussi vrai: aucune commune, aucun maire ne peut entreprendre de réalisations importantes sans le bienveillant déblocage à Paris, des crédits nécessaires. Autrement dit, pour être un maire populaire et efficace, il est préférable d'avoir le bras long. Dans maintes villes de France, y compris les plus grandes, des maires appartenant à l'opposition (non communiste, évidemment) ont négocié donnant-donnant, avec tel ou tel ministre du régime (y compris le Premier), l'obtention des fonds qui leur permettront de retourner devant les électeurs avec des réalisations à leur actif.

La surveillance sourcilleuse de Paris s'exerce jusque dans les délibérations du Conseil municipal: la préfecture doit les approuver; elle peut les annuler; elle peut interdire la publication d'une résolution qu'elle jugerait subversive; elle peut aussi interdire les interventions politiques trop marquées de la commune. Le préfet doit approuver le budget communal; il peut le modifier; il doit approuver les ventes et emprunts de quelque importance. Le maire ne peut que ce que le préfet veut et le préfet ne veut que ce que Paris consent.

Il n'est pas étonnant, après cela, que les collectivités locales aient une «mentalité d'assistés.» Elles ne peuvent rien par elles-mêmes, les moyens d'action leur viennent de Paris ou de ses émissaires, la vie et la politique locales ne sont que des apparences, la réalité du pouvoir et la source des décisions est, en définitive, aux mains des ministres. C'est à eux qu'il faut s'adresser, contre eux qu'il faut se retourner. Il n'y a souvent d'autre politisation possible de la vie communale que de la relier à la politique générale du gouvernement, en matière économique et financière, notamment. La démocratie locale s'en trouve vidée du plus clair de sa substance, et le gouvernement peut faire valoir, avec toutes les apparences de la rigueur, que la commune est une structure périmée, héritée de la France rurale, qui doit être remplacée ou coiffée par des organismes plus centraux (district ou régions), où des techniciens omniscients se chargeront de l'indispensable planification et coordination des projets concernant des espaces plus vastes.

Pour humaniser l'espace urbain, sans doute faut-il penser «district», de même qu'il faut penser «région» pour développer économiquement les départements dits «de province». Qu'en a conclu la Ve République? La Première créa 80 départements, en se disant que «plus il y en aura, moins ils auront de poids sur le pouvoir central.» La Ve République laisse subsister les assemblées communales et départementales sans poids, et soumet directement au Premier ministre ou au ministre de l'Intérieur les centres de décision de la région ou du district, dont le poids, politiquement, serait considérable. M. Frey l'a dit clairement l'année dernière, après avoir créé les préfets de région: «Nous avons voulu recréer le préfet, représentant direct de tous les ministres, chef de l'administration, responsable pour le meilleur et pour le pire de sa circonscription territoriale, celui dont Madelin disait: «On lui porte tout et, dès lors, sans avoir à y prétendre, il est devenu le maître de tous.»

Avec le préfet de région, le délégué général au district, voici enfin en place un exécutif régional tout-puissant, libéré de tout contrôle démocratique, car les chambres corporatives non élues sont désignées par le pouvoir central. L'étau se resserre ainsi sur les communes; bientôt leurs assemblées élues et leurs maires ne seront qu'un décor. Et la démocratie dans la mesure où elle s'apprend au niveau communal, ne s'apprend plus: le maire sera vraiment celui qui «fait les papiers», guère plus.

Cette évolution est-elle inévitable? Elle le deviendrait sans doute si les citoyens ne se bornent pas seulement à défendre une démocratie communale en train de se vider de sa substance, mais ne se lancent pas aussi à la conquête démocratique des régions et des districts qui l'encadrent.

MICHEL BOSQUET in *Le Nouvel Observateur*, 11 mars 1965

INTELLIGENCE DU TEXTE

1 Pourquoi le sous-équipement des communes est-il si surprenant? Quelle explication le gouvernement en donne-t-il? Quel est le remède proposé?
2 Expliquez la phrase «Le maire ne peut que ce que le préfet veut et le préfet ne veut que ce que Paris consent».
3 Quelle est l'influence de «cet excellent système» sur la vie politique française à l'échelon local?
4 Expliquez la phrase «des maires appartenant à l'opposition ont négocié donnant-donnant avec tel ou tel ministre du régime (y compris le Premier)». Quel résultat, quant à la combativité de l'opposition, sur le plan national, peut-on attendre d'un tel système?
5 Pour quelles raisons l'auteur affirme-t-il que bientôt les assemblées élues et les maires ne seront plus que des «décors»?

3 ÊTRE MAIRE, C'EST L'ENFER

«Une piscine! Dans un chef-lieu de canton qui a déjà une rivière! Je ne puis m'empêcher de sourire en me souvenant de la genèse de cette entreprise, jugée comme toujours, indispensable par les uns et insensée par les autres. . . Lorsque je parle des enthousiastes et des opposants, je veux, bien entendu, parler des électeurs car, pour une fois, les conseillers municipaux, jeunes et vieux, furent unanimes à envisager la réalisation de ce projet...»

Le complot commença.

Un complot passionnant, agrémenté de visites dans les installations de quelques villes voisines, de réunions en compagnie de l'Ingénieur des Ponts et Chaussées.

... C'est fou ce qu'on peut vite s'enthousiasmer pour un rêve lorsqu'on veut qu'il devienne réalité!

Bien entendu, M. le Sous-Préfet, loin de nous décourager, souffla sur le feu avec toute la force en son pouvoir... Pour lui, notre projet était promis à un brillant avenir et serait un point d'attraction supplémentaire en été pour le tourisme de la région...

— Mon cher Maire, il faut passer à la réalisation immédiate et battre de vitesse tous vos confrères... Il faut inaugurer ce bassin nautique au mois de juillet prochain.

— Vous n'y pensez pas? Nous sommes déjà en février!

Le Conseil municipal ne soulevant aucune objection, je commençais le ballet de visites auquel douze ans de mairie m'ont déjà habitué: Ponts et Chaussées, Préfecture, Urbanisme, Constructions scolaires, Jeunesse et Sports... C'est fou ce qu'il peut y avoir de gens intéressés dès qu'un malheureux Maire manifeste l'intention de réaliser quelque chose! Et dans cette ronde sacrosainte, où personne ne doit être oublié, il faut donner à chacun l'importance qui lui revient, sinon, attention aux accrochages! Il suffit parfois d'un grain de sable pour faire dérailler sans espoir la machine pourtant sans défaut...

J'avais bien entendu commencé ma tournée par le personnage le plus important à mes yeux, le personnage-clé:

— Monsieur l'Ingénieur en chef, je serais heureux si votre bureau d'études pouvait se charger de l'établissement du projet de ma piscine?

— Vous n'avez pas d'architecte?

— Si, Monsieur l'Ingénieur, mais le Conseil municipal et moi-même faisons confiance à vos services pour dresser les plans et conduire les travaux...

M. l'Ingénieur en chef est enchanté. Il n'appelle son chef de bureau que pour la forme:

— Vos plans seront prêts le 25 mars, mon cher Maire, je vous en donne l'assurance!

Ouf!

La partie est à moitié gagnée.

Le 30 mars, je suis en possession de mon imposante pile de dossiers et je prends à nouveau le chemin du chef-lieu.

Ma 4 CV cahote en direction de l'immeuble de l'Urbanisme. J'y suis. M. le Directeur n'est pas très satisfait des plans de son collègue:

— J'aurais désiré voir une implantation différente du projet; à mon avis, le bassin serait mieux placé le long de la route, n'est-ce pas?

Je sens que tout va sombrer. Il faut me défendre. Je parle d'ensoleillement, de perspective. Je me sens rouge, congestionné, j'ai des sueurs froides. M. le Directeur lui, voudrait faire une farce à M. l'Ingénieur en chef! M. l'Ingénieur se permet de faire des plans sans se soucier de l'Urbanisme... et M. le Maire qui, parce qu'il paye, s'imagine qu'il a le droit de tout faire!

... Cette guerre des services! Cette bataille polie et sans cesse renouvelée entre techniciens qui se partagent le domaine public suivant les règles de leurs compétences. Que de rivalités se cachent sous les coups de chapeau ostensiblement polis et que de projets ne voient jamais le jour parce que, au gré de ces messieurs, ils ont été «mal introduits»...

Durant l'année suivante je mis tout en œuvre pour parachever mon éducation de Maire en matière financière.

Lachède était là; il fallait en profiter. Une fois le courrier expédié et le pain quotidien dévoré, je me mettais un peu à l'école:

— Voyons, Lachède, si je comprends bien vous divisez le budget «dépenses» en combien de catégories?

— Eh bien, monsieur le Maire, il y a deux sortes de dépenses: les «dépenses obligatoires» et les «dépenses diverses»...

— Ah? Et pourquoi les dépenses obligatoires? Vous les jugez obligatoires mais le sont-elles vraiment?

— Oui, Monsieur le Maire, elles le sont! C'est la Préfecture qui vous les impose.

— La Préfecture?

— Oui, la Préfecture!

— Et pourquoi donc?

— Vous devez participer avec le budget communal aux dépenses dites «d'intérêt général»: hôpitaux et autres et si vous n'inscrivez pas ces dépenses, Monsieur le Préfet vous les ferait inscrire d'office!

— C'est ce qu'on appelle la liberté des communes?

— Que voulez-vous, Monsieur le Maire, c'est comme cela!

— Enfin!

— Maintenant, si je pouvais me permettre...

— Mais je vous en prie, Lachède! Allez-y! Je vous considère

comme mon père, ici à la mairie. Je vous écoute...

— Eh bien, dans les dépenses qui restent à votre discrétion, je distingue, moi, deux sortes de dépenses.

— Tiens! Tiens!

— Oui, Monsieur le Maire, ce sont les dépenses d'entretien et les dépenses d'investissement.

— Très intéressant!

— Les dépenses d'entretien sont cette poussière de dépenses que vous êtes tenu de faire, à longueur d'année, sur les chemins et les bâtiments communaux. Ces dépenses-là, vous les financez par l'impôt. C'est normal. Elles reviennent à chaque budget. Elles permettent d'entretenir le domaine public.

— Les dépenses d'investissements, c'est différent. Ce sont de grosses dépenses qui sont faites pour longtemps. Par exemple, la construction d'une école, d'un abattoir, etc. Alors ces dépenses-là vous ne devez pas les financer comme les précédentes...

— Ça alors! Vous en avez de bonnes, mon vieux Lachède! Comment voulez-vous que je les finance? par emprunt?

— Mais oui, Monsieur le Maire. Vous empruntez la somme en vingt ou trente ans, auprès d'un organisme de crédit et vous n'inscrivez en dépenses que l'annuité de cette somme! Avec mille centimes de garantie, ce qui vous donne deux cent trente mille francs d'impôts environ, vous réalisez cinq millions de travaux neufs!

— Une autre découverte me restait encore à faire en matière de budget mais celle-là je ne devais la faire que beaucoup plus tard, lorsque mon nom de maire fut un peu plus connu sur le plan départemental... J'appris ainsi, à la manière du bon Pantagruel, qu'il était possible de se procurer de l'argent qui ne vous coûtait rien, absolument rien, et que l'État distribuait de l'argent sous forme de subventions pour toutes sortes de choses. Cela, je ne l'avais jamais su auparavant. Lachède lui-même n'avait pas osé m'en parler. Mes amis politiques, plus haut placés que moi dans la hiérarchie, ou plus anciens, ne m'en avaient pas parlé non plus. C'était un peu normal. Moins ils étaient à se partager le gâteau, plus le morceau était gros.

— L'ennui des subventions c'est qu'elles n'arrivaient pas vite!
... Heureusement l'administration a prévu toutes les astuces.

— On ne vous a pas encore versé la subvention, mon cher Maire?

— Non, mon cher Receveur.

— Qu'à cela ne tienne. Demandez une avance de trésorerie au Département!

«J'ai vu le ministre de l'Éducation nationale aujourd'hui.
Cela a commencé lorsque l'instituteur m'a envoyé
chez le directeur,   le directeur chez l'inspecteur. . .»

Paris Match

— Plaît-il?

Devant ma mine incrédule, M. le Receveur Municipal consent à achever mon éducation financière.

— Mais oui, mon cher Maire, vous pouvez demander à la Préfecture une avance de trésorerie. C'est ce qu'il y a de plus régulier!

— C'est peut-être régulier, mais je ne comprends toujours pas!

— Voyons! L'administration vous a promis de l'argent?

— Mais oui!

— Donc elle vous le doit?

— Certainement.

— Bon. Eh bien, cet argent qu'elle ne peut vous donner de suite, elle va vous le prêter!

— . . .?

— Et à un taux qui défie toute concurrence! Pensez, 2,50%. C'est donné!

— C'est donné, en effet.

Enfin, je possédais maintenant mes sacro-saintes règles financières. J'allais emprunter! C'était la solution! La seule!

Mais voilà, emprunter c'était endetter la commune.

— Une commune qui ne réalise pas et qui n'emprunte pas est une commune qui meurt, répondait un de mes ardents supporters...

J.-L. QUEREILLAC *Un tel ... Maire* Édns France-Empire, 1962 pp. 124–127, 180–185

INTELLIGENCE DU TEXTE

1 «Je commençais le ballet de visites.» Pourquoi les services mentionnés sont-ils intéressés par le projet de construction de piscine?

2 Quelles sont les raisons de la «guerre des services» et quel en est le résultat?

3 En vous référant à la 2e partie du texte, trouvez à quels autres organismes il faudra que M. le Maire s'adresse lorsqu'il voudra financer la construction de sa piscine.

4 La surprise manifestée par M. le Maire lorsqu'il apprend qu'il peut obtenir une avance de trésorerie vous semble-t-elle justifiée?

5 Pourquoi M. le Maire pense-t-il que l'emprunt est une solution bizarre aux problèmes financiers d'une commune?

4 LE CORPS PRÉFECTORAL

Tout bouge, tout rajeunit, même la vieille administration de nos provinces! Entré par hasard dans la carrière, roi sans grands soucis d'un petit royaume sans histoire, taquinant la muse aux champs et cultivant dans les comices agricoles les fleurs de rhétorique, coupant ici les rubans et en ornant là les boutonnières, décoratif et débonnaire, le sous-préfet légendaire du style de celui chanté par Alphonse Daudet est un personnage d'un autre âge. Bien sûr, il y a toujours les réceptions et les revues à présider, les foires et les monuments à inaugurer, les anciens combattants et les rosières à décorer.

Mais le corps préfectoral évolue au rythme des bouleversements démographiques, économiques, sociaux de ce demi-siècle. A l'heure de l'Europe, des cités nouvelles et de l'expansion, il a su s'administrer le traitement de jouvence nécessaire. Au niveau de la région, qui tend à détrôner le département comme unité géographique de base, des hauts fonctionnaires de moins de 35 ans travaillent aux côtés des super-préfets à résoudre la multitude des problèmes nouveaux. Exemple: l'opération *Retour des jeunes en Normandie*, lancée par les deux jeunes sous-préfets économiques de Caen.

une administration centralisée

**Le pouvoir exécutif
LE CONSEIL
DES MINISTRES**

L'esprit de système:
tendance centralisatrice

LE PRÉFET nommé par le Conseil
des Ministres et révocable par lui, est
le représentant, dans le département, du pouvoir
exécutif, c'est-à-dire des différents ministres.

Un rôle difficile, qui
exige à la fois sou-
plesse et autorité

1 comme **AGENT DE L'ÉTAT**

● veille à l'exécution des lois et règlements:
● représente toutes les administrations
publiques et contrôle leurs services:
● dirige la police et renseigne le gouver-
ment:
● contrôle les sous-préfets et les maires.

← **SES ATTRIBUTIONS**

2 comme **AGENT DU DÉPARTEMENT**

● prépare et exécute les décisions du Conseil général:
● ordonne les dépenses:
● nomme aux emplois départementaux, etc.

LE SOUS-PRÉFET subordonné au préfet et nommé comme lui
le seconde comme AGENT DE L'ÉTAT
Il exerce notamment son pouvoir de tutelle (contrôle) sur les communes.

LE MAIRE chef du pouvoir exécutif
municipal, assisté de 1 à 12 adjoints:
peut-être (ainsi que ceux-ci) suspendu ou révoqué
par le pouvoir central.

Une fonction lourde,
qui tend à devenir
un véritable métier.

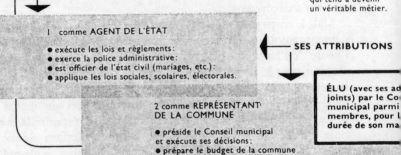

1 comme AGENT DE L'ÉTAT

● exécute les lois et règlements:
● exerce la police administrative:
● est officier de l'état civil (mariages, etc.):
● applique les lois sociales, scolaires, électorales.

← **SES ATTRIBUTIONS**

ÉLU (avec ses ad
joints) par le Co
municipal parmi
membres, pour l
durée de son ma

2 comme REPRÉSENTANT
DE LA COMMUNE

● préside le Conseil municipal
et exécute ses décisions:
● prépare le budget de la commune
● nomme et révoque les agents municipaux.

des assemblées élues

Un effort de conciliation entre
les tendances contradictoires de
l'esprit français

l'individualisme libéral:
tendance décentralisatrice

LE DÉPARTEMENT
la principale circonscription administrative de la France en même temps qu'une collectivité relativement autonome.

LE CONSEIL GÉNÉRAL
Élu pour 6 ans au suffrage universel à raison d'un membre par canton renouvelable par moitié tous les 3 ans.

SES ATTRIBUTIONS:
● adresse au gouvernement des vœux et réclamations en matière d'administration générale :
● contrôle les communes (chemins, foires et marchés, etc.):
● délibère et statue sur toutes les affaires d'intérêt départemental: budget, organisation des services, travaux publics, gestion des domaines.

L'ARRONDISSEMENT
circonscription intermédiaire de faible importance.

LE CANTON
division commode de l'arrondissement: le chef-lieu de canton est le foyer par excellence de la vie rurale (marché).

échelon de certains services de l'État: Justice, Gendarmerie, Ponts et Chaussées, etc.

LA COMMUNE
Une collectivité autonome multipliée par milliers: sur 38 000 communes, près des 2/3 ont moins de 500 habitants.

LE CONSEIL MUNICIPAL
composé de 11 à 37 membres élus pour 6 ans au suffrage universel direct: 4 sessions par an (séances publiques).

SES ATTRIBUTIONS:
● participe aux élections sénatoriales:
● élit le maire et ses adjoints:
● véritable conseil d'administration de la commune, il règle par délibérations les affaires locales: services municipaux, voirie, budget, approvisionnement, gestion des domaines.
Il est sous le contrôle de tutelle du préfet, qui peut le suspendre ou même faire prononcer par le Conseil des Ministres sa dissolution.

Guide France Hachette

Grand, ouvert, beaucoup de simplicité jointe à la distinction qu'exige sa fonction, beaucoup de sérieux allié au sens de l'humour, Gérard Belorgey est un élément très représentatif de cette élite de jeunes cadres administratifs. Il appartient à cette génération-charnière qui a grandi avec la guerre. De 1940 à 1960, les événements ont suffisamment marqué sa vie personnelle pour lui montrer la primauté des affaires collectives et lui en donner le goût. De là est née sa vocation du service public.

E.N.A.,[1] service militaire en Algérie, stage à la préfecture de Montpellier, un premier poste aux Affaires économiques de Mostaganem,[2] une approche du pouvoir central à Matignon (comme chargé de mission au secrétariat général du gouvernement): voilà pour le passé. Quant au présent, il est l'un des adjoints, à moins de 31 ans, de M. Ricard, préfet de la huitième région—Rhône-Alpes—la plus importante.

J'ai vécu dans son ombre pour avoir un aperçu de ses activités, multiples! Prenons une journée, entre autres. Le matin, corvée du courrier; premières visites (délégués à l'aménagement du territoire); accueil d'une personnalité étrangère, puis préparation d'un colloque de maires qui doit se tenir prochainement à Paris.

L'après-midi, cours à l'institut d'études politiques de Lyon; tournée à l'extérieur pour faire le point de la grève du lait; discussion sur la situation sociale; réunion avec des représentants du monde industriel, commercial et les fonctionnaires spécialisés à propos du plan de stabilité économique; enfin, comme chaque soir, réception des responsables du maintien de l'ordre... Départ du bureau: 20 h. 30.

— Le directeur de cabinet, me précise Gérard Belorgey, n'est qu'un élément parmi d'autres dans l'équipe dont dispose le préfet régional. Mais il a le redoutable privilège topographique d'être la porte à côté! Il est à la fois une éponge à ennuis, un dispatching et un appareil à digérer les problèmes... Il est encore une sorte de «public-relations» et de journaliste officiel. C'est lui qui organise les voyages et les réceptions, qui représente fréquemment le préfet. (Je sors un soir sur deux.) C'est lui qui, par les renseignements généraux et par ses «réseaux» privés, informe le cabinet, qui informe le gouvernement. Notre rôle est aussi celui d'un officier de permanence à temps perpétuel; logé à la préfecture, je suis mobilisable de jour et de nuit...

GÉRARD MARIN, P. BOIS in *Le Figaro*, 26 novembre 1964

[1] *E.N.A.* École Nationale d'Administration, grande école fondée en 1947.

[2] *Mostaganem* À cette époque, l'Algérie était encore territoire français.

INTELLIGENCE DU TEXTE

1 Quel rôle jouait, autrefois, le «sous-préfet légendaire du style de celui chanté par Alphonse Daudet»?

2 «Roi sans grand souci d'un petit royaume sans histoire». Pourquoi ceci n'est-il plus vrai de nos jours?

3 Citez les évenements historiques qui ont marqué la vie personnelle de la «génération-charnière».

4 Trouvez dans les deux paragraphes précédents quels sont les exemples de l'activité de Gérard Belorgey qui lui permettent d'affirmer que le directeur de cabinet est: «une éponge à ennuis, un dispatching et un appareil à digérer les problèmes. Il est encore une sorte de 'public relations' et de journaliste officiel.»

5 «Sa vocation du service public.» Le terme «vocation» vous semble-t-il justifié par la vie que mène Gérard Belorgey?

5 TECHNOCRATES ET TECHNICIENS

La poussée de la technocratie vers les leviers de commande fait l'objet de bien des conversations et de bien des écrits qui glisseraient vite vers la polémique, comme c'est souvent le cas chez nous. E.N.A.[1] contre X.,[2] voilà un affrontement maintes fois évoqué par l'opinion toujours en quête de quelque joute divertissante!

Technocrates et techniciens tendent à constituer, dans un État moderne, deux groupes également nécessaires et qu'il est important de considérer sociologiquement.

Les contours respectifs des deux groupes ne peuvent être très précisément délimités, mais je retiendrai comme distinction fondamentale entre eux celle des grands axes de la connaissance et de l'action, situés, pour le premier, dans le domaine juridique et administratif et, pour le second, dans le domaine de la technique et de l'entreprise.

Leur harmonieuse association et leur mutuelle bonne compréhension sont indispensables pour obtenir une productivité satisfaisante de la collectivité, aussi bien en produits qu'en services.

Voyons un peu ce qu'il en est, dans la réalité des faits!

---

[1] *E.N.A.* Voir note 1 du texte précédent.

[2] *X* Appellation familière de l'École Polytechnique, autre grande école française. «Le recrutement se fait par un concours réputé des plus difficiles. Cet établissement d'enseignement supérieur technique relève du Ministère des Armées et est destiné à donner aux futurs ingénieurs des corps de l'État, ainsi qu'à un certain nombre d'officiers des armes spécialisées, une très haute culture scientifique.» (*Grand Larousse Encyclopédique.*)

Formés aux disciplines des sciences, mais tempérés par la pratique qui maintient leur action dans les limites où s'inscrit l'intervention des machines, les techniciens apparaissent comme pragmatiques si on les compare aux scientifiques purs; mais, sous l'effet de l'essor des techniques, ils sont plus naturellement tournés vers l'avenir que ceux qui sont appelés, sous d'autres signes, à manipuler des textes dans leur pesanteur. Leur attachement à l'esprit d'entreprise n'entraîne pas nécessairement un choix entre le capitalisme privé et le capitalisme d'État. Chez eux le fait social l'emporte sur la pensée socialiste; chez eux les idéalistes ne sont ni des idéologues ni des démagogues. C'est ainsi qu'à leurs yeux la notion de profit, dès lors qu'elle se situe au niveau de l'entreprise, est parfaitement admissible et même indispensable.

Les technocrates, au contraire, sont très nettement orientés vers le dirigisme et cette prise de position s'est consolidée—il faut bien le dire—dans la lutte contre la pénurie qui s'est naguère largement manifestée (en France occupée comme en Russie, par exemple). L'ambition la plus naturelle les y pousse également, puisque ainsi s'accroissent leur influence sur la chose publique et, du même coup, les chances de leur carrière. «Tout ce qui est national est nôtre» et «L'État, c'est moi» sont des formules qui hantent certains d'entre eux, prétendent, du moins, les mauvais esprits. Avec plus d'indulgence on peut penser qu'ils associent à ces préoccupations l'idéal de la suppression du profit.

Les technocrates affichent une certaine admiration pour la science, en affectant d'ailleurs de n'y rien comprendre. Ils n'ont, en revanche, que condescendance pour la technique, dont ils sous-estiment les difficultés. On doit leur reconnaître des circonstances atténuantes du fait qu'en France on a toujours montré beaucoup plus d'égards pour les savants que pour les techniciens, contrairement à ce qui se passe autre part, où des hommes comme Stephenson, Marconi, Edison ou Siemens ont été honorés à l'égal des plus grands professeurs. Nous nous plaisons à croire que nous avons le monopole des idées nouvelles et nous nous résignons facilement à laisser aux autres le soin de les développer, en commettant l'erreur de penser qu'il y a beaucoup plus de gens aptes à réaliser qu'à concevoir.

La recherche de l'autorité, à laquelle les incite une juste ambition personnelle et fonctionnelle, suit également chez le technicien et chez le technocrate des chemins de pensée divergents.

Le technicien circonscrit cette recherche à l'intérieur de l'entreprise et chez lui l'attrait de l'autorité est largement tempéré du fait qu'il ne la conçoit qu'identifiée avec la maîtrise que confère la qualification professionnelle. De là vient qu'à ambition égale nombre de techniciens visent à devenir le spécialiste de telle ou telle branche plutôt que le patron; autrement dit, ils sont attirés par la réputation professionnelle autant que par le rang social ou le salaire.

Pour le technocrate—et sauf de rares exceptions que fournissent le journalisme ou le professorat—l'ascension normale conduit à la conquête du pouvoir administratif et, comme celui-ci s'imbrique avec la politique, le cheminement de la carrière passe souvent par les cabinets ministériels. De plus en plus, et surtout en période de stabilité gouvernementale, le technocrate subit l'appel d'une vocation politique: c'est bien pourquoi l'on a compté beaucoup d'entre eux parmi les candidats à la députation lors des dernières élections, alors qu'il n'y avait pour ainsi dire pas de techniciens.

On conçoit aisément qu'entre technocrates devenus politiciens et technocrates en poste dans l'administration de l'État s'instaure une «camaraderie de pouvoir» qui renforce la position des seconds!

Les techniciens ne bénéficient d'aucun appui du même genre.

Comment ne pas être frappé de ce qu'en 1967, tandis que le président du Conseil des ministres soviétique se flatte d'être ingénieur, que la Suisse vient de se choisir un technicien comme président de la Confédération, le gouvernement français ne comprend en son sein aucun ministre sortant d'une faculté des sciences ou d'une grande école scientifique ou technique, et qui ait été formé dans une entreprise—double qualité nécessaire, car, pour apporter au gouvernement l'optique du technicien, il ne suffit pas d'avoir passé des examens scientifiques: il importe surtout d'avoir subi l'imprégnation de l'entreprise et de son milieu.

Ne peut-on pas penser qu'il y a là des ostracismes malencontreux? Ils ne correspondent pas, en tout cas, au rôle grandissant que les techniciens assument dans l'économie et la civilisation même de notre pays, et qui mériterait d'avoir sa résonance dans les sphères gouvernementales.

LOUIS ARMAND in *Le Figaro*, 20 avril 1967
(Membre du conseil d'administration de l'École nationale d'administration, il y est chargé de cours depuis 1947. Il est aussi président du conseil de perfectionnement de l'École polytechnique depuis 1956.)

INTELLIGENCE DU TEXTE

1 D'après Louis Armand, technocrates et techniciens sont, de par leur formation, rois de domaines fort différents. Quels sont ces domaines?

2 Pourquoi le technicien n'est-il pas nécessairement dirigiste comme le technocrate?

3 Comment «la lutte contre la pénurie» explique-t-elle, en partie, la tendance dirigiste des technocrates?

4 D'où vient que nombre de technocrates font une carrière politique?

5 Quelles raisons Louis Armand donne-t-il à l'absence de techniciens dans les sphères gouvernementales? Pourquoi la déplore-t-il?

6 LES MYTHES ADMINISTRATIFS

L'impression d'aborder un monde à part, où les valeurs courantes cessent d'avoir cours, est l'un des ressorts du «comique administratif» de Courteline. C'est notamment le cas de *La lettre chargée* où deux personnes qui se connaissent fort bien sur le plan mondain, se retrouvent de part et d'autre d'un guichet:

LA BRIGE   (*stupéfait*) Elle est bien bonne!... Il faut que je vous établisse comme quoi je suis M. La Brige, alors que vous avez été le premier à me reconnaître, pour m'avoir vu vingt fois, naguère, chez nos amis les Crottemouillaud?

L'EMPLOYÉ   Je vous ai reconnu en tant qu'homme du monde; mais j'ignore qui vous êtes, en tant que fonctionnaire.

LA BRIGE   Certes, j'avais entendu parler des chinoiseries administratives; mais celle-ci...

L'EMPLOYÉ   Je suis employé de l'État; les règlements sont les règlements et je ne saurais les enfreindre sans risque.

(*La Brige veut parler*)

L'EMPLOYÉ   Eh! Monsieur, il y va de ma responsabilité. Supposez que vous ne soyez pas le destinataire de cette lettre et que je vous la remette cependant. Qu'arriverait-il? Il arriverait: primo, que je serais engueulé comme du poisson pourri; secundo, que j'aurais à rembourser de ma poche les cent francs, valeur déclarée, accusés à sa suscription.

LA BRIGE   Que diable allez-vous chercher là! Suis-je, oui ou non, M. La Brige? De votre propre aveu, le suis-je?

L'EMPLOYÉ   Vous êtes M. La Brige, c'est vrai.

LA BRIGE   Eh bien, alors?

L'EMPLOYÉ	Eh bien, justifiez, preuves en main, que vous êtes bien cette personne, et je vous remettrai ce qui est à vous.
LA BRIGE	(*les yeux au ciel*) La Fooorme!.. Enfin! (*Il tire son portefeuille*) Voici des enveloppes de lettres.
L'EMPLOYÉ	Ça ne suffit pas. Avez-vous votre carte d'électeur?
LA BRIGE	Non, mais je peux vous montrer ma quittance de loyer et mon contrat d'assurance.
L'EMPLOYÉ	Je m'en contenterai.
LA BRIGE	C'est heureux. Voici ces deux pièces.
L'EMPLOYÉ	(*qui les prend*) Merci.

(*Long silence. L'employé examine les papiers de tout près. De l'autre coté du grillage auquel il repose son front, La Brige attend une décision en grinçant des maxillaires. A la fin*):

L'EMPLOYÉ	Je reconnais l'authenticité de ces documents. Seulement, ils ne prouvent rien.
LA BRIGE	Pourquoi?
L'EMPLOYÉ	Parce qu'ils concernent un nommé Jean-Philippe La Brige, domicilié 41 bis, rue de Douai, alors que la lettre chargée, objet de votre démarche, intéresse un nommé La Brige, prénommé aussi Jean-Philippe, mais domicilié place Beauvau, au ministère de l'Intérieur.
LA BRIGE	Si bien que voilà le ministre obligé de me louer un bureau ou de m'assurer contre le feu, faute de quoi ce sera comme des pommes[1] pour rentrer dans mes cent francs.
L'EMPLOYÉ	Rassurez-vous. La lettre vous sera représentée.
LA BRIGE	Quand?
L'EMPLOYÉ	Demain matin, à huit heures.
LA BRIGE	Bon! Les bureaux n'ouvrent qu'à dix.
L'EMPLOYÉ	Puis à midi.
LA BRIGE	De mieux en mieux. C'est le moment où je pars déjeuner.
L'EMPLOYÉ	Puis à six heures.
LA BRIGE	Du soir?... Parfait! Les ministères ferment à cinq.
L'EMPLOYÉ	Monsieur, j'en suis désolé; mais avec la meilleure volonté du monde il n'est pas possible à la poste de modifier les heures du courrier à seule fin de

---

[1] *ce sera comme des pommes* Locution du langage familier qui est une forme emphatique du «non». Ici cela signifie «je suis absolument certain de ne pas rentrer dans mes cent francs.»

241

les faire concorder avec vos heures de présence
au ministère de l'Intérieur.

LA BRIGE   Alors?

L'EMPLOYÉ   Alors... (*Geste vague.*)

LA BRIGE   Alors, c'est bien ce que je pensais; nous passerons,
le facteur et moi, la moitié de notre existence à
tenter de nous rencontrer, et l'autre moitié à
flétrir la fatalité exécrable qui nous isolera, moi et
lui, trois fois chaque jour, à heures fixes, sur des
points différents du globe. Cependant, sciemment
et de sang-froid, vous persisterez à détenir entre vos
mains une somme d'argent dont j'ai besoin et que
vous savez être à moi au point de n'en pouvoir
douter?

L'EMPLOYÉ   Monsieur...

LA BRIGE   Monsieur, cela est trop absurde. Si je connais bien
le règlement, le destinataire d'une lettre chargée
entre en possession de son dû moyennant décharge
au facteur par lui donnée sur un petit livre à cet
effet?

L'EMPLOYÉ   Oui.

LA BRIGE   Ceci sans le concours d'aucun contrat d'assurance,
d'aucune quittance de loyer, en un mot, d'aucune
sorte de papier authentique répondant de l'identité
du signataire?

L'EMPLOYÉ   Non.

LA BRIGE   C'est tout ce que je voulais savoir. Vous trouverez
donc bon, monsieur, que je donne la somme de
vingt sous au concierge de mon ministère afin
qu'il réponde: «C'est moi» quand le facteur, ma
lettre à la main, viendra lui demander: «M. La
Brige?»

L'EMPLOYÉ   Je n'y vois pas d'inconvénient.

LA BRIGE   Vous voudrez bien tenir pour excellente la griffe
«Jean-Philippe La Brige» qu'apposera sur le
registre officiel ce personnage appelé Pépin?

L'EMPLOYÉ   Pourquoi pas?

LA BRIGE   Ce sera un faux.

L'EMPLOYÉ   Qu'est-ce que vous voulez que j'y fasse?

LA BRIGE   Rien du tout. Nous voici d'accord et vous m'en
voyez plein de joie...

P. SOUDET *L'administration vue par les siens ... et par d'autres*
Berger-Levrault, 1960 pp. 159–161 (adapté)

INTELLIGENCE DU TEXTE

1 De «Elle est bien bonne!» à «pour rentrer dans mes cent francs» quelles sont les phrases qui ont présenté le fonctionnaire comme un automate, pusillanime, entêté et pointilleux?

2 Pendant l'échange de répliques qui va de «Rassurez-vous» à «au point de n'en pouvoir douter» quel aspect de l'administration Courteline cherche-t-il à faire apparaître? Et pourtant, à ce moment précis, qui fait preuve de bon sens?

3 «Si je connais bien le règlement . . . un petit livre à cet effet». Pourquoi La Brige se met-il à employer un langage ampoulé?

4 Le règlement est-il logique?

5 Pourquoi l'absurdité de l'administration apparaît-elle à son comble lorsque La Brige précise «Ce sera un faux»?

7 TEXTE POUR LA TRADUCTION

The Prefect

This tradition of government appointment, interchange between services and the introduction of outsiders, has allowed the *corps préfectoral* continually to take advantage of the experience and particular talents of men from other disciplines and fields of activity; and there is little doubt that French administration is much the healthier for it.

The discipline inherent in the liability to instant dismissal is very strict. A Prefect's loyalty towards the government and the Government's trust in a Prefect must be absolute. Not only must he obey his Minister's orders but he must also obey their spirit, and in times of crisis act as the Minister would wish if he were at the Prefect's shoulder As the subordinate of the Minister of the Interior, all his actions and decisions are liable to examination and reversal by the Minister. The Prefect cannot leave the Department to which he is appointed without the Minister's express consent, and several of the tougher politicians have disciplined their Prefects ruthlessly, the most notable being Clemenceau, whose fury was legendary. The French argue that men of no little personal power are required to govern a Department, and any slackening in the principle of political obedience would lead to French government being carried on without the politicians; some are inclined to believe that this has already happened, but the politicians would certainly not agree.

BRIAN CHAPMAN *An Introduction to French Local Government* George Allen & Unwin, 1953 p. 102

EXERCICES GÉNÉRAUX

Version: Technocrates et techniciens

Traduisez de français en anglais: «Les technocrates affichent une certaine admiration . . . que par le rang social ou le salaire.»

243

Résumé: Les Communes enchaînées
Faites un résumé de 250 à 300 mots du texte.

Soyez l'interlocuteur!
Dans la conversation qui suit, imaginez ce que dit le Député-Maire, membre de l'opposition. La réponse du Ministre de l'Education Nationale doit vous aider à deviner les arguments employés. Il n'y a pas de «bonne» réponse: ce qu'il faut, c'est donner une réponse qui, dans le contexte, soit vraisemblable.

Comment négocier donnant-donnant la création d'un lycée technique

LE DÉPUTÉ-MAIRE

LE MINISTRE   Quoique je sois toujours ravi de vous aider, il semble qu'en ce moment il soit difficile de faire débloquer les crédits.

LE DÉPUTÉ MAIRE

LE MINISTRE   Oui, la fermeture des mines non-économiques, prévue par le Plan, rend les parents désireux d'assurer à leurs enfants un métier autre que celui de mineur. Je vois.

LE DÉPUTÉ-MAIRE

LE MINISTRE   Peut-être y-a-t-il là, en effet, un besoin réel. Le gouvernement ne peut cependant et subventionner des mines non rentables, comme vous le demandez, et financer la création d'un lycée technique.

LE DÉPUTÉ-MAIRE

LE MINISTRE   N'avez-vous pas autorisé, dans votre ville, une manifestation contre la fermeture des mines? N'aura-t-elle pas lieu à l'occasion du vote de la motion de censure?

LE DÉPUTÉ-MAIRE

LE MINISTRE   Oui, sans doute, l'annonce de la création du lycée technique vous aiderait à calmer les esprits.

LE DÉPUTÉ-MAIRE

LE MINISTRE   Ah, si vous mentionnez la démocratisation de l'enseignement! Comme elle me tient à cœur!

LE DÉPUTÉ-MAIRE

LE MINISTRE   Vous approuvez notre politique scolaire?

LE DÉPUTÉ-MAIRE

LE MINISTRE   Je suis heureux d'apprendre que vous vous abstiendrez de voter la motion de censure.

LE DÉPUTÉ-MAIRE

LE MINISTRE   Rien n'est aussi sacré que les intérêts de la France.

LE DÉPUTÉ-MAIRE
LE MINISTRE　Mais bien sûr, cher ami, je me ferai un plaisir
d'inaugurer en personne votre lycée technique.

Sujets de réflexion, de discussion ou d'essai

1 Gérard Belorgey écrit à l'un de ses amis et lui explique les raisons de
sa vocation. Rédigez la lettre.

2 La technocratie, un mal nécessaire. Discutez.

3 Un fonctionnaire, aussi honnête soit-il, ne peut cependant jamais
être vraiment impartial. Discutez.

4 «La centralisation administrative est une constante source de péril
pour la démocratie française.» Commentez.

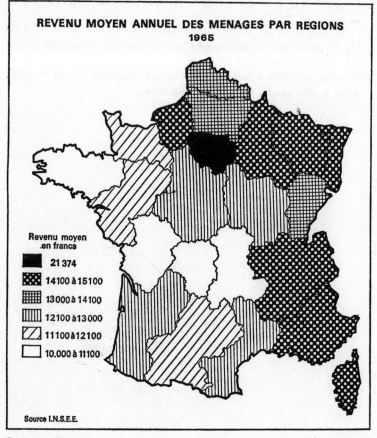

REVENU MOYEN ANNUEL DES MENAGES PAR REGIONS
1965

Revenu moyen
.en francs

21 374
14100 à 15100
13000 à 14100
12100 à 13000
11100 à 12100
10.000 à 11100

Source I.N.S.E.E.

See page 294.

TROISIÈME PARTIE

La vie économique

Introduction

1 POURQUOI NOUS TRAVAILLONS

Une certaine conception du monde place dans le passé l'âge
d'or de l'humanité. Tout aurait été donné gratuitement à l'homme
dans le paradis terrestre et tout serait au contraire pénible et
vicié de nos jours. L'on entend parler de la vertu des produits
«naturels» et bien des Français croient que la vie d'autrefois
était plus «saine» qu'aujourd'hui.

En réalité, tous les progès actuels de l'histoire et de la pré-
histoire confirment que la nature naturelle est une dure marâtre
pour l'humanité. Le lait «naturel» des vaches «naturelles» donne la
tuberculose, et la vie «saine» d'autrefois faisait mourir un enfant
sur trois avant son premier anniversaire. Et des deux qui restaient,
dans les classes pauvres, un seul dépassait, en France encore et vers
1800, l'âge de 25 ans.

Toutes les choses que nous consommons sont en effet les
créations du travail humain, et même ceux que nous jugeons en
général les plus «naturels» comme le blé, les pommes de terre ou
les fruits. Le blé a été créé par une lente sélection de graminées;
il est si peu «naturel» que si nous le livrons à la concurrence des
vraies plantes naturelles, il est immédiatement battu et chassé;
et il en est de même de toutes nos plantes «cultivées», de nos
arbres fruitiers, de nos bêtes de boucherie: toutes ces créations
ne subsistent que parce que nous les défendons contre la nature;

elles valent pour l'homme, mais elles ne valent que par l'homme.

À plus forte raison, les objets manufacturés, des textiles au papier et des montres aux postes de radio, sont des produits artificiels, créés par le seul travail de l'homme. Qu'en conclure sinon que l'homme est un être vivant étrange, dont les besoins sont en total désaccord avec la planète où il vit? Pour le bien comprendre, il faut d'abord comparer l'Homme aux animaux, et même aux plus évolués dans la hiérarchie biologique: un chat qui a faim ne met rien au-dessus d'une souris, un chien rien au-dessus d'un lièvre, un cheval rien au-dessus de l'herbe. Et dès qu'ils sont rassasiés de nourriture, aucun d'eux ne cherchera à se procurer un vêtement, une montre, une pipe ou un poste de radio. L'homme seul a des besoins non naturels.

Et ces besoins sont immenses. Imaginons ce que devrait être le globe terrestre pour que l'homme y trouve, par croît naturel, tous les types de produits qu'il désire consommer: non seulement il faudrait que le blé, pêchers et les vaches grasses y prospèrent sans soins; mais il faudrait que des maisons y poussent et s'y reproduisent comme des arbres, avec chauffage central et salle de bain; et qu'à chaque printemps des postes de télévision arrivent à maturité sur d'étranges légumes...

En réalité, la seule planète que nous connaissons, celle sur laquelle nous sommes, sans trop savoir pourquoi ni même s'il y en a d'autres moins inhumaines, est assez peu adaptée à nos aspirations, à nos facultés d'agir, à nos besoins. Elle satisfait libéralement et sans travail à un seul de nos besoins essentiels: la respiration. L'oxygène est le seul produit naturel qui satisfasse entièrement et parfaitement l'un des besoins de l'homme. Pour que l'humanité puisse subsister sans travail, il faudrait donc que la nature donne à l'homme tout ce dont il éprouve le besoin comme elle lui donne l'oxygène. L'eau, il faut déjà la puiser, la pomper et souvent la filtrer.

Cela étant, nous voyons bien *pourquoi nous travaillons*: nous travaillons pour transformer la nature naturelle qui satisfait mal ou pas du tout les besoins humains, en éléments artificiels qui satisfassent ces besoins; nous travaillons pour transformer l'herbe folle en blé puis en pain, les merises en cerises et les cailloux en acier puis en automobiles.

On appelle *économiques* toutes les activités humaines qui ont pour objet de rendre la nature ainsi consommable par l'homme. Nous comprenons qu'il s'agit là d'une rude tâche et qui sera loin de satisfaire aisément nos besoins; il y a un tel écart entre ce que la nature naturelle nous offre et ce que nous désirerions recevoir!

La science économique est ainsi la connaissance, conduite selon la méthode expérimentale, des activités humaines tendant à transformer la nature et à échanger les produits ainsi obtenus, en vue de satisfaire les besoins humains.

JEAN FOURASTIÉ *Pourquoi nous travaillons* Presses Universitaires de France, 1959 pp. 18–21

INTELLIGENCE DU TEXTE

1 Jean Fourastié oppose la conception communément acceptée de l'âge d'or de l'humanité à la situation actuelle de celle-ci.
   Faites clairement ressortir les contrastes en question.
2 Quel rapport existe-t-il entre la nature et l'homme?
3 Par quels besoins l'homme se différencie-t-il des autres animaux?
4 Est-ce que l'auteur a raison quand il affirme que «notre planète . . . est assez peu adaptée à nos aspirations»?
5 Pourquoi travaillons-nous?

2 LE BROUILLARD QUOTIDIEN: LE PESSIMISTE ET L'OPTIMISTE

— Comment va la production? Les ventes de scooters se sont effondrées depuis sept ans; celles de réfrigérateurs sont menacées par le Marché commun; les constructions navales ne peuvent résister à la concurrence japonaise: on licencie, tous les six mois, à Saint-Nazaire. . . L'industrie textile connaît de grandes difficultés depuis la fin de la guerre. Difficultés également, dans les mines de charbon et de fer, à un moindre degré, dans la sidérurgie. . . La production est menacée, la situation est mauvaise.

— Mais non: la production s'accroît très régulièrement. Pour l'ensemble de l'industrie, toutes branches comprises, la progression annuelle moyenne a été de près de 6% depuis quinze ans: l'Angleterre et les États-Unis nous envient ces taux de croissance, qu'ils n'ont pu, de loin, égaler.

— Et l'emploi? Decazeville, Saint-Nazaire, Béthune, les Vosges, des régions entières sont atteintes durablement, d'autres périodiquement menacées par le chômage. Faut-il s'inquiéter? Certainement pas: il n'y a presque jamais eu aussi peu de chômeurs en France qu'en 1963 ou 1964, et cela malgré le retour massif des Français d'Algérie; on manque de main-d'œuvre qualifiée dans de très nombreux métiers: ce qui constitue un facteur de hausse anarchique des salaires, les entreprises étant obligées de se livrer à une permanente surenchère.

— Surenchère? En avril 1963, 300 000 mineurs ont fait grève pendant trois semaines, parce que leurs salaires étaient en retard par rapport à ceux des ouvriers du bâtiment ou de la métallurgie. Il a fallu trois «sages»[1] pour résoudre le conflit. Depuis lors, les fonctionnaires, les agents des entreprises nationalisées, d'autres corporations encore ont engagé différentes grèves parce que leurs salaires demeuraient insuffisants; mais le niveau général des salaires, des traitements et de la plupart des revenus, continue de s'accroître fortement.

— Et la situation financière? Depuis 1963, le gouvernement a mis en œuvre un plan de stabilisation pour empêcher que l'économie s'emballe et que la hausse des prix devienne incontrôlable. Mais les banquiers, les industriels et les syndicats, chacun pour leur part, signalent un tout autre danger: insuffisance des crédits, des investissements; hausse trop lente des salaires par rapport au coût de la vie... et ainsi de suite!

Cette discussion entre un optimiste et un pessimiste n'a rien d'imaginaire. Les titres et les commentaires quotidiens de la presse, les informations de la radio donnent rarement une image cohérente de la conjoncture[2] et de son évolution.

Pourquoi le citoyen non averti est-il noyé de la sorte dans un brouillard épais d'informations toujours partielles, souvent partiales, presque jamais cohérentes? Le brouillard—celui des météorologues—se forme plus facilement au-dessus des grandes villes modernes, chaque Parisien sait cela.

Le brouillard «conjoncturel» s'épaissit également, à mesure qu'une économie devient plus moderne. Autrefois, au XIXᵉ siècle et même encore jusqu'à la seconde guerre mondiale, l'interprétation de la réalité économique était simple: on se trouvait, soit dans une phase de prospérité économique, soit dans une phase de crise. Ni la prospérité ni la crise n'étaient jamais absolument générales, mais chaque homme, chaque ouvrier, chaque industriel vivait dans un horizon fort étroitement limité: il lui suffisait de savoir que dans «sa» ville, dans «son» usine, la prospérité (ou la

---

[1] *sages* À comparer: *The Three Wise Men* (the Cohen Committee 1957), commission établie par le gouvernement britannique pour étudier les problèmes économiques de la Grande-Bretagne.

[2] *conjoncture* «*Le Petit Larousse* la définit comme 'un concours de circonstances'. L'économiste désigne par ce mot la situation économique d'un ensemble donné (une branche de l'industrie, une région, un pays, etc.) pour une période donnée.» (E. MOSSÉ, *Comment va l'économie?*)

crise) régnait. En outre, les événements économiques paraissaient imprévisibles, ils surgissaient brusquement. La misère ou la prospérité, le chômage ou les heures supplémentaires, la hausse ou la baisse des prix (car les prix baissaient en ce temps-là) étaient subis comme des données naturelles, comme un climat.

Aujourd'hui, les choses sont moins simples. L'alternance ancienne du beau et du mauvais temps a fait place à une situation intermédiaire et plus complexe, où les difficultés et les facteurs favorables se mêlent toujours, mais à doses variées. Par ailleurs, l'horizon économique de chaque Français s'est élargi, par la force des choses: la dépendance, ou plutôt l'interdépendance, de tous les secteurs de l'économie, de toutes les régions, s'est considérablement accrue. Dès lors, consciemment ou non, chaque Français est devenu plus attentif aux informations économiques: les journaux n'ont fait que suivre cette «demande» en consacrant cinq à dix fois plus de place qu'avant-guerre, à cette catégorie de nouvelles. La grande machine économique a étendu et perfectionné ses rouages et elle a envahi notre vie quotidienne.

ÉLIANE MOSSÉ *Comment va l'économie?* pp. 5–8 (abrégé)

INTELLIGENCE DU TEXTE

1 Pourquoi les informations de la radio et les commentaires de la presse donnent-ils rarement une image cohérente de l'économie?
2 Faites la distinction entre «partielles» et «partiales».
3 Pourquoi, au XIXᵉ siècle, l'interprétation de la réalité économique était-elle simple?
4 Pourquoi, aujourd'hui, l'horizon économique de chaque Français s'est-il élargi?
5 Pourquoi, de nos jours, l'individu s'intéresse-t-il davantage à l'économie?

Avis au lecteur

Il est à noter que les deux textes suivants se complètent, car ils présentent une même période de l'évolution économique sous deux aspects différents, l'un du point de vue international, l'autre du point de vue français.

Le texte no 3 fait ressortir, sous une forme relativement élémentaire, les grandes lignes de la pensée économique qui ont contribué, sur le plan international, au développement politico-économique des grandes puissances et à l'établissement de nouveaux rapports commerciaux entre elles.

Le texte suivant, no 4, précise en quelques lignes l'expérience française pendant cette même période de l'évolution économique. Il met en lumière les problèmes auxquels ont dû faire face les gouvernements français et cherche à rendre plus compréhensible la situation dangereuse qu'ils devaient affronter à cette époque.

La Section 3 (*L'économie française de nos jours*) retrace la mise en œuvre des modalités économiques choisies par les Français pour résoudre ces problèmes et en discute l'efficacité, tout en indiquant les domaines où il reste encore beaucoup à faire.

3 VERS UN RAPPROCHEMENT DES IDÉES ÉCONOMIQUES

La période (1945–60) dont nous venons de retracer l'histoire fut marquée par un rajeunissement des idées économiques. Essayons d'en dégager quelques lignes de force, telles qu'elles ressortent, moins des enseignements et polémiques théoriques, que de l'attitude pratique des responsables politiques, en nous excusant de ne pouvoir rendre compte ici de l'évolution de la pensée économique universitaire, évidemment beaucoup plus complexe que ne le laissent apercevoir ces quelques notes.

Au moment où s'achève la guerre, la hantise des économistes, c'est la crise de 1930–1933 avec ses millions de chômeurs, avec, pour remède, d'abord un protectionnisme multiforme que la guerre et les pénuries ont poussé jusqu'à paralyser les échanges internationaux, puis une organisation des marchés avec pour conséquence du blé dénaturé, du café brûlé etc. Le libéralisme, tenu pour responsable de la grande crise et de ses séquelles, est discrédité.

Deux doctrines se disputent sa place.

Celle de Keynes[1] codifie et fonde en théorie les pratiques qui ont permis aux Anglais, aux Américains et aux Allemands, de sortir du marasme vers 1933. Elle fait passer l'impératif du plein emploi avant celui de la stabilité monétaire, réhabilite l'interventionnisme de l'État, notamment pour lutter contre les crises et offre des méthodes nouvelles d'analyse de l'activité économique.

Le marxisme, vieille doctrine remise en vedette par les victoires des soviets et l'arrivée de l'U.R.S.S. au rang de seconde puissance mondiale, est d'abord une mystique, mais il préconise une

---

[1] *Keynes* John Maynard Keynes, 1883–1946, économiste anglais, auteur de *The General Theory of Employment, Interest and Money*, 1936.

économie basée sur les besoins plutôt que sur la solvabilité, sur la puissance économique de l'État et non sur celle des particuliers. Il se défie de la monnaie comme régulateur de l'économie.

Ces deux doctrines convergent dans le dirigisme. Celui-ci, tout-puissant d'abord, a rapidement perdu du terrain, au moins dans ses formes accusées. Il était la seule solution possible à certains problèmes de pénurie, mais le poser en idéal parut un paradoxe. Le déficit des entreprises nationalisées qui semblaient mal gérées, la nécessité de comprimer le budget, donc de supprimer des subventions et des services chargés de réglementer et de surveiller, la réaction qui suivit le départ des communistes du gouvernement, tout un ensemble complexe de facteurs fit peu à peu reculer les idées dirigistes.

La grande inflation a nui au keynésisme. Certes, on peut fort bien montrer que Keynes souhaitait la stabilité monétaire, mais ses disciples, trop souvent, l'ont reléguée au rang des problèmes secondaires. Or, l'inflation a causé, en particulier chez les vieux, tant de misère qu'on a peu à peu compris qu'il fallait la proscrire.

Si Keynes n'a plus, dans la pensée économique, la même place qu'après la guerre, c'est parce qu'une large part de son œuvre n'est plus discutée par personne. Au moins en France, pas un libéral ne renoncerait volontiers aux techniques de la comptabilité nationale. Personne ne fait plus de la monnaie l'impératif catégorique à maintenir même au prix de millions de chômeurs. Personne ne croit plus que l'État n'a rien de mieux à faire que d'être le spectateur passif de l'activité économique, ni que ses interventions soient mauvaises a priori. Grâce à Keynes et à quelques autres, la terreur des crises économiques s'est peu à peu évanouie et à mesure qu'on ne les craignait plus, on redécouvrait la valeur des mécanismes du libre marché, de la liberté des échanges.

À mesure que les organismes internationaux prenaient vie, notamment l'Organisation européenne de coopération économique (O.E.C.E.) et la Communauté charbon-acier, et transposaient à l'échelle internationale des études menées jusqu'ici à l'échelle nationale, il apparaissait évident que le dirigisme et le protectionnisme national, qu'ils fussent d'inspiration keynésienne, marxiste ou simplement empirique, conduisaient le plus souvent à neutraliser l'effort d'un pays par l'autre et réciproquement, à se renvoyer les uns aux autres chômeurs et difficultés par-dessus les frontières pour les voir revenir comme un rebond de balle, à développer des industries incapables de vivre sainement, à faire payer aux consommateurs des rentes énormes, fruits souvent de l'incapacité des entreprises à se réformer. Il apparaissait qu'une monnaie saine est indispensable à l'équilibre intérieur, à l'échange et à la coopération entre États.

L'essor du commerce international, qui prenait dans la vie des peuples une part croissante, a amené un retour vers un libéralisme mâtiné de techniques nouvelles, plus conscient, plus coopératif, attribuant à l'État un grand rôle. Il importe assez peu de savoir si la grande tradition libérale a été enrichie, amendée ou trahie, ou s'il s'agit de quelque chose de très différent.

Enfin, le fait que la suppression des obstacles aux échanges soit désormais considérée—c'est une conséquence du succès du Marché commun—comme un grand facteur d'expansion économique alors que jusqu'ici, d'instinct, on se protégeait pour avoir du travail, constitue dans les idées une révolution dont les conséquences seront capitales.

L'expérience communiste mise à part, le rapprochement des idées économiques en une sorte de moyenne assez pragmatique est frappant, tandis que décroît l'importance des grandes théories d'ensemble. . . et l'on entend parfois tel observateur ponctuer de «nous, hommes de gauche» un exposé honnête auquel le président du Patronat ne trouverait guère à redire.

JEAN LECERF *La percée de l'économie française* Arthaud, 1963 pp. 265–270 (abrégé)

INTELLIGENCE DU TEXTE

1 Pourquoi le libéralisme se trouve-t-il discrédité?
2 Faites ressortir les principales différences esquissées ici par J. Lecerf entre la doctrine de Keynes et celle de Marx.
3 Pourquoi, dans la pensée économique, les idées de Keynes n'occupent-elles plus la même place qu'avant la guerre?
4 Quelle a été l'influence de l'établissement des organismes internationaux?
5 De toutes les idées traitées ici, laquelle constitue la révolution la plus profonde dans le domaine de la science économique?

4 À LA RECHERCHE D'UN ÉQUILIBRE DYNAMIQUE

Fin du rationnement, fin de la grande inflation d'après-guerre, fin des grandes pénuries, sauf celle du logement, fin aussi d'une

période de vif progrès, remplacé par des affaires molles et stag-
nantes, la seconde moitié du XXᵉ siècle s'ouvre dans une atmosphère de retour à la normale avec tout ce que ce terme a de
rassurant mais aussi de désenchanté. Rassurant? pas même, car
une inquiétude profonde se fait sentir: n'allons-nous pas vers une
crise économique analogue à celles qui, périodiquement, furent la
rançon du progrès en régime libéral? Comme celle de 1930, dont le
souvenir hante tous ceux qui réfléchissent aux problèmes de
l'économie?

Périodiquement, des analystes éminents nous annoncent que,
cette fois, nous sommes à la veille de la grande tourmente avec
chômage de millions d'ouvriers. Sans des mesures draconiennes,
disent-ils, on n'a pas de chances de l'éviter. Et le grand public s'en
émeut. Les arbres ne grandissent jamais jusqu'au ciel. Le progrès
ne peut durer toujours, un jour ou l'autre une limite apparaîtra,
pense-t-il confusément.

Pourtant, sans oser y croire, certains se demandent si, par
hasard, on n'aurait pas trouvé le moyen d'échapper à cette fatalité
des crises économiques... L'essor très appréciable obtenu depuis
1945 n'est que rattrapage: reprise du niveau de 1938, de celui de
1929, point culminant de l'avant-guerre, peut-être d'une partie du
temps perdu à cause de la guerre. Ce progrès a coûté très cher:
la ruine des rentiers, de l'épargne, du capital accumulé par la
France au cours de siècles de travail puisque les cours de Bourse
sont tombés à des niveaux dérisoires. Selon certains des meilleurs
experts, ils correspondraient à la valeur réelle des capitaux qu'ils
représentent. Les ruines causées par la guerre sont telles que nos
entreprises ne valent plus grand-chose.

Et déjà le gouvernement s'est trouvé obligé, pour obtenir une
stabilité précaire du franc, de comprimer le budget, le crédit,
l'essor du niveau de vie, de sacrifier l'expansion.

L'expérience des années 1945–1950 est riche; elle laisse des
réformes hardies et des essais de techniques économiques qui
accroissent la marge de jeu dont dispose le pouvoir politique.
Elle n'est pas un vrai succès.

La stabilité monétaire, si désirable soit-elle, est trop chère s'il
faut, pour l'obtenir, renoncer au progrès économique. Une
voiture instable est dangereuse. Mieux vaut l'arrêter pour
retrouver la sécurité. Mais à quoi sert une voiture qui n'est stable
qu'arrêtée? Découvrir une économie capable de progrès en
même temps que de stabilité va être le problème majeur des
années que nous allons évoquer.

Un ébranlement mondial, dès l'été de 1950, remet en cause

l'équilibre péniblement acquis à la fin de la première moitié du siècle. Puis, entre le Charybde de l'inflation, et le Scylla[1] de la récession, nous allons distinguer quelques expériences de pilotage. Les uns et les autres chercheront, avec des fortunes diverses, le secret de l'équilibre dynamique, de l'expansion dans la stabilité des prix.

JEAN LECERF *La percée de l'économie française* Arthaud, 1963 pp. 57-58

INTELLIGENCE DU TEXTE

1 Indiquez les progrès économiques réalisés par la France entre 1945-1950.
2 Quelle a été, à partir de 1950, l'inquiétude qui hantait les experts en science économique?
3 Pourquoi les cours de Bourse sont-ils tombés à des niveaux dérisoires?
4 Pourquoi le gouvernement s'est-il trouvé obligé de sacrifier l'expansion?
5 Expliquez la signification précise des deux images suivantes: celle de la voiture dans l'avant-dernier paragraphe, et celle de Charybde et de Scylla.

5 TEXTE POUR LA TRADUCTION

Miracle or mirage?

People used to talk admiringly of the now defunct German economic miracle, but there is a good case today for describing what is happening just across the Channel as a miracle. A few years ago, France was indisputably the sick man of Europe. Politically unstable and riddled by monetary inflation, she seemed to be the perpetual odd man out, pitied by her friends and despised by her enemies. Today, the picture has been transformed apparently out of all recognition: the franc is now one of the strongest currencies in the world, there is greater political stability, under de Gaulle, than France has known for 100 years, and to the accompaniment of a constantly rising standard of living, France now seems able to afford everything she needs—including even the luxury (if that is what it is) of an independent nuclear deterrent.

Is this a miracle, and, if so, how has it been achieved? Is it simply that the magic of de Gaulle's outsize personality has worked its customary spell, so that such intractable facts of life as the balance of payments figures and the growth rate of the gross national product

---

[1] *Le Charybde (le gouffre)* et *le Scylla (le rocher)* Image tirée de la mythologie grecque. Dans ce texte signifie deux dangers simultanés qu'il faut éviter à tout prix.

have come to heel at his command? Or is there some more rational and scientific explanation for the remarkable recovery of a country that only a short time ago was beating even its own record for general unsatisfactoriness?

FRANK GILES in *The Sunday Times*, 30 December 1962

EXERCICES GÉNÉRAUX

Version: Pourquoi nous travaillons
Traduisez de français en anglais: «Et ces besoins sont immenses . . .» à la fin.

Résumé: Le brouillard quotidien
Faites un résumé de 200 à 250 mots du texte.

Analyse de texte: Vers un rapprochement des idées économiques
«Deux doctrines se disputent sa place . . . les idées dirigistes.»
1 Qu'est-ce qu'une doctrine?
2 Que veut dire «codifier»?
3 Pourquoi l'auteur compare-t-il la crise de 1930–32 à un marasme?
4 Expliquez la signification de l'expression: «*fait passer* l'impératif . . . *avant* celui . . .»
5 Expliquez «l'interventionnisme de l'État.»
6 Qu'implique l'auteur en qualifiant le marxisme de doctrine «remise en vedette»?
7 Qu'est-ce qu'une mystique? Pourquoi, dans ce contexte, Jean Lecerf se sert-il de ce mot?
8 Comment distinguer entre le marxisme et le dirigisme?
9 Expliquez les expressions: «dans ses formes accusées»; «certains problèmes de pénurie».
10 Pourquoi en France le dirigisme a-t-il perdu du terrain?

Sujets de réflexion, d'essai ou de discussion
1 La nature: amie ou ennemie de l'homme?
2 Tracez l'histoire du développement des idées économiques depuis 1900.
3 Dans le domaine de l'économie, comment et jusqu'à quel point le gouvernement peut-il influencer la vie quotidienne de l'individu?
4 Pourquoi l'homme fait-il souvent montre de sa nostalgie du passé?

Facteurs historiques et sociaux

1 DU CAPITALISME LIBÉRAL À L'ÉCONOMIE DIRIGÉE

Le capitalisme libéral a révélé ses faiblesses lors de la crise de 1929 et dans l'ébranlement considérable de ses structures à la suite de la deuxième guerre mondiale, il a dû accepter un contrôle de plus en plus étendu de ses activités, se plier aux exigences des économistes d'État, renoncer à la liberté du XIXᵉ siècle. Mais la menace des progrès du système socialiste a rendu plus facile ce renoncement, dans lequel de fructueuses affaires sont encore permises d'ailleurs. Dans les grands États de l'Occident les transformations du capitalisme se firent en quatre étapes.

Rappelons d'abord quelles limites avaient été apportées au capitalisme libéral avant la première guerre mondiale. Dès le milieu du XIXᵉ siècle, en France, on avait interdit ou limité le travail des enfants trop jeunes, celui des femmes pendant la nuit ou dans les usines réputées trop dangereuses; mais ces lois furent appliquées seulement, et plus ou moins bien, à partir des années 1870. La limitation de la durée du travail des femmes et l'interdiction du travail des enfants au-dessous de 14 ans fut rendue effective en 1892; la journée de travail ne fut réduite en principe à 10 heures qu'en 1900 et l'obligation du repos hebdomadaire instituée en 1906... La lutte contre les trusts[1] commença aux États-Unis, où les formes de concentration des entreprises avaient été les plus poussées... En revanche, dans ce domaine peu de choses ont été faites en France parce que l'action des trusts y était moins visible et moins importante.

Ces moyens d'action assez limités n'atteignaient le capitalisme que d'une manière extérieure. Mais ils avaient entraîné une transformation substantielle. Après la guerre de 1914, au contraire, on assista à un recul du pouvoir devant les formes traditionnelles du capitalisme libéral. Sans doute la réglementation du travail a-t-elle encore progressé: ainsi, en France, la journée de travail a été limitée à 8 heures, on adopte en 1928, un système d'assurances sociales obligatoires, et en 1932 un régime d'allocations familiales. Mais partout l'action contre les trusts fut réduite. La loi de 1926 réduisit la portée de l'article 419 du Code pénal qui condamnait sévèrement les ententes mais n'avait été appliqué que contre les coalitions ouvrières: tomberait sous le coup de la loi uniquement «ce qui ne serait pas le résultat du jeu naturel de la loi de l'offre et la demande»: cette formule très élastique permettait d'appliquer la loi de manière très anodine.

C'est seulement après la crise de 1929 que furent apportées aux formes traditionnelles du capitalisme libéral des modifications considérables... En France surtout, après les États-Unis, les transformations de l'économie libérale ont été les plus importantes pendant cette période. Le gouvernement du Front populaire[2] s'est efforcé d'agir sur les prix, sans toujours y réussir, de deux des produits fondamentaux de l'agriculture française: le vin et le blé. Une loi de 1936 a établi un Office du Blé fixant les prix et dirigeant les grands courants du commerce intérieur et extérieur. Progressivement, ce principe a été étendu à toutes les céréales par une loi de 1940. D'autres mesures semblables ont été prises en ce qui concerne le sucre, la meunerie, l'industrie de la chaussure,

---

[1] *les trusts* «Groupement volontaire d'entreprises dont l'objectif est de créer à son profit un monopole sur le marché.» (adapté du *Grand Larousse Encyclopédique*.)

[2] *Front populaire* Voir *La vie économique*, 2, section 2, texte 5.

les pêches maritimes et, toujours en 1936, a été créé un Comité national de surveillance des prix. Puis les gouvernements de 1936 et de 1937 ont nationalisé deux entreprises privées d'une importance primordiale: partiellement la Banque de France, totalement les Chemins de fer. Enfin, le capitalisme français a vu son autonomie encore réduite par les Accords Matignon,[1] à la semaine de travail de 40 heures votée par le Parlement s'ajouta le régime des congés payés et surtout la procédure des conventions collectives entre les organisations patronales et les organisations ouvrières pour la fixation des salaires et l'ensemble des réglementations à l'intérieur des entreprises. L'expérience française a donc modifié certains des traits classiques du libéralisme économique et de la non-intervention de l'État.

Au lendemain de la deuxième guerre mondiale les transformations du capitalisme libéral s'accentuèrent encore. Les conditions de la production et des échanges sont devenues tellement complexes et d'un mécanisme tellement varié qu'il a fallu de plus en plus avoir recours pour la direction réelle des entreprises à des ingénieurs et moins à des hommes de finances. La part des détenteurs de capitaux a été limitée au profit des techniciens. La technique a contribué à faire baisser les prix; elle a aussi obligé le capitalisme à limiter sa propre liberté et à donner, dans la gestion des entreprises une place grandissante aux ingénieurs: c'est la technocratie. L'action gouvernementale sur les prix et les salaires devint un peu partout la règle. Les gouvernements des grands pays de l'Europe interviennent constamment dans ces deux domaines, considérés comme intangibles trente ans auparavant. Mais surtout, le secteur du capitalisme privé, déjà entamé par quelques nationalisations avant la guerre, a considérablement reculé.

Ainsi les principes fondamentaux du capitalisme libéral ont été ébranlés: la séparation absolue entre le capital et le travail, la liberté de l'employeur de fixer les prix et les salaires, ou encore le droit de propriété considéré par les hommes du Code civil comme un *jus utendi et abutendi*.

J. A. LESOURD, C. GÉRARD *Histoire Économique XIXe siècle et XXe siècle* Armand Colin, 1963 pp. 440–448 (abrégé)

---

[1] *les Accords Matignon* «Conclus le 7 juin, 1936 à l'Hôtel Matignon à Paris entre la Confédération Générale du Travail et la Confédération générale de la production française. Ils concernaient la reconnaissance du droit syndical, l'existence de contrats collectifs de travail et l'institution des délégués du personnel. Après cette 'défaite', le patronat a changé le nom de son organisation en celui de Confédération générale du Patronat français.» (*Le Grand Larousse*, adapté.)

INTELLIGENCE DU TEXTE

1 Citez quelques-unes des améliorations apportées aux conditions de travail depuis le milieu du XIXe siècle.
2 Pourquoi la loi de 1926 n'a-t-elle pas réussi à freiner l'action des trusts et des ententes commerciales?
3 Comment et pourquoi le gouvernement du Front Populaire a-t-il agi contre le capitalisme libéral?
4 Quelle a été, dans le domaine économique, l'influence de la deuxième guerre mondiale?
5 Précisez les quatre étapes de la transformation du capitalisme libéral en l'Occident.

2 L'INTERVENTION DE L'ÉTAT

Les destructions massives de la seconde guerre mondiale devaient, assez paradoxalement, faciliter la transformation. Il est souvent plus aisé de créer ou de reconstruire que de transformer. D'autre part, la dévaluation de la monnaie tout comme l'ampleur de l'effort à fournir rendaient nécessaire l'emploi de solutions nouvelles. Les initiatives privées se révélant trop faibles, l'action de l'État s'imposait.

Les nationalisations marquent une première étape et fournissent un puissant moyen d'action. Elles ont débuté en 1936 avec celle des chemins de fer et se sont poursuivies en 1944–46; leurs effets ont été amplifiés par la création de sociétés mixtes dont l'État détient de droit la majorité des actions. Ainsi l'État dispose maintenant de toute la production charbonnière, de presque toute la production et de toute la distribution de l'électricité et du gaz, de plus de la moitié de la production et de la prospection pétrolière, des chemins de fer (il possède 51% des actions de la S.N.C.F.), des transports aériens (70% du capital d'Air France), des transports maritimes (70% des actions des deux plus grandes compagnies de navigation), de la Banque de France et des quatre plus grandes banques françaises, de toute l'industrie aéronautique, de la plus grande firme d'automobiles (la Régie Renault), de plusieurs secteurs de l'industrie chimique (charbon, potasse, azote), de sociétés travaillant pour l'information (99% des parts de la Société de radio-diffusion, 79% de celles de l'Agence Havas).[1] On conçoit quelle puissance d'intervention cela représente.

[1] *l'Agence Havas* Organisation qui reçoit et centralise les nouvelles pour les transmettre aux journaux. Fondée au XIXe siècle par Charles Havas, elle a passé, en 1945–46, sous le contrôle du gouvernement.

Energie	FRANCE	ITALIE	ALLEMAGNE	GRANDE BRETAGNE
mines de charbon	100%	100%	20%	100%
production d'électricité	88%	100%	40%	100%
gaz de charbon	78%	100%	90%	100%
gaz naturel	100%	92%		
énergie atomique	100%			100%

Transports

	FRANCE	ITALIE	ALLEMAGNE	GRANDE BRETAGNE
chemin de fer	100%	100%	100%	100%
air	98%	90%	100%	100%
mer	37%	80%		

Banques Assurances

	FRANCE	ITALIE	ALLEMAGNE	GRANDE BRETAGNE
banque d'émission	100%	100%	100%	100%
autres banques	44%	40%		
assurances (risques)	43%	15%		

Industrie

	FRANCE	ITALIE	ALLEMAGNE	GRANDE BRETAGNE
automobile	12%	2·5%	10%	
constructions aéronautiques	61%			
sidérurgie		60%	4%	dénationalisée
mines de fer		80%	90%	

Entreprise

Part du capitalisme d'État et des nationalisations dans les pays d'Europe occidentale en 1957

Pour une œuvre d'une telle ampleur, tout ne pouvait être laissé au hasard des initiatives individuelles et l'on a assisté à ce paradoxe d'un pays de capitalisme libéral soumettant la reconstruction et le développement de son économie à un système de «plans». La planification a permis à l'État d'orienter les efforts collectifs et privés. Elle n'a rien de la rigidité impérieuse de la planification socialiste. Il s'agissait plus de prévoir et de conseiller que d'imposer. Mais en jouant de manière intelligente sur le sens de «l'intérêt» des producteurs, en faisant porter son effort sur des secteurs clefs tels l'énergie ou les biens d'équipement, en canalisant les investissements, en jouant de tout l'arsenal de l'aide indirecte (primes, subventions, dégrèvements d'impôts, licences d'importation...), l'État a réussi à donner à l'économie nationale un irrésistible élan.

Quelle que soit l'opinion que l'on ait personnellement à l'égard du dirigisme, force est bien de reconnaître que les résultats de la politique appliquée en France, politique unique dans le monde occidental, ont été excellents. Et la meilleure preuve n'est-elle pas que le Royaume-Uni et l'Allemagne songent actuellement à imiter notre planification et que des experts viennent étudier nos méthodes?

J. BEAUJEU-GARNIER in *Le Français dans le Monde*, janvier 1963 pp. 15–16

INTELLIGENCE DU TEXTE

1 Pourquoi est-il souvent plus aisé de créer que de transformer?
2 Pourquoi, à cette époque, la France avait-elle tellement besoin de l'intervention de l'État?
3 Expliquez ce qu'est la nationalisation.
4 Pourquoi l'auteur parle-t-elle de «paradoxe» dans le 3e paragraphe?
5 Comment l'auteur envisage-t-elle le rôle du gouvernement dans un système de planification?

3 LES INFLUENCES EXTÉRIEURES

À dire vrai, l'évolution française n'est pas isolée. Depuis la fin de la dernière guerre, les progrès techniques ont été tels, les bouleversements politiques si importants que le monde entier subit les effets d'une accélération de son rythme traditionnel. Au même moment, l'interdépendance internationale s'accroît. Aussi, un grand pays ne peut rester en dehors du mouvement général s'il veut survivre. La France, dont la puissance économique se place au cinquième ou sixième rang dans le monde, ne doit pas se laisser distancer: il lui faut s'adapter aux tendances actuelles, accroître ses possibilités techniques, développer une production de masse à bas prix, augmenter ses rendements et sa productivité.

Mais des événements particuliers jouent pour notre pays. C'est tout d'abord l'évolution politique du cadre français. Depuis la fin du XIX⁰ siècle, la France était étroitement liée, politiquement et économiquement, à un certain nombre de pays d'outre-mer dont le développement économique était nettement en retard par rapport au sien. Elle était naturellement l'acheteur de leurs produits agricoles et de leurs matières premières et le fournisseur de leur produits fabriqués. Régis par un système de droits et de tarifs préférentiels, ces échanges étaient à peu près garantis et offraient aux producteurs français des débouchés quasi assurés; ils favorisaient donc la stagnation et l'absence d'esprit d'initiative. Les changements intervenus au cours des quinze dernières années ont abouti à l'émancipation politique de presque tous les territoires d'outre-mer et, parallèlement, ont changé la nature des liens économiques. Sur ces marchés, autrefois presque réservés, se fait jour une concurrence plus large.

Au cours de la même période, la France s'orientait vers une union de plus en plus étroite avec un certain nombre de ses voisins européens. À des ententes larges comme l'Organisation Economique de Coopération Européenne (1947) ou l'Union Européenne des Paiements (1950) sont venus se superposer des groupements beaucoup plus étroits et efficaces depuis la fameuse initiative de Robert Schumann en 1950, lançant la Communauté Européenne du Charbon et de l'Acier. Avec le Traité de Rome (1957), la mise en route du Marché commun a tracé un nouveau cadre aux entreprises françaises, un cadre au sein duquel la concurrence est vive.

Au cours des quinze dernières années, la structure du milieu économico-politique dans lequel se trouvait placé notre pays est ainsi passée du stade des économies complémentaires à celui des économies compétitives. Loin de favoriser la stagnation, l'orientation actuelle favorise le développement.

Un troisième élément joue également un rôle important: c'est l'évolution démographique récente. À une courbe démographique lentement croissante ou même régressive succède brusquement un développement vigoureux. Entre 1900 et 1950, le nombre de sujets actifs dans la population française était passé de 20 millions à 19,5. À partir de 1962, il faudra prévoir environ 200000 nouveaux actifs par an. Il est donc impérieusement nécessaire de créer de nouveaux emplois, et cela implique aussi une réorganisation économique.

J. BEAUJEU-GARNIER in *Le Français dans le Monde*, janvier 1963 pp. 14–15

INTELLIGENCE DU TEXTE

1 Indiquez quelques-uns des facteurs qui ont exercé, depuis la fin de la deuxième guerre mondiale, une influence profonde sur le développement économique de la France.

2 Quelle a été, avant la deuxième guerre mondiale, l'importance des pays d'outre-mer liés à la France?

3 Donnez des exemples d'organismes qui symbolisent cette interdépendance internationale accrue.

4 Quelle est la différence entre une économie complémentaire et une économie compétitive?

5 Pourquoi, dans le domaine économique, l'évolution démographique joue-t-elle un rôle si important?

4 LE RAJEUNISSEMENT DE LA POPULATION FRANÇAISE

En 1801, la France comptait 28 millions d'habitants et, état le plus peuplé d'Europe y compris la Russie, elle renfermait 1/6 de la population du continent. En 1936, il y avait 41 907 000 Français, c'est-à-dire seulement 1/12 de l'ensemble des Européens à l'ouest de l'Oural, et la Russie d'Europe, l'Allemagne, le Royaume-Uni, l'Italie comptaient plus de nationaux que la France. Entre ces deux dates, la population française ne s'était accrue que d'à peine 50% alors que celle de l'Europe dans l'ensemble triplait, que celle du Royaume-Uni, des Pays-Bas quadruplait. Aucun autre pays européen, sauf l'Irlande, n'avait enregistré un si faible accroissement.

Les raisons de cette étrange évolution passée de la population française sont bien connues: baisse anormalement précoce et importante de la natalité, maintien d'un taux de mortalité relativement élevé, pertes répétées dues à des guerres éprouvantes. La situation était devenue, à la veille du deuxième conflit mondial, absolument catastrophique. Non seulement la France était le pays du monde renfermant la plus forte proportion de personnes âgées (1 Français sur 6 ou presque ayant plus de 60 ans), mais surtout, à partir de 1934 jusqu'à la guerre, le nombre des décès dépassa régulièrement chaque année celui des naissances de 20 000 environ. Et la France offrait le seul exemple d'un grand État moderne descendant spontanément dans la tombe. C'est dans ces circonstances vraiment tragiques que notre pays fut frappé d'une nouvelle épreuve : la deuxième guerre mondiale s'abattit sur nous. En 1946, le recensement ne dénombra plus que 40 518 000 Français. Aux pertes de la population française elle-même, s'ajoutait en effet le départ de nombreux étrangers. Pourtant, c'est entre 1940 et 1942 que nous avions touché le fond, et dans les derniers moments de la guerre, alors que nous semblions écrasés dans notre malheur, déjà une promesse nouvelle naissait dans notre vieux pays.

Le renouveau français

Dès avant la guerre, un certain nombre de spécialistes clair-voyants avaient proclamé leur inquiétude devant l'évolution de notre population : non seulement le viellissement de l'ensemble des Français et le manque de jeunes gens et d'enfants leur parais-saît graves, mais ils ajoutaient qu'il fallait y voir le principal motif de notre paralysie économique, de notre manque d'esprit d'initia-tive et de vitalité dans tous les domaines. Ce cri d'alarme avait été entendu et, dès 1938, le gouvernement et les pouvoirs publics s'étaient penchés sur «le problème de la famille». Au cours des années qui suivirent, toute une législation fut élaborée, et elle devait rapidement faire sentir ses effets et enrayer ce funeste déclin. Le *Code de la famille*[1] qui est actuellement en vigueur en France est considéré par les spécialistes internationaux comme la meilleure politique en faveur de la famille conçue et appliquée dans le monde. Les mesures sont de deux sortes, à la fois psycho-logiques et économiques.

Pour favoriser la natalité, un effort psychologique de réhabilita-tion de la famille et du rôle de la mère a été entrepris. En même temps, des avantages fiscaux et financiers sont concédés au père de famille proportionnellement au nombre de ses enfants. Parmi les créations les plus favorables figure l'allocation du salaire unique qui permet au père, dont la femme reste au foyer et s'occupe des

---

[1] *le Code de la famille* «Le gouvernement avait pris (29 juillet, 1939) un ensemble de mesures connues sous le nom de Code de la famille, qui comportaient, outre le relèvement et l'extension des allocations familiales, l'institution de primes à la première naissance et de prêts aux jeunes ménages.» (G. DUPEUX, *La Société française*.)

enfants, de percevoir une petite indemnité supplémentaire, la prime qui est donnée à la naissance des enfants, les allocations mensuelles versées pour chaque enfant tant qu'il reste à la charge de ses parents.

Pour améliorer la santé des Français, une grande entreprise a été lancée: la *Sécurité sociale*.[1] Le principe de cette organisation est de permettre à chacun, riche ou pauvre, d'avoir la même qualité de soins médicaux; un système de remboursement proportionnel est prévu pour les visites médicales, pour les médicaments. D'autre part, la santé du Français est beaucoup plus étroitement surveillée: des examens périodiques sont obligatoires pour les fonctionnaires, les employés, les ouvriers, les écoliers et étudiants; obligatoires également de nombreux vaccins pour les enfants et même les adolescents: au seul vaccin antivariolique qui existait avant la guerre sont venus s'ajouter ceux contre la dyphtérie, la typhoïde, le tétanos, la tuberculose et, demain sans doute, la poliomyélite.

Depuis la fin de la guerre, le taux de natalité des Français est remonté à ce qu'il était au début du XXᵉ siècle, tandis que le taux de mortalité n'a jamais été aussi bas. La conséquence de ce double fait c'est que la France, à l'opposé de ce qui s'était passé pendant la période d'avant la dernière guerre, enregistre chaque année un important excédent de naissances par rapport aux décès: 300 000 en moyenne. Et cela se traduit encore une fois sur nos statistiques: au début de 1962, on annonce officiellement que la population française aurait dépassé 46 millions d'habitants.[2] Ainsi, alors qu'il a fallu à notre pays 135 ans pour gagner à peine 14 millions d'individus, il lui a suffi des seize dernières années pour en compter 5 500 000 de plus. On peut aisément apprécier la différence de rythme.

La nouvelle vague

On serait tenté de qualifier de révolutionnaire la situation démographique de la France telle qu'elle résulte de cette transformation. Plus de 14 millions de Français ont moins de 20 ans, soit presque un individu sur trois. Pour les seuls moins de 5 ans, la différence est de 550 000, la population d'une ville comme Lyon, troisième ville de France.

Et l'on sent, dans tous les domaines, les conséquences du déferlement de cette nouvelle vague.

[1] *la sécurité sociale* Voir *Le citoyen et la Société*, section 2, texte 4.

[2] *46 millions d'habitants* 1968: 50 millions environ.

Cela a commencé par la multiplication visible des commerces spécialisés pour tout ce qui concerne la future mère, le bébé, l'enfant. Fait symptomatique: des éditeurs, des marchands de jouets se sont brusquement intéressés à la démographie et ont compulsé les statistiques pour savoir les chances de développement de leur clientèle en herbe.

La vague montante a atteint l'école primaire à partir de 1951, les établissements secondaires dès 1956; on l'attend dans l'enseignement supérieur à partir de 1963. Et comme l'afflux démographique se double d'une élévation générale du niveau de vie et d'un accroissement des progrès sociaux, cette «montée des jeunes» se traduit par une véritable crise scolaire. Pour la première fois, à la rentrée de 1961, le nombre des élèves de tout âge et de toute spécialité a dépassé les 10 millions. Un Français sur 4, 5 va en classe.

Il y a seize fois plus d'élèves dans le secondaire et vingt fois plus d'étudiants dans le supérieur qu'au début du XXᵉ siècle; le nombre des maîtres est passé de 100 000 à 450 000 et il faudra encore l'augmenter.

On manque de locaux, de professeurs, car si l'on construit partout des écoles, des facultés, des laboratoires, si l'on crée de nouveaux établissements, si les vieilles universités voient naître de jeunes sœurs à Nantes, Rouen, Reims, Orléans, on a commencé un peu trop tard et c'est une course essoufflante.

Et demain, ce sera encore un autre problème: l'entrée de tous ces jeunes dans la vie active. Il y avait 19 700 000 emplois dans la France de 1900 et 19 500 000 seulement dans celle de 1950, preuve évidente de notre stagnation démographique et de notre routine économique. Mais les 300 000 jeunes qui naissent en excédent chaque année dans la France d'aujourd'hui imposeront de créer environ 160 000 emplois supplémentaires par an, à partir de 1965.

À un rythme de vieille nation vivant sur sa lancée, il faut substituer celui d'un pays poussé par sa jeunesse. Et, comme en même temps toute notre économie doit s'adapter à un monde en marche, c'est bien une véritable révolution qui s'impose à nous. Mais n'est-il pas plus exaltant, même si cela vaut quelques sacrifices aux adultes que nous sommes, de travailler pour l'avenir de notre jeunesse que de nous perdre stérilement dans la contemplation de notre grand passé?

J. BEAUJEU-GARNIER in *Le Français dans le Monde* mai 1962
pp. 4–7

INTELLIGENCE DU TEXTE

1 Précisez les raisons de la faiblesse démographique qui exista en France jusqu'en 1944 environ.

2 Qu'a entrepris le gouvernement français pour faire face à cette situation pénible?

3 Quel est, dans le domaine démographique, le rôle joué par la Sécurité sociale?

4 Qu'est-ce que la «montée des jeunes» et comment a-t-elle influencé la vie commerciale de la France?

5 Indiquez quelques-uns des problèmes qui découlent de ce renouveau démographique.

5 LE FRONT POPULAIRE

Les premiers symptômes de crise apparurent au début de 1930 et les divers indices de l'activité économique commencèrent à décliner. Mais ce ne fut pas avant 1932 que la crise fit sentir ses profonds effets. À cette date la chute de la production a atteint 27% et pour la première fois, le chômage a frappé une part importante de la main-d'œuvre; 250 000 chômeurs ont été officiellement secourus. Atteinte plus tard que les autres pays, la France ne l'est pas moins gravement, et elle s'installe même dans une sorte de crise permanente, jusqu'à la veille de la seconde guerre mondiale.

La crise économique s'accompagne d'une crise politique. L'incapacité des gouvernements, qu'ils soient de droite ou de gauche, à imaginer et appliquer une politique économique, accroît les mécontentements et désoriente l'opinion. Celle-ci tend à se porter vers les extrêmes, voire à se détourner des institutions parlementaires. Alors qu'un Dorgères[1] polarise dans un sens fasciste les mécontentements de certains ruraux, que les ligues[2] attirent une partie des classes moyennes, la constitution du Front Populaire oriente à gauche le prolétariat, bon nombre de paysans et une autre partie des classes moyennes. L'acuité des luttes politiques crée un climat passionnel, particulièrement sensible au cours des années 1934–1935. Les émeutes et les grèves de 1934, la formation du Front Populaire, l'affrontement lors des élections de

---

[1] *Dorgères* Henri D. né en 1897, député d'extrême-droite 1956–58. Un des chefs du mouvement paysan extrémiste de l'entre-deux-guerres. Voir *La vie politique*, section 3, texte 5.

[2] *les ligues* «Association formée dans un État pour défendre des intérêts politiques ou religieux.» (*Le Grand Larousse*.)

1936 de deux blocs de candidats et d'électeurs, la victoire de la gauche et les inquiétudes de la droite exaspèrent les antagonismes sociaux.

Ceux-ci apparaissent en pleine lumière avec les grèves de juin 1936, immense mouvement spontané des masses ouvrières psychologiquement transformées par la victoire du Front Populaire. La grève avec occupation des usines, a été entreprise pour arracher au patronat des avantages matériels mais, bien plus encore, pour obtenir la reconnaissance réelle du droit syndical, la représentation ouvrière au sein de l'entreprise, la modification des rapports entre patrons et ouvriers. Les revendications particulières ont été moins décisives que le sentiment de prendre une revanche sur l'état d'infériorité sociale dans lequel avait été maintenue, depuis de longues années, la classe ouvrière. Sentiment confus sans doute, mais combien profond et puissant.

Une série de lois sociales sont votées: lois instituant un congé annuel payé de quinze jours, instituant la semaine de quarante heures, instituant une procédure plus efficace pour la conclusion de conventions collectives. En même temps, le mouvement syndical trouve une vigueur qu'il n'a jamais connue.

Si les «Accords Matignon»[1] représentent la plus grande victoire du mouvement ouvrier français, ils ont provoqué, au sein du patronat, de vives réactions. Une fois passé le premier mouvement de panique et d'humiliation, de découragement aussi, car l'opinion publique avait paru se porter du côté des ouvriers contre les patrons, ceux-ci se réorganisèrent. Ils se retournèrent contre les anciens responsables de la Confédération Générale de la Production Française, changèrent l'équipe de direction et transformèrent les statuts et donnèrent un nouveau nom à leur organisation: Confédération Générale du Patronat Français.

La nouvelle confédération entreprit de limiter autant que possible la portée des victoires ouvrières de 1936. Elle refusa catégoriquement de signer tout nouvel accord national avec la C.G.T. et même d'entreprendre avec elle des négociations, sous prétexte que celle-ci ne pouvait justifier d'un monopole de la représentation ouvrière. Sur le plan des entreprises, les directions patronales entreprirent, dès la fin de 1936, de renvoyer systématiquement les militants syndicalistes. Pour briser cette contre-révolution patronale, la C.G.T. demanda au gouvernement de déposer un projet de loi réglementant l'embauchage et le débauchage et les plaçant sous le contrôle des services officiels de la

[1] *les Accords Matignon* Voir *La vie économique*, section 2, texte 1, note 2.

main-d'œuvre. La C.G.P.F. riposta par une violente campagne, rallia la quasi totalité de ses adhérents au thème de la défense du droit du patron à choisir ses ouvriers, et réussit à faire écarter, par le Sénat, le projet de loi gouvernemental.

GEORGES DUPEUX *La Société Française, 1789–1960* Armand Colin, 1964 pp. 231–235 (abrégé et adapté)

INTELLIGENCE DU TEXTE

1 Pourquoi la crise économique s'est-elle accompagnée d'une crise politique?
2 Comment les Français se sont-ils politiquement divisés?
3 Quelle a été, dans le domaine industriel, l'influence du gouvernement de Front populaire?
4 Comment les patrons ont-ils réagi contre le mouvement populaire?
5 Dans quelle mesure peut-on, à propos du Front populaire, parler d'une réussite du mouvement ouvrier?

6 NOUVEAU VISAGE DE LA CAMPAGNE FRANÇAISE (I)

L'idée traditionnelle qu'on se fait encore, en France comme à l'étranger, du caractère arriéré de la vie et de l'économie rurales, celle que la littérature et certains films nous transmettent, date de plusieurs décennies, du temps de la routine et de l'abandon. Sans doute bien des villages gardent-ils encore un aspect négligé, en Bretagne, en Lorraine, dans le Massif Central: c'est l'habitat, la maison rurale qui évoluent le plus lentement. Certes, le temps où le paysan refusait d'utiliser des engrais «parce qu'ils brûlent les champs,» ou de contracter un emprunt pour améliorer son exploitation «parce que c'est une honte de s'endetter,» n'est pas très éloigné de nous. Mais, un peu partout, les intérieurs de fermes se modernisent et la vie au village se rapproche de la vie à la ville; la radio et la télévision, le réfrigérateur et l'automobile témoignent de l'évolution des mœurs et de l'économie.

L'exode rural, qui se poursuit à notre époque, a entraîné des conséquences profondes. Il reste encore des villages de vieillards, des villages où «l'on se meurt» et où les bâtisses tombent en ruine, dans les régions où, dans les conditions actuelles de la technique, la terre ne représente qu'un capital dévalué. Dans bien des cas, c'est une population de jeunes qui assure la succession. Ils restent à la campagne lorsqu'on leur donne la possibilité d'équiper leur exploitation en machines ou de pratiquer des cultures rentables. Cette modernisation et cette rénovation s'accompagnent non seulement d'une concentration de la propriété foncière et d'une intensification de la culture, mais encore d'une modification des structures socio-professionnelles. Une partie des jeunes travaille à la ville. Dans chaque famille, certains membres partagent leur temps entre la culture et l'usine ou le bureau; d'autres ont définitivement abandonné la terre, mais résident toujours dans la maison rénovée des parents, la bicyclette ou le scooter leur permettant de gagner rapidement le lieu de leur travail. Ils apportent au village une nouvelle mentalité, le goût d'imiter les citadins. Ainsi se renforce une nouvelle classe, active et moderne, de personnes habitant la campagne et travaillant à la ville: il est significatif que nos services statistiques prennent soin de distinguer la population rurale et la population agricole.

Certaines parcelles passent de plus en plus aux mains d'une autre catégorie de propriétaires, les citadins; une nouvelle classe moyenne, composée de fonctionnaires, de techniciens, d'ingénieurs, qui, sous des formes diverses achètent un terrain et «font bâtir», ou une ferme ancienne, que peu à peu ils transforment, parfois de leurs propres mains: la mode des maisons de week-end s'est considérablement étendue; des évaluations récentes portaient à plus d'un demi-million le nombre de ces propriétés, généralement situées à moins de 100 kilomètres d'une agglomération, c'est-à-dire à moins d'une heure de voiture. Par l'afflux des citadins, ces communes doublent leur population en fin de semaine.

L'essor du tourisme automobile bouleverse la vie de nos villages. On considérait autrefois qu'un petit bourg ou une commune rurale étaient condamnés lorsque la voie ferrée les évitait, et on connaît bien des villages dont la gare est éloignée de plusieurs kilomètres. Cet inconvénient, de nos jours, est fort atténué; plus rapide et plus souple, la voiture conduit des familles entières dans les villages les plus reculés, précisément, les plus calmes et les plus charmants. Le garagiste, le pompiste, l'aubergiste, l'hôtelier, bien d'autres professions, profitent de cet afflux.

L'évolution de l'industrie n'a pas été sans répercussions sur l'aspect de nos campagnes. Des formes d'énergie à bon compte transforment radicalement les conditions de vie: livraison de gaz en bouteilles, distribution, par un réseau ramifié de gazoducs, du gaz naturel de Lacq, irriguant l'Ouest et le centre du pays, multipliant des branchements électriques permettant à plus de 96% de nos villages de bénéficier du courant. L'un des problèmes les plus passionnément discutés dans les comités d'aménagement du territoire est bien celui de la décentralisation de l'industrie. Ce mouvement nécessaire n'a pas encore produit tous les effets qu'on pouvait en attendre. Mais des centaines de communes rurales ont été transformées par l'implantation de ces usines aux bâtiments clairs et propres, sans cheminées ni fumées, serties dans la verdure, et distribuant des salaires à une population qui jusqu'alors vivait de médiocres ressources.

ANDRÉ BLANC in *Le Français dans le Monde no 17* pp. 13–14

INTELLIGENCE DU TEXTE

1 Pourquoi, même de nos jours, a-t-on une idée peu exacte de la vie campagnarde en France?
2 Qu'est-ce que l'exode rural et quelles en sont les causes impliquées par l'auteur?
3 Cet effort de modernisation de la campagne française soulève des problèmes. Quels sont-ils? Il porte aussi des fruits. Lesquels?
4 Pourquoi les citadins s'intéressent-ils à la campagne?
5 Comment l'évolution de l'industrie influence-t-elle le développement de la campagne?

VINGT ANS D'EXPANSION

	1930	1949	1964
PROGRÈS ÉCONOMIQUE:			
Indices de la production par tête[1]	100	112	203
Investissements en % de la production	13%	20,5%	22%
Réserves d'or et de devises (en $)	2,3 milliards	0,4 milliards	5,5 milliards
CONSOMMATION INDIVIDUELLE:			
Volume de la consommation par habitant[2]	100	98	190
Ménages ayant une voiture	5%	8%	55%
Ménages ayant un logement vieux de moins de 20 ans	5%	6%	18%

[1] En terme technique: production intérieure brute évaluée en francs constants (c'est-à-dire en monnaie à pouvoir d'achat constant) et rapportée au nombre d'habitants.

[2] Évaluation *réelle* c'est-a-dire comme ci-dessus, abstraction faite de la dépréciation monétaire. On peut considérer cet indice comme *représentatif du niveau de vie*.

INSUFFISANCES SOCIALES:

Évoquées par la ligne précédente, elles sont souvent difficiles à chiffrer. Le taux des retraites ouvrières (moins de 300 F à 65 ans), des allocations familiales, l'encombrement des hôpitaux, la rareté des promotions sociales (moins de 5% de jeunes d'origine rurale ou ouvrière dans les grandes Écoles) suffisent à révéler le retard des plus pauvres dans une société qui croit marcher vers l'abondance.

J. GUYARD *Le miracle français* Édns du Seuil, 1965 p. 113

7 TEXTE POUR LA TRADUCTION

The Welfare State

With the end of the Second World War, the great majority of Europeans, with a passion deeper even than in 1919, now wanted democracy. But liberal democracy of the 1919 vintage seemed inadequate. Democracy must now be social in character as well as political, and the new state must hold itself responsible for securing the well-being and full employment of its citizens. The emotional drive which lay behind this almost universal demand had three main sources. It came from experience of economic crisis and mass unemployment before the war, from experience of acute personal insecurity during the war, and from the resolve, strong especially in the movements of organised resistance, to build after the war a society within which human dignity and personal fulfilment might be more amply ensured. The tendency after 1919 had been to return to 'normalcy' as quickly as possible. After 1945 the urge to innovate was stronger than the desire to restore.

Characteristic of the ideals nourished by resistance movements was the French 'Resistance Charter' drawn up in March 1944 by the National Council of Resistance. This programme for 'a more just social order' included, in its list of economic reforms, such demands as 'the rational organisation of an economy which will assure the subordination of private interest to the general interest', 'return to the nation the great monopolies in the means of production, the sources of energy, mineral wealth, insurance companies, and the large banks', and 'participation by the workers in the direction of economic life'. Its social reforms envisaged 'the right to work and leisure', 'measures ensuring security for every worker and his family', and independent trade unionism endowed with extensive powers in the organisation of economic and social life. The main economic reforms were largely achieved in France by measures of nationalisation, though the participation of workers in the management and direction of business and industry did not proceed very far. The other reforms envisaged by the French resistance movements were partially attained by the introduc-

tion of improved systems of social insurance, generous family allow-
ances, and the restoration of full rights to trade unions.

DAVID THOMSON *Europe since Napoleon* Penguin Books, 1966,
pp. 827–828

EXERCICES GÉNÉRAUX

Version: Le Front Populaire
Traduisez de français en anglais: «Les premiers symptômes . . . les
antagonismes sociaux.»

Résumé: Le rajeunissement de la population française
Faites un résumé de 250 à 300 mots du texte.

Exercice de style: Le dépeuplement de la campagne
Selon le sens et la structure grammaticale, remplissez les blancs avec
un des mots choisis dans la liste que voici: cependant, aussi, ainsi,
néanmoins, pourtant, quelques, ainsi que, en premier lieu, en second
lieu, ensuite, de plus, il s'ensuit que, du moins, au moins, avant, d'une
part, d'autre part.
NOTEZ BIEN: il y aura parfois plusieurs possibilités; choisissez le mot
qui, d'après vous, convient le mieux.

«On vient de recevoir le rapport optimiste du Comité administratif.
Tout en accueillant ce document, il faut ——— constater que leurs
idées, ——— intelligentes qu'elles soient, ne représentent qu'une
solution partielle aux problèmes dans ce domaine.

———, en parlant de la population rurale, il y a ——— le taux de
naissances qui a diminué, ——— le problème des jeunes. ———, pour
ne parler que de l'équipement social, il y a ——— la pénurie en
matériaux de construction, ——— le manque de crédits gouverne-
mentaux. Tout ceci rend de plus en plus critique la situation à la
campagne.

———, un effort maximum devrait être fait par les autorités pour
assurer que nos campagnes ne se vident pas entièrement. ———, les
projets mis en œuvre dans la région du Massif Central, ——— les
études de modernisation réalisées dans les Cévennes, nous permettent
de croire que ces Messieurs commencent à se rendre compte de leurs
responsabilités. On l'espère ———, ———il ne leur reste que 18 mois
pour réaliser un accroissement d'——— 5% dans le taux annuel
d'investissements.

———, pour être bref, ——— d'accorder à ces mesures notre
soutien chaleureux, nous attendons impatiemment d'en voir les
premiers fruits.»

Sujets de réflexion, d'essai ou de discussion

1 Le contrôle des naissances sera à l'avenir une nécessité économique. Discutez.

2 L'exode rural est un phénomène non seulement européen, mais mondial. Quelles sont les diverses pressions qui poussent les hommes à quitter la campagne?

3 Le rajeunissement de la France, dans toute la force du terme, date de la deuxième guerre mondiale. Discutez.

4 Que faut-il faire pour rendre plus compétitive l'économie d'un pays?

L'économie française de nos jours

1 L'ÉTAT ET LA PLANIFICATION ÉCONOMIQUE

Chacun reconnaît aujourd'hui que l'État est responsable de l'évolution économique, qu'il lui appartient de lutter contre les crises et le sous-emploi, d'orienter, de stimuler et de coordonner les efforts en vue de l'expansion et du progrès communs. Personne ne peut plus défendre sincèrement le libéralisme du dernier siècle, personne ne croit plus à la valeur de la vieille formule: «Laissez faire, laissez passer».

La question s'est précisée au cours de ces dernières années. La plupart de ceux qui s'y sont appliqués estiment désormais que les interventions de l'État, dont le principe n'est plus contesté, ne doivent pas faire l'objet de décisions successives et parcellaires, au hasard des besoins ou des circonstances. Elles doivent constituer

… EST TOUT LE MYSTÈRE DES CHIFFRES, POMPIDOU : LA FRANCE EST … N PAYS APPAREMMENT PROSPÈRE, COMPOSÉ D'HABITANTS APPAREMMENT FAUCHÉS !

JACQUES FAIZANT *La ruée vers l'ordre* Denoël

un ensemble cohérent dont les différentes parties, au lieu de se contrarier ou de se neutraliser, comme ce fut souvent le cas, se renforcent, se complémentent, se soutiennent les unes les autres. Cet ensemble, c'est le Plan.

Partout où il y a action collective: bataille, construction d'un

immeuble, organisation d'une entreprise privée ou publique. . .
il faut un plan pour déterminer les conditions d'exécution les
meilleures—sinon, c'est le gaspillage et finalement l'échec.
L'exécution, à son tour, demande un pouvoir déterminé sur les
hommes et sur les choses—sinon, c'est le chaos, et c'est encore
l'échec.

Certes, ces idées sont accueillies avec réserve ou hésitation dans
les milieux de droite. De ce côté, on n'éprouve pas le besoin d'un
véritable programme économique national; on reste méfiant à
l'égard de l'intervention des pouvoirs publics. C'est que l'empirisme convient par nature à la droite. Partant de l'idée que
l'état de choses existant est l'état normal, elle n'envisage pas de le
changer, mais seulement de le gérer. Sa conception du gouvernement est pragmatique, stabilisatrice, conservatoire sinon conservatrice. La gauche, au contraire, refusant de s'accommoder des
injustices ou des inégalités, est toujours à la recherche de transformations. Tant que cette insatisfaction demeure au stade de la
révolte sentimentale, elle est menacée par l'incohérence et la
démagogie. Aussi faut-il constamment faire suivre l'étude des
réalités de l'élaboration d'une doctrine efficace. Plus que jamais
aujourd'hui, les hommes de progrès doivent préparer des programmes précis et détaillés, fondés à la fois sur des perspectives
à long terme et sur les réalités présentes.

Cette politique économique tend généralement vers deux
objectifs: d'une part, élever le niveau de production, accroître la
richesse générale, d'autre part, améliorer la distribution pour
aboutir à une situation sociale plus juste. L'effort doit être mené
simultanément sur les deux fronts. C'est pourquoi le Plan économique doit se compléter par un plan social.

Dans cent ans, les historiens—dans quinze ans nos garçons
devenus des hommes—ne nous jugeront pas sur telle affaire à
laquelle les journaux consacrent leurs manchettes et le chef de
l'État un référendum, mais sur le volume des biens que nous
aurons su produire, sur les conditions d'existence, sur l'ouverture
de chances et de possibilités que nous aurons assurées à tous au
sein de notre société. La valeur d'un système politique et social
dépend, Bevan[1] l'a souvent répété, du rythme de croissance qu'il
est capable d'imprimer à l'économie et de l'usage qu'il fait du

---

[1] *Bevan* Aneurin Bevan, 1897–1960. Homme politique britannique. Ministre de la
Santé et de la Reconstruction dans le gouvernement travailliste d'Attlee, il créa un
système de soins médicaux gratuits; devenu ministre du Travail, il démissionna en
1951 en raison du programme de réarmament. Élu en 1959 leader adjoint du parti
travailliste (*Le Grand Larousse*).

surcroît de production obtenu pour garantir une plus équitable répartition des richesses matérielles et culturelles. Tel est l'objet de la planification, c'est-à-dire de l'ensemble des décisions par lesquelles la collectivité détermine les buts qu'elle se propose et qui doivent être admis comme tels par tous.

PIERRE MENDÈS-FRANCE *La République moderne* Gallimard, 1962 pp. 109–111

INTELLIGENCE DU TEXTE

1 Pourquoi la formule «Laissez faire, laisser passer» a-t-elle de nos jours perdu sa valeur?
2 Selon Pierre Mendès-France, quel est le but de l'intervention de l'État?
3 Opposez, en les faisant bien ressortir, les idées qui permettent de distinguer la droite de la gauche.
4 Expliquez en plus de détail pourquoi le Plan économique doit se compléter par un plan social.
5 Sur quels aspects de la gestion économique la génération de demain jugera-t-elle ceux qui sont aujourd'hui au pouvoir?

LE JARGON POLITICO-ÉCONOMIQUE

Inflation: Hausse des prix. Elle peut être lente (=rampante) ou rapide (=galopante).

Déflation: Ce n'est pas le contraire de l'inflation. C'est une action politique (resserrement du crédit, du budget, etc.) pour diminuer la demande et «contenir les prix». Elle y arrive, généralement, en freinant la croissance de la production. Synonyme: *freinage.*

Expansion: Image très répandue pour désigner l'état d'une économie où tout se développe: la production, les revenus, la consommation, etc. Synonymes: *croissance, développement.*

Récession: Ralentissement sensible de la croissance. Se différencie des *crises* économiques observées jusqu'en 1930, par sa brièveté et sa faible intensité.

Essor: Période d'expansion rapide qui suit—et précède!—une récession.

Stabilité: Terme magique qui désigne l'état d'une économie en expansion, c'est-à-dire où *tout change vite,* et où, néanmoins, le gouvernement n'est pas gêné par tel ou tel aspect de cette expansion, comme par exemple, une hausse *trop rapide* des salaires, ou des importations, ou des prix. La stabilité souhaitée peut être *monétaire* ou *financière* ou *sociale* ou *politique* ou ce que l'on veut. En d'autres termes, la stabilité c'est le maintien de l'ordre économique, social et politique existant, *malgré* l'expansion rapide.

Gadget: *Au sens propre*. Objet ingénieux et d'une utilité douteuse.
Exemple: La machine-à-tourner-la-salade est un gadget.
Question: L'automobile est-elle un gadget?
Au sens général: La civilisation du gadget désigne l'état d'un pays où les produits nouveaux d'utilité douteuse se multiplient à profusion. *Thèse*. La civilisation américaine est une civilisation du gadget.
Question: Quelle différence y a-t-il entre les civilisations française et américaine?

Surchauffe: Expansion accélérée et qui, du fait de blocages naturels ou institutionnels, dérègle les principaux équilibres économiques.
Exemples de blocages: Main-d'œuvre ou stock de devises insuffisants.

J. GUYARD *Le miracle français* Édns du Seuil, 1965 p. 108

Années	Parlement et conseil économique et social	Gouvernement	Commissariat général du Plan—Institut national de la statistique—Division de la prévision	Commissions de modernisation
Fin 1962			Élaboration des esquisses de croissance	
1963		Nomination des C.M.		
1964	Avis C.E.S. sur options Vote Parlement sur options	Approbation des options	Rédaction projet de rapport sur options	Travail sur questionnaire pour discussion parlement Travail sur questionnaire en vue élaboration plan
1965	Avis C.E.S. sur projet du Ve plan Vote du Parlement	Directives au C.G.P. Arbitrages sur investissements publics Approbation projet du Ve plan	Synthèses et propositions d'arbitrages Rédaction projet de Ve plan	Travail sur directives Élaboration des prévisions et des programmes Rédaction d'un premier projet de rapport
1966				Préparation des tranches régionales du Ve plan

Calendrier de la preparation du Ve plan

La Documentation française illustrée

2 VERS UNE ÉCONOMIE CONCERTÉE, PLUS MOBILE

Rapport d'une interview avec M. Pierre Massé

Rendre plus productifs les efforts de chacun, investir, épargner, ne saurait suffire. Il ne faut pas qu'une concurrence déraisonnable et que des crises économiques fréquentes viennent anéantir les efforts accomplis. Autrement, comme au judo, la force déployée se retournerait contre son auteur. La concurrence est un moteur puissant dont on est en train de redécouvrir tout le prix, à condition toutefois qu'elle ait quelques limites. La formule chère à M. Jean Monnet:[1] «économie concertée» est l'un des thèmes majeurs de cette évolution.

Nous avons eu l'occasion d'évoquer les méthodes du Plan: secrétariat restreint mais efficace qui, de débats fatalement confus entre syndicalistes, patrons et fonctionnaires, tire une synthèse féconde et des directives d'action pourvues d'une remarquable «autorité» au sens universitaire du mot.

Le général de Gaulle le souhaite d'ailleurs. Il voudrait le voir devenir la grande affaire des Français. «Est-ce possible»? avonsnous eu l'occasion de demander au commissaire général du Plan, M. Pierre Massé.

MASSÉ   On a même parlé de mystique du Plan. C'est un grand mot, mais il est vrai qu'il faut que chacun se sente concerné, sache que le progrès de la France, c'est le sien et celui de ses enfants. Ses problèmes, son logement, son salaire, le frigidaire qu'il convoite, les traites qu'il doit payer, tout cela trouve sa place dans le Plan, dans une politique de croissance économique.

LECERF   Comment l'homme de la rue peut-il participer au Plan?

MASSÉ   En remplissant de son mieux sa tâche professionnelle de façon à contribuer au progrès commun. C'est vrai pour l'humble manœuvre qui balaie de son mieux, sans essayer d'en laisser le plus possible au voisin. C'est vrai pour l'apprenti, l'ouvrier, l'employé, dont le travail, indiscutablement, contribue au progrès de tous.

---

[1] *Monnet* Jean Monnet, économiste et financier français né en 1888. Carrière brillante dans le domaine financier aussi bien que diplomatique. Il propose en 1945 au gouvernement l'adoption d'un 'Plan de modernisation et d'équipement' de l'économie française et devient le premier commissaire général au Plan. De 1952–55 il est le premier président de la Haute Autorité de la Communauté européenne du charbon et de l'acier.» (*Le Grand Larousse*.)

L'industriel doit se sentir plus tenu de participer au Plan en cherchant à étendre ses usines dans les départements de l'Ouest plutôt qu'autour de Paris, malgré l'ennui que lui cause un surcroît de voyage et les objections de ses cadres. Il y gagnera d'ailleurs une main-d'œuvre disponible beaucoup plus large et pourra développer son affaire alors que ses concurrents se sentent déjà freinés, faute de trouver à embaucher. Ses cadres, expérience faite, seront contents du changement. Ils s'apercevront que pouvoir garer sa voiture, pouvoir s'en servir, c'est fort agréable, que les trajets moins longs leur donnent le temps de profiter de la vie et qu'on va le dimanche de Rennes à Dinard plus facilement que de Paris à Fontainebleau.

LECERF   En somme, c'est pour chacun tendre vers le maximum de progrès?

MASSÉ   Pas tout à fait. Pour certains grands services publics, participer au Plan, c'est au contraire admettre qu'on peut se voir refuser les moyens d'accomplir certaines performances techniques au profit de rattrapages nécessaires dans d'autres secteurs. Il ne faut pas dire: «Nous sommes pénalisés pour avoir fait de belles choses» mais dire: «Les ordres de priorité, à certains moments, peuvent n'être pas à notre profit.» ... Pour les salariés, participer au Plan, c'est comprendre que tout n'est pas possible tout de suite, que le progrès social maximum exige qu'on tienne compte des prix de revient et de la concurrence extérieure. C'est aussi s'informer des progrès économiques, ne pas s'en tenir à des idées simplistes et fausses comme le mythe de l'âge d'or, la croyance qu'on vivait mieux autrefois, ou que les prix ne cessent de monter plus vite que les salaires. Cela fausse les perspectives et décourage à tort.

LECERF   Réalise-t-on des progrès vraiment visibles?

MASSÉ   Ils sont plus rapides qu'ils n'ont jamais été dans l'histoire du monde.

LECERF   Le but du Plan est-il uniquement de faire gagner à chacun un peu plus d'argent?

MASSÉ   C'est l'un de ses objectifs principaux, certes, mais non le seul. Chacun doit comprendre que mettre son bonheur exclusivement dans le progrès des revenus n'est pas un but suffisant. À la longue, on arriverait, dans certains milieux, à une sorte de saturation dans laquelle rien ne ferait plus vraiment plaisir. Quand on est à travailler pour le second réfrigérateur, la troisième voiture et la quatrième radio de la maison, on n'a plus très envie de peiner. Je vois cela dans un quart de siècle bien entendu, dans ce que Galbraith[1] appelle «l'heure de l'opulence». En revanche, il est d'autres satisfactions qui valent très cher. Par exemple, à Paris, l'aller et retour moyen du travailleur entre son logement et son entreprise dépasse 1h.20; une part énorme de la vie se trouve ainsi gaspillée en fatigues stériles. Nous travaillerons à réduire cette durée des trajets.

LECERF   C'est le cadre de vie que vous voulez aménager?

MASSÉ   Oui, nous travaillons pour donner une nouvelle forme, un nouveau visage aux villes et aux bourgs qu'habiteront nos enfants. Ils y trouveront plus d'espaces verts. S'ils ont une auto, ils pourront la garer. Nos filles disposeront de centres commerciaux dans leurs îlots; nos petits-enfants, d'écoles, de dispensaires, de terrains de sport, de salles de jeux. Les piétons auront des chemins où ils seront tranquilles.

(*M. Massé donna par la fenêtre un coup d'œil au mur gris qui bouchait son horizon.*)

MASSÉ   Avec un plan d'ensemble, on rendra la vie à la fois plus commode et le cadre plus beau.

JEAN LECERF *La percée de l'économie française* Arthaud, 1963 pp. 253–256 (abrégé)

INTELLIGENCE DU TEXTE

1 Dégagez la signification profonde de l'image tirée du judo (au premier paragraphe).
2 Pourquoi l'homme de la rue devrait-il s'intéresser au Plan?
3 Comment les individus peuvent-ils contribuer à la réussite du Plan?
4 Pierre Massé fait mention du «mythe de l'âge d'or». Quel rapport existe-t-il entre ses idées et celles de Jean Fourastié, exprimées dans le premier morceau choisi?
5 Résumez les buts de la Planification française selon P. Massé.

[1] *Galbraith*   John K. Galbraith, économiste américain, auteur de *The Affluent Society* 1958.

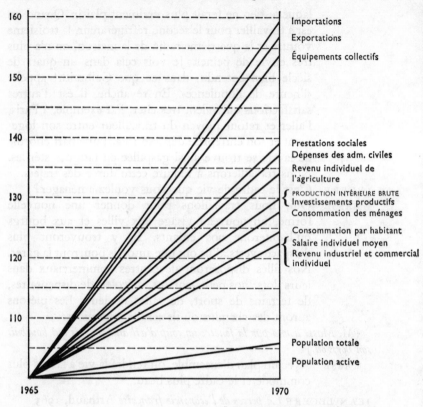

P. SALLES *Initiation économique et sociale* Dunod

Les progrès proposés par le gouvernement durant le Ve plan

3 «DÉCOLONISEZ LA PROVINCE!»

Sur le murs des villes bretonnes, des affichettes jaunes clament:
«La Bretagne crève! Pas d'emplois nouveaux, fermeture d'usines
existantes, émigration des jeunes et des cadres. . .»

Ce dépérissement régional n'est pas particulier à la Bretagne.
Mais la crise y est si aiguë, la conscience de la crise si vive et
l'oppression quasi coloniale de la région si ancienne que Saint-
Brieuc était l'endroit tout indiqué pour tenir le premier colloque
socialiste régional sur le thème: «Décoloniser la province.»

«La Bretagne crève». Contrairement aux idées reçues, elle a
maintenant une densité de population inférieure à celle de la
France dans son ensemble; un taux de natalité inférieur à la

moyenne française; une démographie stagnante et qui évolue rapidement vers ce que des économistes appellent le «point de non-retour»: abandonnée par ses hommes et ses femmes valides, par la plupart de ceux qui ont reçu une formation, la Bretagne devient un pays d'enfants et de vieillards. Encore dix à vingt ans et elle aura perdu pour toujours les ressources humaines qui lui permettraient de remonter la pente. Un chiffre: sur 100 jeunes gens sortis des collèges d'enseignement technique du Morbihan, 75 devront quitter la Bretagne pour trouver un emploi.

C'est un drame particulier à cette région «excentrique»? Non: c'est le drame, plus ou moins prononcé, de 17 régions sur les 21 que compte la France. Car tout est «excentrique», en France, dès qu'on sort du bassin parisien. Sur 21 régions économiques, il y a 17 régions d'exode, dont certaines (le Nord et la Lorraine) sont fortement industrialisées, mais néanmoins incapables de développement autonome.

Un mal national

Le mal n'est donc pas dû à des causes accidentelles et particulières; il est national et structurel. C'est ce que souligne d'entrée de jeu le rapport général, intitulé «Décoloniser la province», qui sert de base aux colloques régionaux.

Dû à un inspecteur des Finances qui signe du pseudonyme de Servet, ce rapport souligne d'abord que dans aucun autre pays moderne la prépondérance de la capitale n'est aussi prononcée qu'en France. Paris est neuf fois plus peuplé que chacune des trois autres grandes agglomérations françaises, alors que Londres ne l'est que trois à quatre fois plus que les villes du Nord de l'Angleterre. Pour 100 fonctionnaires centraux, la France ne compte que 38 fonctionnaires locaux, contre 125 en Grande-Bretagne, 147 en Suisse, 213 aux États-Unis.

Les firmes ayant leur siège à Paris font 82,7% du chiffre d'affaires de la nation. Paris (18% de la population française) concentre 70% des chercheurs industriels, 48,6% des ingénieurs, 48% du personnel des banques et assurances, 35% des étudiants...

La conséquence, ce n'est pas seulement que Paris est la capitale ayant la plus forte densité de population (9 fois plus forte qu'à Rome ou à Londres); ni que cette agglomération, frappée d'apoplexie, à l'infrastructure sursaturée, exige pour son fonctionnement des investissements colossaux, pourtant incapables d'empêcher que la productivité et les conditions de vie parisiennes se dégradent. (Un seul chiffre: la subvention *annuelle* de la R.A.T.P.

est quatre fois supérieure aux aides à l'industrialisation reçues par la Bretagne *en dix ans*.) La conséquence, c'est surtout que Paris a le monopole de la décision, de la création, de la recherche, de l'orientation donnée au développement; que l'avenir des régions est déterminé en fonction des critères des banques, sociétés et administrations parisiennes; qu'il n'existe pas dans les provinces, de centres de décision financiers, techniques, culturels, administratifs sur lesquels les habitants puissent peser; que les régions sont mises dans l'impossibilité, faute de pouvoirs autonomes, d'affirmer leur personnalité économique et culturelle, leur volonté de développement en fonction de leurs besoins, de leurs ressources et du cadre de vie auquel elles aspirent.

Le remède

Sorti de Paris, il n'existe qu'un patronat familial et malthusien qui, pour préserver ses vieux privilèges, fait obstacle au développement: «L'arrivée d'usines nouvelles ferait monter le prix de la main-d'œuvre; le développement des logements populaires menacerait les majorités réactionnaires. . . Les grands groupes ne cherchent pas à briser la coalition des intérêts locaux dont ils sont politiquement solidaires. Les pouvoirs publics eux-mêmes n'interviennent, de manière technocratique, que lorsque la situation risque de provoquer une réaction politique menaçant les bases mêmes de la société capitaliste.»

C'est pourquoi la lutte pour le plein emploi passe aujourd'hui par la lutte pour la démocratie régionale. Les crises de conversion qui frappent des branches entières—sidérurgie, charbonnages, textile naturel, chantiers navals—ne peuvent pas trouver de solution satisfaisante grâce à la seule administration parisienne. De fait, la «solution» que Paris propose au Nord et à la Lorraine est l'exode accéléré vers la capitale. Le souffre de l'Aquitaine est exporté, son gaz alimente les usines parisiennes, alors que Bordeaux est dépourvu d'industries. Les besoins régionaux ne sont représentés nulle part, ils n'ont même pas de moyens pour s'exprimer et pour prendre conscience d'eux-mêmes.

Le remède que proposent les animateurs des colloques régionaux,[1] est la création d'assemblées régionales élues, d'exécutifs régionaux, de plans régionaux, voire la propriété *régionale* (et non seulement *nationale*) des grands moyens de production et des banques.

---

[1] *Colloque régional* Une réunion d'experts en science économique où l'on discute des problèmes économiques d'une région.

Beaucoup de choses qui, vues de Paris, paraissent impossibles ou peu rationnelles, deviendraient possibles et économiquement saines si leur conception et leur exécution étaient confiées aux hommes qui, sur place, luttent pour la survie d'une région qui n'est pas seulement un morceau quelconque du territoire, mais *leur* pays, un pays dont seuls ils mesurent les potentialités et pour lequel ils sont prêts à des sacrifices et à des efforts que le banquier ou le technocrate parisien n'imaginent même pas.

Dans aucun autre pays la capitale ne monopolise à ce point la culture, la recherche, l'initiative et le pouvoir de décision. Partout ailleurs, être de gauche, c'est lutter contre la centralisation du pouvoir et pour des centres de décision multiples aussi proches que possible des communautés de travail et de vie. Cela est vrai des pays capitalistes comme des pays socialistes, dont le premier acte fut souvent la réhabilitation des cultures et des économies régionales, la création d'universités au service des régions.

Il est inconcevable que la France vive et se développe si ses régions meurent ou déclinent. La lutte pour le développement économique passe désormais par la lutte pour la démocratie régionale, c'est-à-dire pour la démocratie tout court.

MICHEL BOSQUET in *Le Nouvel Observateur*, 7–13 décembre 1966

INTELLIGENCE DU TEXTE

1 Quelles sont les principales indications du dépérissement régional?
2 Dans quelle mesure peut-on parler de la mauvaise influence exercée par Paris sur l'économie française?
3 Que faut-il faire pour améliorer la situation économique des régions?
4 S'agit-il d'un problème purement économique, ou bien la politique exerce-t-elle une influence considérable sur les décisions à prendre?

4 LE FRANC N'EST PLUS LE FRANC?

[a] Les bons comptes

Les Anglais, je le leur prédis, ne se tireront jamais d'affaire avec une seule Livre sterling. Que ne prennent-ils exemple sur la France, qui possède deux Francs, grâce à quoi deux pièces de cent sous[1] font mille francs et cent Bonaparte[2] un million? Car c'est

---

[1] *100 sous* La plaisanterie porte sur le fait que la plupart des Français parlent encore en anciens francs et sautent, dans la conversation, d'un système à l'autre sans y prêter attention, d'où des erreurs possibles du genre de celle signalée. Deux fois cinq francs font 10 anciens francs soit 10 centimes actuels. Mais si l'on oublie que

ainsi que comptent les Français auxquels les experts avaient donné deux ans pour s'habituer à leur franc «lourd» par l'intermédiaire du franc «nouveau» et qui vivent avec deux monnaies, l'une servant aux petites sommes, l'autre aux grandes; un paquet de cigarettes vaut deux francs, mais une automobile de luxe ne vaut pas vingt mille francs: elle vaut deux millions. On voit bien qu'ils sont économes: une petite dépense leur paraît plus petite encore, s'ils comptent en francs lourds, et une grande dépense leur paraît encore plus grande en anciens francs. Mais les Anglais sont trop orgueilleux pour nous imiter. Ils se laisseront mourir de faim dans leur île, alors qu'il leur suffirait de se donner deux Livres pour être à l'occasion, comme nous, cent fois plus riches.

ANDRÉ FROSSARD in *Le Figaro*, 12 novembre 1964

[b] Le franc lourd

Au lendemain de la guerre, on s'en souvient, le général de Gaulle évoquait ce qu'a de mélancolique la fixation d'une nouvelle parité du franc. Cette mélancolie se retrouve en 1959. Il arrive qu'une fantaisie aide mieux qu'une étude statistique à retrouver une atmosphère. Qu'on me permette celle-ci, suggérée par le franc lourd.

Rencontré Ratinois, l'autre soir près du Théâtre-Français. Il venait de tenir dans *La Poudre aux yeux*, le rôle que lui avait assigné Labiche: celui d'un petit rentier du Second Empire qui voulait jouer au grand bourgeois.

Petit rentier? Mieux que cela. En un temps où le fonctionnaire chef de bureau vivait à l'aise avec 12 000 francs par an, 17 000 francs de revenu, c'était déjà la richesse.

Le nez à la vitrine illuminée d'une confiserie, Ratinois rêvait au bon temps où il amassait sa fortune, tandis que sa femme tenait la caisse. Mais, en déchiffrant les étiquettes, il découvrait, atterré, que ses 17 000 francs ne feraient plus un an, ni même un mois, ni même dix jours.

— Le Franc n'est plus le Franc? demandait-il. La Rente n'est plus la Rente? L'État aurait osé. . .

Il hésita, craignant un sacrilège, et continua tout bas tandis qu'en lui montait la colère:

ces «francs» sont anciens, alors deux fois 5 francs font 10 nouveaux francs. Dix nouveaux francs sont l'équivalent de mille anciens francs, c'est pourquoi «deux fois cent sous peuvent faire mille francs . . .»

[2] *un Bonaparte* Billet de banque de 100 nouveaux francs, mis en circulation en 1954 et sur lequel figure l'effigie de Bonaparte.

— La France n'honorerait plus ses dettes? Se conduirait-elle plus mal que le Grand Turc ou le Bey de Tunis?[1]

— Elle n'a jamais éconduit ses créanciers. Seulement...

— Seulement?

— Elle a payé bien d'autres factures aussi: de longues guerres, avec, en guise d'or, du papier-monnaie.

— Des assignats? Le système Law?[2]

— À peu près.

Ratinois découvrait sa ruine.

— Une fortune de 340 000 francs ne vaut donc presque plus rien?

— Presque rien!

— Alors on ne peut plus prêter d'argent, faire crédit?

— C'est devenu marché de dupe. L'argent ne se conserve plus. Comme le sable, il glisse entre les doigts.

Un silence.

— Moi qui croyais au progrès! soupira-t-il.

Il se tut encore.

— Pour vivre, il va falloir travailler, reprit-il.

— Oui.

— Le docteur Malingeard devra, lui aussi, trouver des clients, car ses 22 000 francs par an de revenu... Et Frédéric, mon fils, avocat sans causes, que fera-t-il?

— Malingeard aura des malades, grâce à la Sécurité sociale; Frédéric devra secouer sa timidité, se spécialiser et passer plus de temps au Palais qu'à apprendre le piano à la belle de ses rêves. Pour vous-même, en ce début de Marché commun, votre expérience commerciale ouvre des débouchés.

Il parut soulagé, mais scandalisé.

— Si des gens comme nous prennent le gagne-pain des pauvres, comment vivront-ils, eux? Nous, rentiers, purs consommateurs, nous sommes les moteurs de l'industrie, ceux qui achètent sans prendre l'emploi de personne.

— Non. On s'est aperçu qu'au contraire, qui travaille fait travailler. Les oisifs ne sont plus riches; les riches ne sont plus oisifs et leur activité multiplie celle de tous. L'argent ne vaut pas grand-chose, mais le temps, lui, est devenu la grande richesse.

---

[1] *le Grand Turc, le Bey de Tunis* Les deux titres, pris ensemble, tendent à faire naître un sentiment péjoratif, voire méprisant. Voir «ne faire pas plus de cas d'une personne que du Grand Turc» (cf. *Le Grand Larousse*).

[2] *le système Law* D'après John Law, financier écossais, mort en 1729. Il s'agit d'un système de crédit illimité, fondé sur la supériorité du papier-monnaie, garanti par une banque d'État. Le sujet d'un scandale financier en 1720 qui a mis en cause l'honneur du Régent lui-même et a obligé Law à s'enfuir de Paris. (*Le Grand Larousse*.)

Si le franc lourd nous apprenait de nouveau le prix de l'argent, quel prodigieux pouvoir nous retrouverions... à condition de retenir que le temps vaut plus que lui!

JEAN LECERF *La percée de l'économie française* Arthaud, 1963 pp. 192–193

INTELLIGENCE DU TEXTE

1 Que veut dire «la parité du franc»?
2 Quelle a été traditionnellement l'importance des rentiers?
3 Pourquoi la prééminence des rentiers se trouve-t-elle aujourd'hui minée, voire détruite?
4 Comment cette fantaisie nous aide-t-elle à comprendre la réaction des Français à la dévaluation du franc?

5 LA «NOUVELLE CLASSE OUVRIÈRE»

L'expression a été popularisée par les travaux de Serge Mallet,[1] qui l'a forgée pour décrire les phénomènes nouveaux qui, depuis quelques années. ont profondément modifié les conditions de travail, la situation matérielle et les mentalités d'une partie de la classe ouvrière française.

D'une partie seulement, car la France d'aujourd'hui est encore un «musée de l'industrie». Nombreuses sont les entreprises qui, par leur technique et leur organisation, restent proches des manufactures du XIXe siècle; plus nombreuses encore celles qui, par la rationalisation et le travail à la chaîne, restent du type qui a été introduit dans la période de l'entre-deux-guerres. Mais l'adoption d'une technologie révolutionnaire, l'automation, par les industries avancées, permet de confier à des machines non seulement les opérations effectuées jadis par la main de l'homme, mais aussi certaines fonctions, comme la correction des erreurs, réservées jadis au cerveau humain. Ce bouleversement technologique n'atteint encore qu'une faible partie des entreprises industrielles; mais ce sont souvent les plus puissantes, et il est probable que ce secteur avancé servira d'exemple, de modèle, aux autres, et que les changements ultérieurs iront dans le même sens.

L'automation ne fait pas appel à la même qualification ouvrière qu'autrefois. La connaissance du métier acquise par l'apprentis-

---

[1] *Serge Mallet* Voir La bibliographie *Le citoyen et la société.*

sage, le «tour de main», ne sont plus utiles, là où le travail est un travail de surveillance et de contrôle; ce sont les facultés intellectuelles qui sont appréciées. La formation professionnelle n'est plus acquise dans le cadre du métier, mais dans celui de l'entreprise. La spécialisation de l'entreprise est, en effet, de plus en plus grande. Chaque entreprise forgeant elle-même ou élaborant ses propres moyens de production, abandonne les machines universelles pour des machines spécialisées; l'ouvrier affecté à la surveillance et au contrôle de ces machines acquiert, plus ou moins rapidement, une pratique qu'il ne peut exercer que dans le cadre de cette entreprise elle-même. La qualification était autrefois individuelle, et l'ouvrier possédait une autonomie professionnelle qui lui permettait de changer aisément de «boîte», comme il disait. L'ouvrier de l'entreprise automatisée perd sa qualification individuelle, qui dépend maintenant du poste qu'il occupe dans un ensemble technique. Il est étroitement lié à l'organisation technique de son entreprise, il est intégré à la vie de l'entreprise elle-même.

Cette intégration à l'entreprise ne se manifeste pas seulement dans le domaine de la formation professionnelle, mais aussi dans celui de la structure du salaire. Avec les mécanismes de production automatisée, l'appréciation du rendement individuel de l'ouvrier est presque impossible; le salaire perçu n'est plus qu'une part d'une masse salariale globale, part distribuée non pas selon le rendement individuel mais selon le poste de travail auquel l'ouvrier est affecté. Il s'ensuit que le salaire est entièrement déterminé par la situation économique de l'entreprise, et non par le travail fourni. L'intégration de l'ouvrier à l'entreprise en est accrue.

Ajoutons que cette intégration de l'ouvrier est souhaitée, encouragée et facilitée par la direction de l'entreprise. Celle-ci a besoin, en effet, d'un personnel compétent, formé sur place, et qu'il est avantageux de conserver longtemps. La fluidité de la main-d'œuvre, que le patronat pouvait estimer souhaitable au temps où le travail à la chaîne permettait de remplacer immédiatement un ouvrier spécialisé (O.S.) par un autre O.S., et d'imposer des conditions draconiennes, est devenue dangereuse pour une gestion efficace de l'entreprise automatisée. Cette évolution de l'attitude patronale rencontre opportunément les préoccupations de l'ouvrier intégré, de plus en plus attaché à la stabilité de l'emploi; elle a permis de réaliser des «accords d'entreprise» qui assurent à la direction une stabilité de la productivité, et au personnel la stabilité de l'emploi assortie d'une garantie d'augmentation lente et régulière des salaires. L'accueil favorable réservé par les ouvriers aux accords d'entreprise illustre bien la nouveauté et l'ampleur des aspirations ouvrières à la sécurité.

GEORGES DUPEUX *La Société Française 1789–1960* Armand Colin (Collection U), 1964 pp. 246–248

INTELLIGENCE DU TEXTE

1 Pourquoi l'auteur parle-t-il d'un «musée de l'industrie» en parlant de la France d'aujourd'hui?
2 Quelle a été l'influence de l'automation sur l'ouvrier français?
3 En quoi consiste l'intégration de l'ouvrier à l'entreprise?
4 Expliquez la signification de l'expression «conditions draconiennes».
5 Pourquoi l'appréciation du rendement individuel de l'ouvrier est-elle devenue presque impossible?

6 GRÈVES ET REVENUS

La grève est une institution de l'économie libérale, où chacun ne considère que son entreprise ou son secteur, et où la concurrence et la lutte sont les moyens normaux de répartir les ressources. Une économie concertée ou semi-planifiée repose au contraire sur l'interdépendance des entreprises et des secteurs, et sur leur ajustement réciproque par des négociations: elle tend à une «politique des revenus».

Une politique des revenus consiste en deux choses. D'une part, une information statistique précise et objective renseigne tous les partenaires en cause—patrons, salariés, rentiers, membres des professions libérales, État, etc.—sur la répartition des revenus. D'autre part, des négociations se développent entre ces partenaires, afin d'aboutir à des accords sur le transfert au profit des catégories défavorisées, et sur le partage des fruits de l'expansion dans le cadre du Plan.

L'application pratique d'une telle politique se heurte à de grands obstacles. Les différentes catégories de revenus ne sont pas connues avec la même précision. Les salaires peuvent être déterminés assez nettement, alors que les profits sont toujours plus ou moins dissimulés. Par ailleurs, un accord sur les salaires est possible, mais pas un accord sur la spéculation foncière. La politique des revenus tend ainsi à être surtout une politique des salaires qui joue essentiellement dans le sens du blocage. Car l'un de ses objectifs est d'adapter la croissance des revenus individuels au rythme d'expansion du revenu national, pour éviter l'inflation. On comprend ainsi la méfiance des syndicats de salariés.

Mais le développement même d'une politique des revenus augmenterait les possibilités de mesurer les profits avec une précision croissante. Cela explique les réticences des milieux patronaux. D'autre part, la politique des revenus exige qu'à tous les niveaux la confrontation se développe entre des organisations responsables. Cela conduit à un renforcement des structures syndicales, notamment chez les salariés: reconnaissance de la section syndicale d'entreprise, à la base; renforcement au sommet des pouvoirs confédéraux, afin de permettre la négociation au niveau global, entre secteurs. Ces perspectives n'enchantent guère le C.N.P.F.

Elles n'enchantent pas plus l'État. La politique des revenus implique un système de confrontations et de négociations dans le secteur public, comme dans le secteur privé. Elle est aussi éloignée de la planification autoritaire, où la répartition des revenus est fixée par le gouvernement, que de l'économie de marché, où elle résulte de la concurrence commerciale et des conflits sociaux. L'État préfère visiblement continuer à fixer de façon unilatérale les salaires de ses fonctionnaires et de ses agents.

Ces obstacles ne sont pas infranchissables. En fait, on a commencé déjà à franchir certains d'entre eux. Mais, dans la France d'aujourd'hui, la politique des revenus est encore très embryonnaire et incapable de remplacer la grève pour résoudre les problèmes de répartition des ressources nationales.

Même si elle atteignait son développement maximum, elle ne supprimerait pas le recours à de telles armes, en dernier ressort. La politique des revenus, comme la planification souple dont elle est une des formes, correspond au passage de la guerre froide à la coexistence, entre les classes sociales. Mais elle ne supprime pas la compétition fondamentale qui les oppose. Dans les négociations aux différents niveaux,—des entreprises, des secteurs économiques, de la nation—les intérêts des patrons et des salariés ne sont jamais identiques. Ils sont communs en partie: pour l'expansion générale, la stabilité de la monnaie, la possibilité d'exporter. Ils sont antagonistes pour une autre partie.

Parce que cet antagonisme devient moins violent, au fur et à mesure du développement économique, on est passé d'abord de la guerre chaude à la guerre froide, des révolutions du XIXe siècle (1848, 1871) aux conflits sociaux du XXe siècle. On peut passer maintenant de la guerre froide à la coexistence, des conflits sociaux à la politique des revenus. Mais si l'une des parties engagées dans la négociation s'y trouve en position de faiblesse, elle aura naturellement tendance à recourir aux armes qui lui restitueront sa force, c'est-à-dire, pour les syndicats de salariés, à la grève.

Cela explique l'importance essentielle, pour la politique des revenus, de la confiance des salariés dans l'État. Dans les sociétés occidentales, où le capitalisme reste dominant, les salariés craignent naturellement que l'État n'utilise son pouvoir contre eux, et que son arbitrage ne les défavorise, dans la confrontation pacifique avec le patronat. Son attitude à l'égard de ses propres agents justifie d'ailleurs cette réaction. Mais si le gouvernement est aux mains d'hommes et de partis qui ont la confiance des salariés, leur crainte diminue, et les possibilités de développer une politique des revenus deviennent plus grandes. Au stade actuel de leur évolution, les sociétés occidentales se trouvent ainsi enfermées dans une contradiction qui gêne leur expansion. Un gouvernement de gauche suscite la méfiance des épargnants qui risquent de le précipiter dans une crise financière, comme on vient de la voir en Grande-Bretagne. Un gouvernement conservateur suscite la méfiance des salariés, qui l'embarrassent par des conflits sociaux, comme on le voit en France.

MAURICE DUVERGER *Grèves et revenus* in *L'Express*, 14–20 décembre 1964

INTELLIGENCE DU TEXTE

1 Expliquez ce que c'est qu'une «politique des revenus».
2 Résumez les obstacles auxquels se heurte une politique des revenus.
3 Expliquez en détail la signification, dans ce contexte, de l'expression: «le passage de la guerre froide à la coexistence».
4 Pourquoi Maurice Duverger pense-t-il que la politique des revenus ne supprimera pas la grève?
5 Quel rôle l'État joue-t-il dans les négociations entre le patronat et les syndicats?

7 NOUVEAU VISAGE DE LA CAMPAGNE FRANÇAISE (II)

Traditionnellement, on considère la France comme le pays du blé et de la vigne. Mais le Français consomme de moins en moins de pain et dédaignent les vins de qualité inférieure. La demande en produits de l'élevage s'est, en revanche, considérablement accrue: la part dans le revenu agricole national passe de 23% avant la guerre à 64% en 1961; la production de lait a triplé, celle de viande a quadruplé, la vente des produits laitiers assure à elle seule le cinquième du revenu total, soit plus de 7 milliards de nouveaux francs. Ainsi, des régions entières ont été converties en herbages: prairies de type normand; embouches entourées de haies dans le Massif Central et l'Ouest; et les fourrages artificiels se substituent aux céréales pauvres ou aux cultures peu rentables. Des plantes cultivées, presque inconnues dans certaines régions, se propagent avec une rapidité surprenante. Ainsi, le maïs fourrager a conquis, loin vers le Nord, au-delà de la Seine, des espaces autrefois consacrés au blé ou à l'avoine. Le séchoir devient un élément pittoresque du paysage beauceron. Et qui eût deviné avant la guerre que la France pourrait satisfaire, par sa production nationale, les trois quarts de sa consommation de riz? En Camargue et dans le Bas-Languedoc, les superficies consacrées à cette céréale d'origine tropicale passent de 250 à 32 000 hectares. Nous exportons même certaines années des variétés de riz particulièrement appréciées. De nouveaux oléagineux, relativement peu répandus il y a vingt ans, comme le colza, prennent place dans les assolements classiques.

Ces mutations culturales, les grands travaux entrepris par les collectivités publiques, concourent, à la manière américaine ou soviétique, sur une échelle évidemment plus réduite, à modifier sensiblement l'aspect archaïque de régions que nos manuels de géographie considéraient comme arriérées et «pauvres». L'assèchement des derniers marais français s'achève le long de la Basse-Seine. L'irrigation s'étend dans les régions méditerranéennes, en rapport avec la construction de barrages et de centrales hydro-électriques sur le Rhône et la Durance. Grâce au creusement d'un canal de 140 kilomètres de long, plus de 170 000 hectares de vigne seront convertis en vergers et en jardins dans le Bas-Languedoc. Les coteaux de Gascogne, qui souffrent de la sécheresse, commencent de recevoir l'eau amenée des Pyrénées: l'investissement global de cette entreprise s'élève à douze millions de francs, alors que l'augmentation des recettes dépasse les 20 millions: on apprécie l'intérêt de la plus-value foncière. En montagne, l'essor du tourisme, notamment des sports d'hiver, l'accroissement de la consommation des produits laitiers, ont contraint les exploitants à abandonner de plus en plus les formes traditionnelles de l'élevage pour se consacrer aux cultures fourragères permettant l'alimentation à l'étable d'un bétail plus nombreux et de meilleure qualité. La Champagne, qu'on appelait «pouilleuse», terre de céréales maigres et de moutons, s'est convertie également à l'élevage grâce à l'effort de jeunes exploitants venus de Brie ou du Valois. Ils ont remembré d'anciens domaines, labouré des friches et défriché les bois de pins, plantés sous Napoléon III, et qui ne rapportaient plus que des revenus modestes. Les céréales ont doublé leur rendement, et les produits laitiers alimentent l'agglomération parisienne. Dans les Landes enfin, les champs de maïs et d'autres cultures fourragères se sont substitués à la vieille forêt que les incendies avaient partiellement détruite.

Ainsi se dessine, dans ses grands traits, une nouvelle carte de l'économie rurale. L'application de techniques modernes a contribué à réduire les contrastes entre les pays trop riches qui se sont en un temps endormis dans leur opulence et les pays pauvres qui renaissent. L'opposition entre le Nord et le Midi s'estompe chaque fois que ce dernier a bénéficié d'investissements et de grands travaux. Nous sommes sans doute assez loin du niveau technique de l'agriculteur danois ou néerlandais, agronome avisé en même temps que chef d'entreprise, et nous ne sommes pas encore cette «nation sans paysans» qu'est l'Angleterre. Les analyses lucides d'une situation en pleine évolution, les critiques pertinentes adressées aux dirigeants de notre agriculture prouvent que personne ne se désintéresse d'un secteur de l'économie qui avait accumulé toutes les causes de retard. Les atouts les plus précieux de ce pays résident sans aucun doute dans sa richesse naturelle et dans la modération de ses climats, mais surtout dans son dynamisme biologique et dans sa volonté de rénovation. C'est dans l'effort, mais de manière irréversible, que lentement encore, plus rapidement demain sans doute, se façonnent les grands traits de la nouvelle France agricole.

ANDRÉ BLANC in *Le Français dans le Monde no 17*, 1963
pp. 14–15

INTELLIGENCE DU TEXTE

1 Quel changement profond s'est produit dans l'agriculture française?
2 Indiquez, brièvement, quels ont été les aménagements introduits dans les régions agricoles.
3 En quoi cette opposition entre le Nord et le Midi consiste-t-elle?
4 Quels ont été les résultats de l'évolution de la France agricole?

Tintin et Michou ou les aventures du capitaine Haddock

La République Nouvelle, qui n'est pas une ingrate, a déposé, à l'occasion des fêtes de Noël et de la réélection du général de Gaulle réunies, un nouveau feuilleton dans les pantoufles des téléspectateurs de la deuxième chaîne: *Tintin et Michou ou les Aventures du capitaine Haddock.*

Le Canard vous présente quelques scènes inédites destinées à l'édification des foules et du socialisme colombeyen.

8 TEXTE POUR LA TRADUCTION

France's executives

Education as the open sesame to business was a recurring theme with the French executives; very much more so than with their English counterparts whom I met last year. Time and again the Frenchmen put forward the view that a certain kind of education—and particularly attendance at one of the celebrated Paris 'grandes écoles'—gave a head start, or virtually assured a place at the top.

A stockbroker expressed the essence of many conversations over lunch in one of the very English little restaurants dotted around the Place de la Bourse. 'The strength of our economy and the boom in production and exports is no miracle. It is the rational consequence of several clear and separate factors—the Common Market; the influx of capital since the early 50s when we began losing our colonies; the high birthrate; the labour pool of agricultural workers and, of course, our famous Planification. They've all worked together. But I think the last is by far the most important. It is the result of one thing and one thing only—our system of education.'

DAVID LEITCH in *The Sunday Times* 14th March 1965

EXERCICES GÉNÉRAUX

Version: La «nouvelle classe ouvrière»
Traduisez de français en anglais: «Sorti de Paris . . . conscience d'eux-mêmes.»

Résumé: Vers une économie concertée, plus mobile
Faites un résumé de 250 à 350 mots du texte.

Analyse de texte: L'État et la planification économique
«Certes, ces idées . . . les réalités présentes.»
1 Précisez la signification de l'expression «les milieux de droite».
2 Qu'est-ce que l'empirisme? Pourquoi convient-il à la droite?
3 Pourquoi la droite reste-elle méfiante à l'égard de l'intervention de l'État?

4 Quelle distinction peut-on faire entre «conservatoire» et «conservateur»?

5 Que fait-on précisément quand on «s'accommode» de quelque chose?

6 Donnez des exemples qui illustrent les injustices et les inégalités dont il est question ici.

7 Pourquoi la gauche est-elle menacée par l'incohérence et la démagogie tant qu'elle est au stade de la révolte sentimentale?

8 En parlant du stade de la révolte sentimentale, P. Mendès-France pense-t-il à l'époque actuelle ou à quelque autre époque historique?

9 Quelle solution offre-t-il au problème de l'incohérence?

10 Dans ce paragraphe, P. Mendès-France se sert de plusieurs moyens stylistiques (par exemple: *certes, au contraire*), pour formuler et souligner ses idées. Dressez-en une liste et expliquez l'emploi de chacun d'eux.

Sujets de réflexion, d'essai ou de discussion

1 Imaginez une conversation entre un vieux paysan et son fils qui veut moderniser l'exploitation familiale.

2 L'automation: panacée ou menace? Discutez.

3 Dans une économie planifiée les grèves n'ont pas place. Discutez.

4 Préféreriez-vous vivre en province ou dans la capitale?

L'influence sur la vie quotidienne

1 LA HAUSSE DU NIVEAU DE VIE

À quoi mesure-t-on l'efficacité d'une économie moderne? A quoi tendent les efforts pour un meilleur équilibre, pour une productivité croissante, pour une épargne plus active?

Sans aucun doute à l'accroissement du niveau de vie dans l'équilibre des prix. Où en est donc le niveau de vie? La réponse à cette question est difficile. Elle varie tant d'un cas à l'autre! Essayons d'abord de nous faire une idée moyenne. Nous verrons ensuite où se situent points forts et points faibles.

Le niveau de vie du Français moyen?

Fils d'une boutade d'Edouard Herriot et d'un rêve de statisticien, le Français moyen est un mythe. Il ne se promène pas dans les rues.

Vous avez un, quatre ou treize enfants tous bien entiers. Le Français moyen, lui, a des morceaux d'enfants. Vous avez un métier, deux au plus. Lui les exerce tous à la fois. Paysan autant qu'ouvrier et commerçant, un peu spécialiste, un peu balayeur et aussi un peu président-directeur général, il est à peine plus salarié que le patron. Ses connaissances tiennent à la fois de celle du professeur d'université et de celle de l'idiot du village. Chaque année, tous, nous prenons un an. Lui, non. En dix ans, c'est à peine s'il a gagné quelques semaines et chaque bébé qui naît le rajeunit un peu. Heureux homme? Mythe tant qu'on voudra, c'est un mythe sympathique. Par mille traits, M. Durang, Français moyen, ressemble comme une ombre à nos confrères et, pourquoi pas? à nous-même.

Ils ont raison, bien sûr, ceux qui démontrent qu'avec des moyennes on peut frôler l'absurde. Tant bien que mal essayons pourtant de situer les Durang, ménage français à peu près moyen, symbole de nos difficultés et de nos progrès à tous.

Quatorze millions de ménages, y compris les «ménages de célibataire» ont gagné, en 1961, 219 milliards de nouveaux francs soit 1 300 nouveaux francs par mois chacun. Ils en ont dépensé 1 150. Pour une fois, feignons d'ignorer la loi et disons comme tout le monde 115 000 anciens francs par mois. Engoncés dans leur uniforme officiel de nouveaux francs, les chiffres que nous allons citer auraient peut-être trop de peine à entrer dans la ronde de nos valeurs familières.

N'allez pas conclure que M. Durang a trouvé 115 000 anciens francs par mois dans son enveloppe de paie. Il en est loin! En France, un emploi moyen (en mêlant salaires et revenus des entreprises personnelles) rapporte en gros 65 000 anciens francs par mois. Mais Mme Durang, ou l'un des enfants, travaille à temps partiel puisqu'il y a chez nous moins de ménages que d'emplois.

Combien les Durang ont-ils d'enfants?

Les statisticiens débitent cyniquement les enfants en fractions. Un mariage moyen en donne 2,3 disent les uns; un foyer moyen sans mort prématurée d'un des époux ou divorce en voit naître 3,1 répliquent les autres. Mais comme, au mépris de l'usage, ces spécialistes ne comptent pas seulement comme «ménage» des gens mariés, ni même un couple qui cohabite, mais encore des célibataires et veufs qui vivent seuls, il faut admettre que les Durang, ménage français moyen, n'ont qu'un enfant et un tiers, soit quatre tiers de bouches et d'estomacs à nourrir, huit tiers de pieds à chausser, en plus des leurs.

Les allocations familiales et versements de la Sécurité sociale représentent beaucoup pour eux: une vingtaine de mille anciens francs par mois. C'est que les dépenses de la Sécurité sociale pour les malades hospitalisés comptent elles aussi comme dépenses des ménages même si elles ne transitent pas par leur porte-monnaie.

Les Durang sont-ils plus riches, moins pauvres que naguère? Aucun observateur sincère ne le niera: le Français moyen vit beaucoup mieux qu'il y a dix ans. Il s'alimente mieux: plus de

«Pleure pas, Henri, un mois c'est vite passé! . . . »

viande, de fruits, de laitages, de produits élaborés. Il s'habille mieux : dans la rue, cela se voit. Il se loge moins mal et parfois fort bien, dépense à prix constants deux fois plus pour équiper son logis et deux fois et demie plus pour sa voiture ou sa moto.

Certes, nous ne sommes pas encore arrivés très loin. Le simple fait que, dans un foyer moyen, peu chargé d'enfants et avec plus d'un salaire, on doive, selon les pronostics, atteindre 1970 pour s'acheter la première voiture d'occasion (c'est-à-dire pour que la moitié des ménages français soit motorisée) indique tout le chemin qui reste à parcourir.[1]

Pourtant, en dépit de tous ceux qui, pour se faire valoir, cultivent le mécontentement et de tous ceux dont les désirs devanceront toujours les réalités, il faut bien le dire : nous vivons en moyenne une magnifique époque de progrès.

JEAN LECERF *La percée de l'économie française* Arthaud, 1963 pp. 245–247 (abrégé)

INTELLIGENCE DU TEXTE

1 Comment arrive-t-on à calculer le niveau de vie?
2 Pourquoi Jean Lecerf prend-il un ton ironique pour parler du Français moyen?
3 Pourquoi, en lisant ce texte, ne faut-il pas oublier l'importance de l'expression : «avec des moyennes on peut frôler l'absurde?»
4 Indiquez les différentes sources de revenu dont jouit la famille française moyenne.
5 À quoi reconnaît-on que le niveau de vie des Français s'est amélioré?

2 PAS ASSEZ D'IMPÔTS...

Chaque année à pareille époque, tous les journaux aident les Français, qui n'en ont pas du tout besoin, à récriminer contre cette institution détestable qu'est l'impôt. Plusieurs arguments leur sont fournis pour les fortifier dans leur penchant spontané à l'individualisme et à l'anarchisme :

   1. Les impôts ont encore augmenté.

   2. On en avait déjà plus que les autres (entendez : les étrangers chez eux, dont on préfère d'ailleurs qu'ils y restent).

---

[1] En janvier 1970, le pourcentage des ménages ayant une voiture était de 56,2%. C'est en 1967 que le chiffre de 50% a été atteint.

3. Le système fiscal français est l'un des plus réactionnaires, car il fait cracher les salariés et épargne les autres.

4. Il faut réduire les dépenses publiques; on pourra ainsi réduire les impôts.

Tout cela est à la fois vrai et faux et, dans l'ensemble, plutôt louche.

Les impôts augmentent chaque année. C'est vrai. Et c'est normal, puisque la production, les prix et les revenus augmentent. Et puisque, plus vite encore, la production et les revenus individuels augmentent les besoins collectifs que l'État a pour mission de satisfaire: enseignement, santé, infrastructure, administration, etc.

Plus un État est social, plus il assume de dépenses et plus donc il prélève de ressources sur les individus et les groupes privés: la consommation sociale pèse de plus en plus lourd par rapport à l'individuelle, les tâches collectives de plus en plus lourd par rapport aux fins privées.

Examinée de ce point de vue, la fiscalité de la Ve République est d'un conservatisme extrême: en huit ans les dépenses de l'État n'ont pas augmenté plus vite que la production nationale. Il n'y a eu aucun transfert de ressources en faveur du secteur social. Ce transfert eût pourtant été normal: la production française a augmenté de moitié. Une partie de cette augmentation aurait dû servir à donner une priorité plus grande aux besoins collectifs. Il n'en a rien été. Le prélèvement fiscal est trop faible. L'État ne demande pas assez d'impôts.

Cette première conclusion est confirmée par les comparaisons internationales. L'État français prélève moins de 24% du produit national. L'État ouest-allemand 25%. Les États scandinaves près de 30%. Les États socialistes beaucoup plus. Bref, les Français paient plutôt moins d'impôts que les autres; tous les Français: même ceux qui ont des revenus moyens ou modestes.

C'est là toutefois une chose qu'il est difficile de faire admettre au salarié moyen. Car s'il est vrai que l'État français prélève trop peu sur chacun, il est vrai aussi qu'il prélève beaucoup trop peu sur ceux qui, normalement, devraient être le plus fortement imposés. Le salarié moyen constate donc que, pour un pouvoir d'achat constant, il paie (en francs constants) 75% d'impôts de plus aujourd'hui que huit ans plus tôt, et qu'il est seul dans ce cas. Vous avez beau lui expliquer que ses impôts directs n'en sont pas encore plus lourds pour autant que ceux du salarié moyen britannique, allemand ou scandinave. Il sera en droit d'objecter judicieusement:

1. Qu'en échange des impôts qu'ils paient, les Britanniques ou les Scandinaves disposent de services sociaux qui sont tout de même un peu mieux que leurs équivalents français;

2. Qu'en échange d'impôts directs un peu plus lourds, les étrangers paient des impôts indirects (sur la consommation) beaucoup plus faibles.

3. Que le salarié moyen acceptera peut-être de payer deux fois plus d'impôts qu'il y a huit ans le jour où l'on pourra lui démontrer que les autres types de contribuables sont dans le même cas. Or il n'en est rien. Et si l'on peut lui contester le droit de protester contre le poids des impôts directs, on ne peut lui contester celui de s'insurger contre l'inégalité devant l'impôt.

Cette inégalité a été fort bien démontrée pour la période 1959–1963. (Par Raymond Roussel, dans *Le Monde* du 13 octobre, 1966) Elle a continué de s'aggraver depuis, mais l'État a jugé préférable de ne plus publier les chiffres qui permettraient de la calculer.

De 1959 à 1963, en effet, la masse des salaires nominaux a augmenté de 57%; le rendement de l'impôt sur les salaires de 105%.

Durant la même période, le rendement de l'impôt sur les bénéfices des sociétés a augmenté d'environ 20% seulement.

Le rendement de l'impôt sur les bénéfices des patrons de l'industrie et du commerce a augmenté de 50% seulement.

Tout est ainsi parfaitement clair. L'État français a augmenté de 75% en huit ans la charge fiscale que supportent, à pouvoir d'achat constant, les salariés, et il a alourdi en même temps les impôts sur la consommation, afin de pouvoir alléger les impôts qui frappent les revenus du capital. Cette manière de faire est d'une logique rigoureuse. En effet, ceux qui vivent de leur travail ne cesseront jamais de travailler sous prétexte que, tous impôts payés, ils gagnent moins qu'avant. En revanche, ceux qui détiennent des capitaux cessent d'investir quand ils jugent le rapport de l'argent trop faible. Dans un système fondé sur la liberté du capital et la contrainte au travail, il faut donc exonérer le premier et imposer le second, sans quoi tout se bloque.

En une période de capitaux rares, de taux de profit décroissants, de forces de travail abondantes, ce n'est pas en changeant la fiscalité, c'est seulement en changeant le système qu'on peut procéder autrement.

MICHEL BOSQUET in *Le Nouvel Observateur*, 2–8 novembre 1966

INTELLIGENCE DU TEXTE

1 Pourquoi Michel Bosquet pense-t-il que les critiques faites au système d'impôts français sont plutôt louches?

2 Pourquoi la fiscalité de la Ve République se révèle-t-elle conservatrice?

3 Quelles sont les différences les plus importantes entre le système fiscal français et celui des autres pays d'Europe?

4 Pourquoi le salarié moyen français se trouve-t-il désavantagé par le système actuel?

5 Pourquoi l'État permet-il aux détenteurs de capitaux de jouir d'une situation avantageuse?

3 LE MARCHÉ COMMUN ET LE CONSOMMATEUR FRANÇAIS

Patrons, ouvriers, fonctionnaires, mères de famille, nous sommes tous des consommateurs. C'est nous que doit servir la vie économique.

Avons-nous bénéficié du Marché commun? Une récente exposition a montré que la gamme des produits offerts à l'acheteur avait été étendue et que les prix étaient souvent beaucoup plus avantageux qu'avant le Marché commun. Les statistiques ne mesurent pas cette différence parce que le progrès se fait par substitution, pour satisfaire le même besoin, d'un article à un autre et non par baisse de prix, mais celle-ci n'en est pas moins réelle. Tantôt on importe des produits étrangers, tantôt les fabricants français font un effort pour s'adapter.

Un exemple? La vogue des pull-overs italiens. Dans les grands magasins, en 1960, on ne vendait plus que cela.

— Les fabricants français ont dû terriblement souffrir de cette concurrence, avons-nous demandé à l'acheteuse d'un grand magasin. Ils ont dû protester avec d'autant plus de vigueur qu'en ce pays du soleil, les malheureux sont légion et que les ouvrières de bonneterie ne reçoivent pas—tant s'en faut—les salaires déjà modestes qu'on verse dans le nôtre.

— Les fabricants français se sont adaptés, répondit-elle, comme ils l'avaient fait il y a cinq ou six ans pour les bas. Ils étaient alors beaucoup trop chers et nous avons importé. Les Français se sont équipés et, depuis, sont redevenus nos uniques fournisseurs parce que leurs prix actuels sont les meilleurs. Cette fois encore ils ont revu leurs prix et leurs méthodes et ils sont en train de reconquérir leur marché.

Les bonnetiers sont-ils d'accord? Nous l'avons demandé à l'un des leurs.

— Une crise en 1959 à cause de la concurrence italienne? Oui, nous avons perdu beaucoup de commandes...

— Des faillites?

— Non. Nous n'avons pas cessé de travailler. Nous avons trouvé des marchés en Allemagne et en Angleterre. Nous travaillons le luxe et la fantaisie. Ce sont des spécialités intéressantes.

— Mais vous avez dû baisser vos prix...

— En apparence. Nous avons aligné les poids, les finitions sur ceux de nos concurrents.

Même question à l'acheteuse du grand magasin:

— Y a-t-il eu, oui ou non, baisse des prix français?

Une réponse de Normand:

— Non, pas à proprement parler, mais les fabricants se sont mis à nous offrir à des prix abordables des modèles qu'ils ne fabriquaient qu'en articles chers. Le consommateur y a nettement gagné. Il y gagne surtout lorsqu'il se donne la peine de comparer et de faire jouer à plein la concurrence. Mais sur ce point, rien à craindre: la Française est une merveilleuse acheteuse étonnamment sensible à tout progrès, si modeste soit-il, étonnamment ouverte à tous les courants. L'acheteuse a compris l'esprit du Marché commun. Elle n'a pas hésité à choisir le meilleur et le moins cher, au point qu'au lieu de cacher leur étiquette d'origine, nous en faisons presque la réclame.

Mais pour beaucoup d'autres articles, les Français ont tenu le marché. Ils sont en bonne posture dans le Marché commun.

Ainsi l'histoire des institutions économiques françaises, du progrès social français, du service du consommateur français, glisse vers un cadre plus large.

Nous avons le sentiment d'écrire quelques-uns des derniers chapitres de l'histoire de l'économie française, qui est en passe de devenir l'un des centres les plus actifs d'un grand marché européen. Elle ressemble à une rivière qui a déjà commencé de confluer avec d'autres rivières pour former un fleuve plus important: l'Europe.

JEAN LECERF *La percée de l'économie française* Arthaud, 1963 pp. 278-280

INTELLIGENCE DU TEXTE

1 Qu'est-ce que le Marché commun?
2 Comment les fabricants français ont-ils fait face à la concurrence des autres membres du Marché commun?
3 Expliquez la signification de l'expression «une réponse de Normand.»
4 Comment la Française se caractérise-t-elle en tant qu'acheteuse?
5 Du point de vue du consommateur français, quels ont été les résultats de l'entrée dans le Marché commun?

4 ÊTES-VOUS UN FRANÇAIS NORMAL?

Pendant deux semaines un million de bonnes gens venus de Paris, de banlieue et de province, vont défiler au C.N.I.T., alias cathédrale de béton du Rond-Point de la Défense. Pour voir quoi? Ce que toute l'année durant ils peuvent voir plus près de chez eux dant les vitrines des magasins ou les expositions ambulantes: la gamme complète des articles d'équipement ménager.

À quoi sert alors le Salon des «Arts Ménagers»? Apparemment à rien. En fait à ceci: à faire parler de la bouilloire électrique pour hacher, couper, râper, ouvrir les boîtes et affûter les couteaux au prix modeste de 429F 50; du porte-serviette électrique à deux branches pour 129F; enfin, merveille des merveilles, du couteau électrique à découper la viande sans effort, en tranches aussi minces et régulières qu'on les aime en Angleterre et aux U.S.A. d'où vient cet outil, pour le prix très étudié de 99F 50, pas dix sous de plus.

À faire parler, à faire écrire en échange de pleines pages de publicité payante, autrement dit à faire régner par la persuasion cette douce terreur qu'on appelle «la mode» et dont un magazine féminin à grand tirage offre cette semaine un inimitable échantillon. Il écrit d'entrée de jeu: «S'il n'y a plus de Prince Charmant, il n'y a plus non plus de Cendrillon: les différences de confort ne viennent pas essentiellement des salaires, mais plutôt des générations, des surfaces habitables et du mode de vie. Le réfrigérateur, l'aspirateur, la cuisinière, la télévision, le mixer constituent désormais un fonds d'équipement, considéré comme normal.»

Cette énorme vérité étant acquise, on n'en parlera plus. Le consommateur à la page porte son regard plus loin, au-delà des banalités «normales» vers «le bloc moteur à brosses et peaux de mouton interchangeables pour décrotter, brosser et faire reluire vos chaussures (295 F)» ou vers la machine à laver la vaisselle, championne prix à 1495 F, mais «qui n'intéresse que les familles de plus de trois enfants».

Si vous avez plus de trois enfants, mais ne possédez pas cette machine, «vous êtes trop ancrés dans vos habitudes». Vous avez tort car: «Les Français—bravo, bravo—apparaissent beaucoup plus sensibilisés qu'on le croit à la mode en matière d'électroménager... Plus d'une femme interrogée avoue remplacer la cuisinière dont elle est pleinement satisfaite du point de vue pratique, parce que décidément elle est trop vilaine.»

Voilà le bon exemple. Quant à la salle de bains, Madame, autre commodité normale, sachez que le chauffe-eau cylindrique n'est plus de mise; en matière de chauffe-eau, «symbole indispensable, de l'avis général, d'une vie agréable» sachez que «les réservoirs sphériques, spoutniks d'intérieur, ont la grosse cote (50 litres, 475 F)».

Tout maintenant est clair. Si vous n'avez pas le réfrigérateur ou l'aspirateur, la cuisinière, le téléviseur ou le mixer; si vous n'osez pas lever le regard vers le spoutnik d'intérieur de la salle de bains ou vers la machine à cirer vos chaussures, c'est que vous êtes un individu sous-développé, retardataire, pas *normal,* «ancré dans vos habitudes», un Français pas Français, un citoyen sans intérêt, bref, un sous-homme. Vous devez avoir honte et vous taire. Le Salon, point de mire de tous les Français dignes de ce nom, est là pour vous y inciter. Il est là pour accréditer l'image d'une France amoureuse du confort «qui ne vient pas des salaires» et où «tout le monde» accède (comme tout le monde accède, c'est connu, à la voiture et part en vacances d'hiver).

La réalité maintenant: 59% des ménages français n'ont pas de réfrigérateur; 69% n'ont pas de machine à laver; 73% n'ont pas de téléviseur; 65% n'ont même pas de cuisinière (oui, de cuisinière). Quant au mixer, partie intégrante du «fonds d'équipement normal», 76% des ménages ne l'ont pas. Le chauffe-eau «indispensable de l'avis général» est absent de 67% des ménages.

C'est étonnant? Non, c'est logique. Car près de trois millions de foyers (un sur cinq) n'ont même pas l'eau courante; la moitié des logements dans les très grandes villes n'ont pas de W.C. et dans les campagnes les cinq sixièmes des logements en sont dépourvus.

Ce qui n'est pas normal, en somme, c'est l'idée qu'on donne aux Français de la «normalité». Qui donc a pu faire croire aux Français, sans qu'ils protestent, que le confort est pour «tout le monde»? Les marchands de confort sans doute; et aussi bien sûr, les clients habituels des marchands de confort, lesquels se prennent pour «tout le monde», vu que la République est faite par et pour eux.

Ces clients habituels d'après la même enquête de l'I.N.S.E.E. sont, comme il est normal, les ménages «d'industriels, gros commerçants, professions libérales et cadres supérieurs», soit 300000 ménages sur un total de 14,5 millions en France. Ils sont équipés d'aspirateurs à 84%, de téléviseurs à 47%, de machines à laver à 56% (la blanchisserie est encore plus pratique).

À l'autre bout de l'échelle, chez les agriculteurs, l'équipement le plus répandu est la machine à laver: elle se trouve dans 31% des ménages; le frigo dans 24%, l'aspirateur dans 11%. Sur les 4,2 millions de ménages ouvriers (36% du total), 57% n'ont pas de réfrigérateur, 63% n'ont pas de machines à laver, 68% n'ont pas d'aspirateur et 69% pas de téléviseur.

Où peut-on mettre un frigo, en effet, dans les logements où tout le monde se cogne et se marche sur les pieds, où parfois il n'y a même pas d'électricité (cas de dizaines de milliers de logements parisiens)? Pourquoi un chauffe-bains puisque souvent il n'y a pas d'eau courante et, le plus souvent, pas de salle de bains? Et à supposer qu'il y ait l'eau courante et une salle de bains, où mettre à sécher le linge lavé à la machine, sinon dans la salle de bains qui en devient impraticable?

Bref, l'équipement individuel, c'est fort bien; mais il suppose un équipement social (en eau courante, logements plus spacieux) qui n'existe pas et auquel aucune augmentation de salaire ne permet de suppléer.[1]

MICHEL BOSQUET in *Le Nouvel Observateur*, mars 1965

[1] Voici, pour permettre de faire des comparaisons, quelques chiffres établis par une enquête réalisée en janvier 1969. Les taux d'équipement (pour La France entière) en principaux appareils électro-domestiques étaient les suivants:
réfrigérateur 72,4%; machine à laver 50,1%; téléviseur 62,6%; aspirateur 50%; radio 86,7%.

D'après le recensement de 1968, 88% des logements ont de l'eau courante; 42,6% ont des baignoires ou douches installées; 43,3% ont un WC intérieur avec chasse d'eau; 34,8% bénéficient du chauffage central indépendant ou collectif. Ces chiffres sont pour la France dans son ensemble, et les pourcentages varient selon les zones; dans les communes urbaines et surtout dans les grandes agglomérations, les pourcentages sont plus élevés, tandis que dans les zones rurales, ils sont beaucoup plus bas. Par exemple, dans la Région du Centre, 65,4% des logements dans les agglomérations ont un WC intérieur avec chasse d'eau, mais dans la zone rurale le pourcentage est de 24,2%.

INTELLIGENCE DU TEXTE

1 Quel est le rôle des expositions telles qu'on les décrit ici?
2 Quelle est l'importance économique de ce que l'auteur affirme être «la douce terreur qu'on appelle la mode»?
3 Quelle classe de consommateur vise-t-on en écrivant de pareils articles?
4 En quoi la réalité de la vie quotidienne est-elle différente, en fait, de la «normalité» telle que la conçoit l'article cité par Michel Bosquet?
5 Expliquez précisément ce qu'on critique dans ce passage.

LA CONSOMMATION

UTILISATION DE LA DÉPENSE NATIONALE
(EN POURCENTAGE)

	1938	1949	1955	1964
Consommation privée	74%	68,1%	67%	64,2%
Consommation publique	13,5%	11,4%	12,4%	13,3%
Investissements	12,5%	20,5%	18,6%	22,6%

ÉQUIPEMENT DES MÉNAGES EN BIENS DE CONFORT
(pourcentage de ménages équipés)

	1954	1958	1965
Automobiles	24%	28%	48%
Réfrigérateurs	7%	18%	56%
Machines à laver	8%	18%	39%
Télévision	1%	8%	42%

ÉVOLUTION DES HABITUDES DE CONSOMMATION

	1950	1964
Alimentation	46,4%	33,4%
Habillement	13,3%	12,1%
Habitation	16,3%	17,3%
Hygiène et soins	6,2%	11,6%
Transports et communications	5,7%	8,4%
Culture et loisirs	6,8%	8,1%
Divers	5,3%	9,1%

P. SALLES *Initiation économique et sociale* (*I*), Dunod, 1966 p. 311

5 LA CONDITION OUVRIÈRE VUE PAR UN MÉTALLO PARISIEN

Il est difficile d'avoir une vue d'ensemble des choses dans notre société. C'est encore plus difficile pour un ouvrier, à qui l'organisation du monde reste cachée comme une chose mystérieuse obéissant à des lois magiques et inconnues. Notre horizon se trouve limité à la parcelle de travail qu'on nous commande. Même notre travail, nous ne savons plus ce qu'il devient. Nous ne le verrons plus, à moins d'un hasard. L'organisation du monde semble être l'organisation de notre ignorance. Nous sommes des hommes libres, nous avons le droit de vote et celui de nous exprimer sur les problèmes généraux du monde, mais on refuse d'entendre notre voix sur ce que nous faisons tous les jours, sur la partie de l'univers qui est la nôtre. Nous sommes seuls.

La classe ouvrière a ses taudis, ses bas salaires et tout le lot de misère qui en découle, tout ce qui apitoie les écrivains, les touristes et les organisations syndicales; celles-ci, pour s'opposer au patronat, insistent sur ces «salaires de misère», sur les «cadences infernales», sur les «normes inhumaines». Mais cela ne met pas en cause la société capitaliste: si la classe ouvrière menace, il suffit d'augmenter les salaires et de diminuer les normes et les cadences. Voilà l'harmonie du monde réalisée. La lutte entre les patrons et les syndicats se limitera à l'évaluation de cette misère.

C'est ainsi que l'on peut voir dans *La Vie Ouvrière*, le journal de la C.G.T., des images représentant le prolétaire français affamé, devant un morceau de pain inaccessible, tandis que les journaux bourgeois tireront les conclusions les plus optimistes du nombre de voitures et de postes de télévision que possède la classe ouvrière. Les syndicats reprochent aux patrons de faire des superbénéfices, «d'y aller un peu fort». Les patrons répondent que les ouvriers ont plus de richesses qu'il y a cinquante ans.

De cette controverse est née la codification de la consommation de l'ouvrier, le «minimum vital». Les syndicats s'efforcent de prouver qu'il est de l'intérêt du patron de bien alimenter la classe ouvrière. L'ouvrier, comme consommateur, est maintenu à un rang de machine, il a les mêmes besoins qu'elle: alimentation, entretien, repos. C'est sur cette base essentiellement bourgeoise que se place le syndicat. On discute interminablement pour savoir si le repos et l'alimentation de l'ouvrier sont suffisants et on mettra pour cela à contribution les techniciens de la machine humaine, médecins, psychologues, neurologues, etc. . . . Car l'exploitation trop intense de l'ouvrier peut entraîner des maladies, des arrêts de travail qui pourraient avoir de graves répercussions sur la production. La société a alors institué des services médicaux gratuits, des surveillances médicales obligatoires dans les usines et des indemnisations pour les accidents . . .

Les syndicats polémiquèrent pendant des mois pour faire admettre au patronat et au gouvernement que l'on doit remplacer la balle de tennis par le ballon de football dans les 213 articles du minimum vital. Mais l'ouvrier a beau manger des biftecks, et même avoir la télévision et son automobile, il reste dans la société une machine productive, rien de plus. Et c'est là sa vraie misère.

DANIEL MOTHÉ *Journal d'un ouvrier (1956–1958)* Édns de Minuit, 1959 pp. 7–9

INTELLIGENCE DU TEXTE

1 Pourquoi le métallo dit-il qu'il est difficile pour un ouvrier d'avoir une vue d'ensemble de la société?
2 Pour ceux qui sont au pouvoir dans la société capitaliste, en quoi l'harmonie du monde consiste-t-elle?
3 Pourquoi l'auteur critique-t-il l'idée de «minimum vital»?
4 Que pense-t-il des syndicats?
5 Quelle est la vraie misère de la condition ouvrière?

6 TEXTE POUR LA TRADUCTION

Modernisation: French style

The Frenchman does not worship efficiency. What does engross the French now is modernisation: if one word sums up their preoccupation of the moment, that is it. Streamlining, standardisation, new gloss on old methods have become the order of the day. The supermarket is appearing everywhere, the big chainstore ones are on an American scale. Frozen foods are at last beginning to erode traditional French preference for fresh or tinned. (Five times more people have refrigerators than ten years ago.) High-pressure advertising is thriving. Only in France did that tiger-in-the-tank campaign make an appreciable difference to sales of petrol—the French have always been taken by advertisements, though they have not yet reached the level of being offered *heureux doigts de poisson*.

Is modernisation succeeding? Put it this way. They have created at Rance in Normandy a fantastic world-leading power station which harnesses the power of the sea. Yet, if you go to buy a consignment of wine at my local Co-Op Vinicole, you take your wicker bottle to the cellar-man; the office girl fills in a form which you take across town to the tax-collector, who fills in another form, to establish such details as the number of your car, estimated time of arrival and departure, amount and price; then he snips it out with scissors; you sign, pay a few francs tax; go back to the Co-Op, another form is filled in, you pay for the wine, you collect it. And by this time you need it.

PETER FORSTER in *The Sunday Times*, April 9th 1967

EXERCICES GÉNÉRAUX

Version: Le Marché commun et le consommateur français
Traduisez de français en anglais: «Les bonnetiers . . . presque la réclame».

Résumé: Pas assez d'impôts
Faites un résumé de 250 à 300 mots du texte.

Soyez l'interlocuteur: Conversation entre deux fabricants français
Dans la conversation qui suit, imaginez les réponses de Jules grâce aux indications données par les observations de son interlocuteur. Il n'y a pas de «bonne» réponse: ce qu'il faut chercher est une réponse qui convienne au contexte.

PIERRE   Bonjour, Jules, comment vont les affaires?
JULES
PIERRE   Moi non plus. Ce sont ces Italiens—leurs tricots se vendent à des prix inconcevables.
JULES
PIERRE   Baisser les prix? Tu penses? Comme ça, nous serons vite ruinés!
JULES
PIERRE   Tu as peut-être raison. Mais que faire?
JULES
PIERRE   Oui, bien sûr, mais si l'on se spécialise trop, on risque de perdre son marché établi.
JULES
PIERRE   Oui, oui, je le sais bien, les Allemands et les Anglais s'intéressent vivement à nos marchandises de luxe.
JULES
PIERRE   Tu l'as déjà fait? Tiens, tu es hardi, par trop hardi à mon avis.
JULES
PIERRE   Mais ça a dû coûter cher, non?
JULES
PIERRE   Tu parles d'investissements. Reculer pour mieux sauter, hein?
JULES
PIERRE   J'en suis presque convaincu. Vive le Marché commun!
JULES

Sujets de réflexion, d'essai ou de discussion
1 Y a-t-il un Anglais moyen?
2 Pour être heureux, il faut être à la mode. Discutez.
3 Pourquoi faut-il payer des impôts?
4 «Le minimum vital: idée bourgeoise, idée dépassée.» Discutez.

ABRÉVIATIONS ET SIGLES

A. L'enseignement

BAC. de Tech. Ec.	Baccalauréat de Technicien Économique
BAC. de Tech. Ind.	Baccalauréat de Technicien Industriel
B.E.	Brevet élémentaire (avant la réforme)
B.E.P.	Brevet d'Enseignement Professionnel
B.E.P.C.	Brevet d'Études du Premier Cycle (avant la réforme)
C.	Certificat (e.g. de l'Enseignement supérieur)
C.A.P.	(a) Certificat d'Aptitude Pédagogique (enseignement primaire)
	(b) Certificat d'Aptitude Professionnelle
C.A.P.E.S.	Certificat d'Aptitude au Professorat de l'Enseignement Secondaire
C.E.G.	Collège d'Enseignement Général
C.E.P.	Certificat d'Études Primaires (avant la réforme)
C.E.S.	Collège d'Enseignement Secondaire
C.F.P.	Certificat de Formation Professionnelle
D.U.E.L.	Diplôme Universitaire d'Études Littéraires
D.U.E.S.	Diplôme Universitaire d'Études Scientifiques
D.U.T.	Diplôme Universitaire de Technologie
I.U.T.	Institut Universitaire de Technologie
Term	(classe) terminale

B. Général

C.F.D.T.	Confédération française démocratique du travail
C.F.T.C.	Confédération française des travailleurs chrétiens
C.G.T.	Confédération générale du travail
C.G.T.-F.O.	Confédération générale du travail—Force ouvrière
C.N.I.T.	Centre national des industries et techniques
C.N.P.F.	Confédération générale du patronat français
I.F.O.P.	Institut français de l'opinion publique
I.N.S.E.E.	Institut national de la statistique et des études économiques
M.R.P.	Mouvement républicain populaire
O.A.S.	Organisation de l'Armée secrète
O.R.T.F.	Office de la Radiodiffusion-Télévision Française
P.C.	Parti communiste
P.S.U.	Parti socialiste unifié
R.A.T.P.	Régie autonome des transports parisiens

R.P.F.	Rassemblement du peuple français
R.T.F.	Radiodiffusion-Télévision Française
S.F.I.O.	Section française de l'Internationale ouvrière
S.N.C.F.	Société nationale des chemins de fer français
U.D.S.R.	Union démocratique et socialiste de la résistance
U.N.R.	Union pour la nouvelle république

BIBLIOGRAPHIE

Ouvrages généraux

DUBY et MONDROU *Histoire de la Civilisation Française* (2 vol. Moyen-Age —XVIᵉ s.; XVIIᵉ s.—XXᵉ s.), 1966

DUPEUX, G. *La Société Française, 1789–1960* Armand Colin (Coll. U), 1964

GAXOTTE, P. *Histoire des Français* (2 vol.) Flammarion, 1951

GUGLIELMO, LACOSTE, OZOUF *Géographie: classe de première* Fernand Nathan, 1964

PARIAS, L. H. (ed.) *Histoire du peuple français* (Ouvrage collectif en 5 vol.), t. 5: *Cent ans d'esprit républicain* (J. MAYEUR, J.-L. MONNERON et al.), Nouvelle Librairie de France, 1962–1965

HOFFMANN, S., KINDLEBERGER, CH. P. *À la recherche de la France* Édns du Seuil (Coll. la Cité prochaine), 1963

MADAULE, J. *Histoire de France* (3 vol., t. 3: *de la IIIᵉ à la Vᵉ République*) Gallimard (Coll. NRF Idées), 1966

Ouvrage collectif *Panorama de la France* La Documentation Française, 1967

Première Partie

Le citoyen et la société

BERNOT, L. et BLANCARD, R. *Nouville: un village français* Institut d'Ethnologie, Paris, 1953

BLETON, P. *Les hommes des temps qui viennent* Édns Ouvrières, 1956

BOURDIEU, P. *Les Héritiers: les étudiants et la culture* Calmann-Lévy, 1966

CHARPENTREAU, J. et KAËS, R. *La culture populaire en France* Édns. Ouvrières (Coll. Vivre son temps), 1962

COUTROT, A. et DREYFUS, R. *Les forces religieuses dans la société française* Armand Colin (Coll. U)

DANSETTE, A. *Histoire religieuse de la France contemporaine* (2 vol.) Flammarion, 1965

DEBATISSE, M. *La Révolution silencieuse: le combat des paysans* Calmann-Lévy, 1963

DRAN, P. *Guide Pratique de l'Enseignement* Bibliothèque Marabout, 1965

LAROQUE, P. (ed.) *Les institutions sociales de la France* La Documentation Française, 1963

LAROQUE, P. (ed.) *Succès et faiblesses de l'effort social français* Armand Colin (Coll. Sciences politiques), 1961

LAROQUE, P. *Les classes sociales* P.U.F. (Coll. Que sais-je? No. 341), 1962

LIEF, J. (Coll. dirigée par) *Instruction civique* (Classes de 6e, 5e, 4e, 3e, 2e, 1ère) F. Nathan, 1962–65

MALLET, S. *La nouvelle classe ouvrière* Édns du Seuil (Coll. Esprit), 1963

MONPIED, E. *Terres mouvantes: un maire rural au coeur du remembrement* M.R.F. Édns Ouvrières, 1965

NATANSON, J. et PROST, A. *La Révolution scolaire* Édns Ouvrières, 1963

OZOUF, M. *L'École, L'Église et la République* Kiosque, 1963

PINGAUD, B. (ed.) *Écrivains d'aujourd'hui, 1940–1960* Grasset, 1960

PONTEIL, F. *Histoire de l'Enseignement, 1789–1965* Sirey, 1966

QUILLIOT, R. *La société de 1960* Gallimard, 1961

SAUVY, A. *La montée des jeunes* Calmann-Lévy, 1959

Deuxième Partie

La vie politique

BURON, R. *Le plus beau des métiers* Plon, 1963

CATHERINE, R. *Le fonctionnaire français, droits, devoirs, comportements* A. Michel, 1961

DUVERGER, M. *La démocratie sans le peuple* Édns du Seuil, 1967

DUVERGER, M. *La Ve République* P.U.F. 1963

FAUVET, J. *La France déchirée* Arthème Fayard, 1957

FAUVET, J. *La IVe République* Arthème Fayard, 1959

GOGUEL, F. et GROSSER, A. *La Politique en France* Armand Colin (Coll. U), 1964

DE LA GORCE, P. M. *De Gaulle entre deux mondes* Arthème Fayard, 1964

GOURNAY, B. *L'Administration de la France* P.U.F. (Coll. Que sais-je?), 1962

LACOUTURE, J. *De Gaulle* Édns du Seuil, 1965

MEYNAUD, J. *Technocratie et politique* Lausanne, 1960

RÉMOND, R. *La droite en France* Aubier, 1967

SOUDET, P. *L'Administration vue par les siens et . . . par d'autres* Berger-Levrault, 1960

VIANSSON-PONTÉ, P. *Les politiques* Calman-Lévy, 1967

Troisième Partie

La vie économique

BAUCHET, P. *La Planification française. Vingt ans d'expérience* Édns du Seuil, 1967

BAUMIER, J. *Les Grandes Affaires françaises* Julliard, 1967

CLUB JEAN MOULIN *Pour une démocratie économique* Édns du Seuil, 1964

FOURASTIÉ, J. *Pourquoi nous travaillons* P.U.F., 1959

GRAVIER, J. F. *L'aménagement du territoire et l'avenir des régions françaises* Flammarion, 1964

GUYARD, J. *Le Miracle français* Édns du Seuil, 1965

BIBLIOGRAPHIE

LECERF, J. *La percée de l'économie française* Arthaud, 1963
LESSOURD, J.-A., GÉRARD, C.
    1. *Histoire économique XIXe et XXe siècles* Armand Colin, 1963
    2. *Le Monde Contemporain* (Guide d'Instruction Civique) Armand Colin, 1966
MALLET, P. *La structure économique de la France* P.U.F. (Coll. Que sais-je? No. 791), 1960
MENDÈS-FRANCE, P. *La République moderne* Gallimard (Coll. Idées), 1962
MOSSÉ, E. *Comment va l'économie?* Édns du Seuil, 1965
MOTHÉ, D. *Journal d'un ouvrier (1956–1958)* Édns de Minuit, 1959
QUIN, C., BONIFACE, J., GAUSSEL, A. *Les Consommateurs* Édns du Seuil, 1959
SALLES, P. *Initiation économique et sociale* (2 vol.) Dunod, 1966

Publications à consulter

Le Canard Enchaîné
La Documentation Française   16, rue Lord-Byron, Paris 8e
La Documentation Française Illustrée
Esprit (Revue mensuelle)   19, rue Jacob, Paris 6e
L'Express
Le Figaro Littéraire
Le Français Dans Le Monde   Librairie Hachette et Larousse
Le Monde
Tendances (Revue bimestrielle)   23, rue La Pérouse, Paris 16e